Geschichte der deutschen Lyrik 2
Von der Reformation bis zum Sturm und Drang

Geschichte der deutschen Lyrik

Band 2

Von der Reformation bis zum Sturm und Drang

Von Hans-Georg Kemper

Philipp Reclam jun. Stuttgart

RECLAMS UNIVERSAL-BIBLIOTHEK Nr. 18889

Gesamtherstellung: Reclam, Ditzingen. Printed in Germany 2012

ISBN 978-3-15-018889-7

www.reclam.de

Inhalt

1. Einführung und Überblick

Das Mittelalter, das keineswegs so christlich und katholisch war, wie die Romantiker uns glauben machen wollen, und die säkulare Moderne umspannen eine ›Frühe Neuzeit‹ genannte Makroepoche (1500–1800), deren innere Einheit *und* Spannung in einmaliger Weise durch die ›Gretchenfrage‹ (»Nun sag, wie hast du's mit der Religion?«)[1] bestimmt worden ist. Dies so sehr, dass alle im Folgenden vorzustellenden rund hundert Lyriker des Zeitraums dem Thema Religion gehuldigt haben oder Tribut zollen mussten. Es hat die deutsche Kultur- und Literaturgeschichte im Zeitraum zwischen Luther und Goethe zudem intensiver und länger als die der benachbarten europäischen Länder beschäftigt. Die deutsche Lyrik als umfang- und formenreichste literarische Gattung dieser Periode zeichnet sich denn auch durch ihren unvergleichlichen Reichtum an geistlicher Poesie aus und dokumentiert die engagierte Beziehung von Dichtung und Religion im ›Heiligen Römischen Reich Deutscher Nation‹, das politisch bis 1806 bestand. Dabei hat vor allem das Luthertum in seiner von Existenzkrisen bedrohten Entwicklung ein massenhaftes, kultur- und rezeptionsgeschichtlich bedeutendes, aber von der Theologie und Literaturwissenschaft bislang relativ wenig erforschtes Liedschaffen hervorgebracht.[2]

1 Johann Wolfgang Goethe, *Faust. Der Tragödie erster und zweiter Teil. Urfaust*, komm. von Erich Trunz, Hamburg 1963, S. 109 (*Faust I*, V. 3415).

2 Vgl. dazu Philipp Wackernagel (Hrsg.), *Das deutsche Kirchenlied von der ältesten Zeit bis zu Anfang des XVII. Jahrhunderts*, 5 Bde., Leipzig 1864–77; reprogr. Nachdr. Hildesheim 1964. – Albert Fischer, *Das deutsche Kirchenlied des 17. Jahrhunderts*, vollendet und hrsg. von W. Tümpel, 6 Bde., Gütersloh 1904–16; reprogr. Nachdr. Hildesheim 1964. – Vgl. auch die kleine Auswahl von 50 Liedern aus einem Jahrtausend mit dem anspruchsvollen Titel: *Geistliches Wunderhorn.*

Dies verweist schon auf den entscheidenden Grund für die beherrschende Stellung der Religionsfrage: die von unentwegten Krisen und Kämpfen begleitete Herausbildung der drei großen, miteinander rivalisierenden christlichen Konfessionen, denen wiederum zahlreiche separate religiöse Gruppierungen opponierten, und die allmähliche Überwindung des dogmatischen Konfessionalismus im Prozess der Aufklärung.

Begünstigt durch das Fehlen einer starken Metropole und der Dominanz eines kulturtragenden Standes hat sich im Kernland der Reformation die beherrschende soziale und kulturelle Rolle der christlichen Kirchen bis ins 18. Jahrhundert hinein behaupten können. Vor allem auf dem Boden des Reiches spielten sich die spektakulärsten Kämpfe um die Konfessionen und Religionen und die mit ihnen verbundenen politischen und ideologischen Machtansprüche ab. Dabei machten sich alle Konfessionen die neuen Möglichkeiten des Buchdrucks zunutze und setzten das ganze Spektrum polemisch-pamphletistischen Schrifttums ein. Zugleich wurden in der vom Analphabetismus des ›gemeinen Mannes‹ geprägten frühneuzeitlichen Öffentlichkeit alle Formen oraler Beeinflussung eingesetzt, und sowohl in der mündlichen wie schriftlichen Kommunikation spielten Formen der kurzen gebundenen (vor allem gereimten) Rede, die sich dem Gedächtnis gut einprägte, eine bedeutsame Rolle. Auch diese vielfältigen gedichteten Formen gehören zur vormodernen Geschichte der Lyrik, ohne dem modernen Verständnis dieser Gattung zu entsprechen.

Das Luthertum erreichte nach heftigen Kämpfen bereits im Augsburger Religionsfrieden 1555, mit dem die Reformationszeit abschließt, die reichsrechtliche Anerkennung als kirchliches Bekenntnis. Seit 1563 drang der Calvinis-

Große deutsche Kirchenlieder, hrsg., vorgest. und erl. von Hansjakob Becker [u. a.], München 2001.

mus – als ›reformiertes Bekenntnis‹ getarnt und seinerseits heftig von Luthertum und Katholizismus bekämpft – unaufhaltsam in die deutschen Territorien ein. Der damit einsetzenden, in der Geschichtswissenschaft ›konfessionelles Zeitalter‹ genannten Epoche[3] prägte zunächst die durch das Konzil von Trient (1545–63) erneuerte und vor allem durch den Jesuiten-›Orden‹ erstarkte katholische Kirche ihren Stempel auf (sog. ›Gegenreformation‹). Die weltlichen Machthaber, die durch die Augsburger Vereinbarung des »cuius regio eius religio« das Bekenntnis ihrer Untertanen bestimmen und kontrollieren konnten, waren in die religiösen Streitigkeiten stets unmittelbar involviert. Im Dreißigjährigen Krieg (1618–48) entluden sich die politischen und religiösen Spannungen. Doch wurde der Glaubens- und Kulturkampf auch nach dem Westfälischen Frieden (mit der offiziellen Anerkennung der Reformierten als dritter Konfession) in verschiedenen Territorien des Reiches erbittert fortgesetzt. In diesem Zeitraum entstand im Zusammenhang mit der Herausbildung der drei großen Konfessionen und ihrer zum Teil scharfen politischen und kulturellen Abgrenzung voneinander der Reichtum des Kirchenliedes, vor allem im bedrängten Luthertum. Nicht zuletzt im Blick auf diese mit Abstand verbreitetste Gattung der Lyrik des 17. Jahrhunderts erweist sich die in der Literaturwissenschaft eingeführte Epochenbezeichnung ›Barock‹ als unzulänglich (und diese dürfte auch mit dazu beigetragen haben, dass das Kirchenlied kaum in den Blick der Literaturgeschichten zum ›Barock‹ gelangt). Hier wird Konfessionalismus als Epochenbezeichnung übernommen, der Barock-Begriff stattdessen als eingeführtes Verständigungsmittel für die Spielarten gelehrter Dichtung des Zeitraums beibehalten.

3 Vgl. dazu den Forschungsbericht von Stefan Ehrenpreis und Ute Lotz-Heumann, *Reformation und konfessionelles Zeitalter*, Darmstadt 2002.

Barock-Mystik und Barock-Humanismus werden in diesem Epochenkontext angesichts der ständigen (Glaubens-) Kämpfe, der wechselseitigen Verteufelung der Konfessionen und der Diskreditierung der einen christlichen Wahrheit als (vordergründig einander entgegengesetzte) Oppositionsbewegungen gegenüber dem epochalen Grundzug des Konfessionalismus fassbar: Die Mystiker des 17. Jahrhunderts lösten sich zum Teil aus der dogmatischen Bindung an ihre Kirchen und suchten sich das Anliegen der religiösen Reformen – gerade in der Agglutination ihrer religiösen Sprache und im intertextuellen Spiel mit (alt-)christlichen und nicht-christlichen (mythologischen, hermetischen) Traditionen – sehnsüchtig nach Gottesgewissheit und Selbstvergottung unmittelbar im Medium der Poesie zu erschreiben. Die von Martin Opitz programmatisch und exemplarisch in die deutsche Literaturgeschichte eingeführte, vorwiegend humanistischen Traditionen aus der Renaissance verpflichtete und von Rhetorik und Poetik regulierte ›weltliche‹ Barocklyrik trug zwar gegenüber anderen europäischen Ländern das Merkmal der ›Verspätung‹, doch gewann sie im spezifisch konfessionspolitischen Klima Deutschlands eine eminent irenisch-politische Funktion: Sie suchte die religiösen Energien – das gilt auch für ihren bedeutendsten Lyriker Gryphius – in eine reiche, Toleranz einfordernde humanistische Tradition einzubinden und damit für ein geordnetes, friedliches Leben im Diesseits fruchtbar zu machen. In beiden Richtungen spielte die – Hass, Krieg und Krisen entgegengesetzte, auf Versöhnung und Sympathie gegründete – Tradition geistlicher und weltlicher Liebe eine entscheidende Rolle: Die Barock-Mystiker eigneten sich für ihre Liebesbotschaft und den Umgang mit Jesus die Sprache des Hohenliedes und das Liebeskonzept des Neuplatonismus neu an (Spee, Czepko, Greiffenberg), die weltlichen Liebesdichter verbanden originelle Spielarten des Petrarkismus zugleich mit epikureischen und stoischen Ingredienzien (Fleming, Hoffmannswaldau,

Günther) und proklamierten das Naturrecht glücklicher diesseitiger Liebe. Beide Strömungen erstrebten so auf unterschiedliche Weise das in der Renaissance vorformulierte und in beiden Richtungen als Erbe lebendige, aber von den Kirchen als Hauptsünde des »eritis sicut Deus« gebrandmarkte Ideal des Menschen als eines mit der Gottebenbildlichkeit geadelten ›Gottes auf Erden‹. Diese Tendenzen kulminierten dann in der Geniekonzeption des Sturm und Drang.

Die Epoche der Aufklärung beginnt in Deutschland im Zuge neuer religiöser Unruhen. Das gilt für die Vertreibung hunderttausender Calvinisten (Hugenotten) aus Frankreich (seit 1685): Mit ihrer Ansiedlung auch in deutschen Gebieten suchte der mächtiger gewordene Absolutismus sich als weltliche Ordnungsmacht gegenüber den Kirchen durchzusetzen. Ferner entwickelte sich der Pietismus – Tendenzen der Barock-Mystik aufnehmend – parallel zu der an den Humanismus anknüpfenden Frühaufklärung. Der facettenreiche Pietismus gilt als zweite bedeutende religiöse Erneuerungsbewegung nach der Reformation; er brachte während seiner Hauptwirkungsphase (1690–1740) in Deutschland, unterstützt durch ein massenhaft verbreitetes Schrifttum, mit seinem auf Heiligung und unmittelbare Geist-Erfahrung bedachten Programm eine dogmatisch erstarrte Orthodoxie in Bedrängnis und kam mit 40 Prozent der Bevölkerung in Berührung. Er schwächte die Kirche von innen und arbeitete damit auch der Frühaufklärung in die Hand; diese konnte angesichts unnachsichtiger kirchlicher Sanktionen gegenüber ›Abweichlern‹ und ›Ketzern‹ den Säkularisierungsprozess nur verdeckt und innerhalb allgemein noch christlicher, aber die Enge der Konfessionen überschreitender Glaubensvorstellungen vorantreiben. Dazu schlug sie anstelle der biblischen Offenbarung das ›Buch der Natur‹ als zweite Offenbarungsquelle Gottes auf und führte mit der lehrhaften Verbreitung der *new science* die Verpflichtung zur vernünftigen

Prüfung der göttlichen Offenbarung im trojanischen Gewand der Physikotheologie in das christliche Weltbild ein. Zugleich propagierte sie verschiedene Formen einer natürlichen Theologie und Religion. Naturlyrik und Lehrdichtung der Frühaufklärung haben diesen Prozess nachhaltig gefördert (Brockes, Haller, Kleist). – So vorbereitet, konnte sich dann in Deutschland der »Ausgang des Menschen aus seiner selbst verschuldeten Unmündigkeit« »in Religionssachen« – wie Kant das Programm der Aufklärung definierte[4] – in der zweiten Hälfte des 18. Jahrhunderts durchsetzen, und dies zugleich mit erstarkten, sich als säkulare Ordnungsmacht begreifenden und absolutistisch regierten Territorien im Reich, mit der Ausweitung des Buchmarktes, der Herausbildung breiter Leserschichten und einem damit in ersten Ansätzen ermöglichten freien Schriftstellertum.

Doch ist es auch hier bezeichnend für die deutsche Literaturgeschichte, dass führende Autoren der Aufklärung und ihrer mittleren Phase, der Empfindsamkeit (wie Gottsched, Bodmer, Lange, Gellert, Giseke, Götz, Lessing, Lichtenberg, Wieland), sowie des Sturm und Drang (wie Herder, Lenz, Boie, Hölty, Bürger, Claudius, Schubart) aus dem evangelischen Pfarrhaus stammten und großenteils – wie auch Breitinger, Pyra, Johann Adolf Schlegel, Klopstock, Hamann oder Lavater – Theologie studierten. Religiöse Themen bestimmten deshalb vielfach nicht nur ihre geistliche, sondern auch weltliche Lyrik und ließen oftmals deren Grenzen verschwimmen. Sie führten schon in der Empfindsamkeit zu einem Sakralisierungsprozess: Die »heilige Poesie« feierte sich selbst und zugleich die Grundwerte bürgerlicher Kultur: Religion, Tugend, Familie, Freundschaft und Liebe (auch zum Vaterland). Aus der

4 Immanuel Kant, »Beantwortung der Frage: Was ist Aufklärung?«, in: I. K., *Was ist Aufklärung? Aufsätze zur Geschichte und Philosophie*, hrsg. und eingel. von Jürgen Zehbe, Göttingen 1967, S. 55–61, hier S. 55, 61.

intensiven Aneignung der Bibelsprache und religiöser sowie religionskritischer Thematik erfolgte im Sturm und Drang die Transformation der Poesie in ästhetische Autonomie und damit der Durchbruch zur literarischen Moderne, und noch die Begründung der modernen Autor-Ästhetik durch Hamann, Herder, Lavater und Goethe geschah vor allem im Rückgriff auf religiöse Konnotationen, insbesondere auf die Energien des Inspirationsbegriffs, und kulminierte in der Sakralisierung des gottgleichen Genies, in dem sich zugleich das moderne Individuum feierte. So entwickelte sich am Ende der frühen Neuzeit die deutsche Lyrik im intertextuellen Spiel mit christlichen und nicht-christlichen (mythologischen, hermetischen) sowie religionskritischen Traditionen zu einer Lyrik von internationalem Rang (dies vor allem in den Hymnen Klopstocks, Goethes und Hölderlins).

Und hier, am Ende der ›Makroperiode‹ Frühe Neuzeit, gelangte auch erst die ästhetische Theorie zum Bewusstsein der Einheitlichkeit einer Gattung ›Lyrik‹ (neben Epik und Dramatik). Hegel bestimmte ihren Inhalt als das »Subjektive, die innere Welt, das betrachtende empfindende Gemüt, das, statt zu Handlungen fortzugehen, vielmehr bei sich als Innerlichkeit stehenbleibt und sich deshalb auch das Sichaussprechen des Subjekts zur einzigen Form und zum letzten Ziel nehmen kann«.[5] Damit brachte er zugleich die beiden wichtigsten lyrikgeschichtlichen Neuerungen der Epoche auf den Begriff: das aus dem Gelegenheitsgedicht erwachsene Erlebnisgedicht und die aus dem Lehrgedicht entstandene Gedankenlyrik.

5 Georg W. F. Hegel, *Vorlesungen über die Ästhetik. Dritter Teil. Die Poesie*, hrsg. von Rüdiger Bubner, Stuttgart 1977, S. 106 f. Vgl. ebd., S. 200 f.

2. Luther und die Reformationszeit

»Was Luther sagte«, erklärt Herder, »hatte man lange gewußt; aber jetzt sagte es *Luther*!«[1] Tatsächlich war die Kritik an den Missständen der römischen Kirche, an ihrer Verweltlichung und ihrem vor allem für Deutschland bedrückenden System religiös getarnter finanzieller Ausbeutung schon vor Luther zu einem breiten Chor angeschwollen. Insbesondere die vom Gedankengut der italienischen Renaissance inspirierten deutschen Humanisten taten sich – erfüllt vom Postulat der Toleranz, ermutigt auch durch ihre philologische Kompetenz bei der Bibel-Edition und -Deutung (u. a. im sog. Reuchlin-Streit) und durch ihre latente Konkurrenz zum Mönchs-Ideal als Reformer der *studia humanitatis* an den Artistenfakultäten (mit dem daraus abgeleiteten selbstbewussten Anspruch des *poeta theologus*) – als Kirchenkritiker hervor, und sie wagten in ihrer (neu)lateinischen Poesie u. a. antike (und damit heidnische) Traditionen in den Dienst einer Aufwertung des Diesseits als einer menschenfreundlichen und lebenswerten Daseinsform zu stellen.

Unter den Humanisten reichte Sebastian Brant (1457–1521) in seiner großen, publizistisch erfolgreichen Verssatire *Das Narrenschiff* (1494) Kaiser und Papst die Narrenkappe, weil sie das Staats- und Kirchenschiff nach außen nicht zu schützen und nach innen nicht zu reformieren vermochten.[2] Der berühmte Theologe und Humanist Erasmus von Rotterdam (1469–1536) hatte in zahlreichen Schriften die Notwendigkeit eines umfassenden, die Eigenaktivität des Menschen zur Lebensbewältigung betonenden Erzie-

1 Johann Gottfried Herder, *Auch eine Philosophie der Geschichte zur Bildung der Menschheit,* hrsg. von Hans Dietrich Irmscher, Stuttgart 1990, S. 58.

2 Sebastian Brant, *Das Narrenschiff*, übertr. von H. A. Junghans, durchges. und mit Anm. sowie einem Nachw. neu hrsg. von Hans-Joachim Mähl, Stuttgart 1980, S. 364 ff.

hungs- und Reformprogramms entwickelt, dabei ebenfalls heftige Kritik an den kirchlichen Zuständen geübt und zugleich die Friedenspflicht des Menschen angemahnt (weshalb er sich dann von Luther alsbald wieder lossagte). – Der gebildete und zum *poeta laureatus* gekrönte Reichsritter Ulrich von Hutten (1488–1523) prangerte die Prachtentfaltung des Renaissance-Papsttums (nach einem Besuch in Rom) in lateinischen Epigrammen »de statu Romano« an (»Gott verkauft man in Rom, Indulgenzen und Ämter verkauft man, / Ja, ob es seltsam auch klingt, käuflich ist Rom selbst sogar«[3]), trug zu den satirischen *Dunkelmännerbriefen* (1515/17) maßgeblich bei, wurde zum Vorreiter gegen das »goldene Rom«, indem er in mehreren lateinischen Schriften (*Dialoge*, *Buch der Epigramme an Kaiser Maximilian*) den Kaiser (voreilig) als Hoffnungsträger gegen die Ausbeutung des Papsttums feierte. Sodann setzte er – schon dem Vorbild Luthers folgend – seine Angriffe gegen das Papsttum in deutscher Sprache fort. So zuerst in seinem großen Gedicht *Klag und Vormahnung gegen dem übermässigen unchristlichen Gewalt des Papsts zu Rom und der ungeistlichen Geistlichen*, 1520:

> Latein ich vor geschrieben hab,
> das was eim jeden nit bekannt.
> Jetzt schrei ich an das Vaterland
> Teutsch Nation in ihrer Sprach,
> zu bringen diesen Dingen Rach.[4]

Er zog ab 1521 auf eigene Faust in einen (dann allerdings kläglich scheiternden) ›Pfaffenkrieg‹ und nutzte die sich bildende reformatorische Öffentlichkeit, um sich und sei-

3 Zit. in: *Lateinische Gedichte deutscher Humanisten*, lat./dt., ausgew., übers. und erl. von Harry C. Schnur, Stuttgart 1967, S. 221.

4 Ulrich Hutten, *Deutsche Schriften*, hrsg. von Peter Ukena, München 1970, S. 207.

ne Unterstützung der Reformation zu rechtfertigen (*Ain new lied* [»Ich habs gewagt mit sinnen«], 1521).

Doch alle diese Stimmen verblassten vor der des Reformators: »jetzt sagte es *Luther*!« Diese Wirkung freilich erreichte er nicht ohne die publizistischen Möglichkeiten, die er und seine Mitstreiter immer zielstrebiger einzusetzen verstanden. – Nolens volens fügte sich Martin Luther (1483–1546) in die Rolle, die ihn vom Kirchenreformator zum politisch-religiösen Hauptgegner des römischen Katholizismus und des Papstes als ›Anti-Christ‹ heranwachsen ließ. In den zwanziger Jahren begann er mit seinen zahlreichen deutschen Schriften als ›Volks‹-Reformator, gab dabei zunehmend den vielfältigen Einzelkrisen des Reiches mit seinem unermüdlichen publizistischen Einsatz *eine* Stoßrichtung, nahm dann für seine neue Glaubensüberzeugung auch die Kirchenspaltung in Kauf und musste schließlich zum Schutz des neuen Bekenntnisses mit den Fürsten paktieren. – Rigoros und effektiv wurden die neuen Möglichkeiten des Buchdrucks für Luthers Anliegen eingesetzt. Durchschnittlich alle zwei Wochen verließ eine seiner Reformschriften die Presse und erreichte regelmäßig fünf- oder sechsstellige Verkaufsziffern: Etwa eine Million Menschen (und damit zehn Prozent der Gesamtbevölkerung des Reiches) hat Luther publizistisch erreicht und damit mehr Adressaten, als damals zu lesen imstande waren. Ihm und seinen Mitstreitern gelang es, ihre neue Botschaft in prägnanten Schlagworten zusammenzufassen (»sola gratia«, »sola fide«, »sola scriptura«) und den Kern ihrer Botschaft polemisch, einfach und eindeutig zu formulieren. Allein zwischen 1518 und 1523 gelangten mehr als 3000 Flug- und Streitschriften unters Volk.[5] Es entstand – auch durch ein rasch produziertes propagandistisch-agitatori-

5 Vgl. Rolf Engelsing, *Analphabetentum und Lektüre. Zur Sozialgeschichte des Lesens in Deutschland zwischen feudaler und industrieller Gesellschaft*, Stuttgart 1973, S. 26.

sches Tages- und Gebrauchsschrifttum – eine reformatorische Öffentlichkeit, in die der ›gemeine Mann‹ durch mündliche, literarische und visuelle Mittel miteinbezogen war, die in hohem Maße eine auditive Rezeption ermöglichten: Die Texte waren angelegt auf mündliche ›Verkündigung‹ (u. a. in den Kirchen und auf den Märkten) und enthielten vielfach auch visuelle Elemente. So erlebten das illustrierte Flugblatt (ein einseitig mit Holzschnitt oder Kupferstich und einem kurzen, prägnanten, oft in Reimform verfassten Text bedrucktes Einzelblatt) und die mehrblättrige Flugschrift einen ersten Boom (von Letzterer sind mehr als 10 000 verschiedene Ausgaben aus jener Zeit überliefert[6]). Die leicht zu behaltende und deshalb als mnemotechnisches Hilfsmittel funktional eingesetzte Reimdichtung wanderte in weitere Gattungen und Texttypen ein: in die »schympf red«, die Chronik, die Zeitungsliteratur, in erbauliche Texte, Predigtsammlungen und Kalenderschriften. Für die an den ›gemeinen Mann‹ adressierte Gebrauchsliteratur etablierte sich ein eigenes Vertriebssystem in Gestalt von Reimsprechern, Bänkelsängern und Zeitungssingern, die ihre politisch häufig brisante Ware (darunter auch zumeist anonyme Satiren, Schmähgedichte, Spottlieder, z. T. auf lokale Ereignisse) leichtfüßig von Ort zu Ort transportieren und an den öffentlichen Plätzen, auf Jahrmärkten und in Wirtshäusern vortragen und feilbieten konnten. Sie spielten auch bei den Bauernaufständen der Zeit eine wichtige Rolle.

Gegen diese geballte publizistische Macht konnten sich auch prominente Gegner Luthers wie der Franziskanermönch Thomas Murner (1475–1537) kaum Gehör verschaffen. Murner hatte die humanistisch inspirierte Narrensatire Sebastian Brants ganz ins mönchisch-klerikale Fahrwasser zurückgelenkt und die menschliche Narrheit

6 Vgl. Rainer Wohlfeil, *Einführung in die Geschichte der deutschen Reformation*, München 1982, S. 127.

als unheilbar aus der Erbsünde hergeleitet (*Narrenbeschwörung*, 1512). Nun verunglimpfte er in einer Ende 1522 erschienenen umfangreichen Verssatire *Von dem Großen lutherischen Narren* den Reformator als Anführer aller Narren, die im Reich politisch-religiöse und soziale Anarchie herbeiführen wollen. Aber »Murnar« (›murrender Narr‹, wie Luther ihn verspottete) und Luthers Disputationsgegner Hieronymus Emser (1478–1527) sowie Johannes Eck (1486–1543) wurden von der Gegenpropaganda satirisch vernichtet. An diesem Feldzug beteiligte sich auch der Nürnberger Schuster, Meistersinger, Spruchdichter und Fastnachtsspieldichter Hans Sachs (1494–1576). In seinem schnell berühmt gewordenen Spruchgedicht *Die Wittenbergisch Nachtigall* (1523) erklärte er sich als Laie nach Prüfung der neuen Lehre an der Bibel – wie auch in seinen vier Reformationsdialogen (1524) und späteren Spruchgedichten – zum Anhänger Luthers und etikettierte dessen Gegner als tierische Antipoden des »guten Tons«, nämlich als Katze, Bock und Schwein, die den »schönen Gesang« der ›Nachtigall‹ weder zum Schweigen zu bringen noch zu »übermaunzen« oder zu »übergrunzen« vermögen.[7]

Luthers Botschaft als Gesang: das war nicht nur metaphorisch gemeint. In der illiteraten Öffentlichkeit eignete sich insbesondere das Lied zur Verbreitung reformatorischen Gedankenguts, vor allem, wenn die Liedtexte auf weithin bekannte Melodien gedichtet wurden, welche dann gleich mitgesungen werden konnten. Das schon im Spätmittelalter gern genutzte Verfahren der Kontrafaktur, also des Anknüpfens an eine bekannte weltliche Melodie mit neuem (oft geistlichem) Text, kam in der Reformationszeit, aber auch im Zeitalter des Konfessionalismus zu neuen, exzessiv gehandhabten Ehren. Dabei wurden auch alle möglichen Liedtraditionen – historische Ereignislieder,

7 Hans Sachs, *Die Wittenbergisch Nachtigall. Spruchgedicht, Vier Reformationsdialoge und das Meisterlied Das walt Got*, hrsg. von Gerald H. Seufert, Stuttgart 1974.

Kirchen- und Zeitungslieder, Agitationspoeme wie Landsknechtslieder oder Spottlieder – beerbt, auch bekannte Texte der einen Konfession zu ›Gegen-Gesängen‹ verarbeitet und bekannten Tönen unterlegt. Häufiger, so wird berichtet, strömten auch Luthers Anhänger in die katholische Messe und stimmten dort die neuen Glaubensinhalte auf die alten Litaneien an. Luther hat sich auch selbst agitatorisch an solchem Kontrafazieren beteiligt. So wählte er den ›Judas-Ton‹, der zum Passionslied »O du armer Judas, was hastu gethan, / daß du deinen herren also verrathen hast« gehört, und wandte ihn in seiner Schmähschrift *Wider Hans Worst* (1541) auf einen seiner ärgsten Widersacher, den Herzog Heinrich von Braunschweig und Wolfenbüttel, an: »Ach, du arger Heintze, was hastu gethan, / das du viel Fromen Menschen durchs fewr hast morden lan?«

Erst im vierzigsten Lebensjahr wurde Luther zum Liederdichter. Anlass war die ihn erschütternde Nachricht über zwei seiner Ordensbrüder, die sich zu seiner Lehre bekannt hatten und dafür am 1. Juli 1523 auf dem Marktplatz in Brüssel öffentlich verbrannt wurden. Diesen beiden ersten Märtyrern seiner Lehre widmete er ein Zeitungslied (*Eyn newes lied wyr heben an*), das in seiner ersten Flugblatt-Version aus zehn Strophen bestand, dem Luther im Jahr darauf aber zwei Strophen hinzufügte, worin er die weiteren Machenschaften der Gegenseite in diesem Fall zur Sprache brachte und die scheinbare Niederlage und den Versuch, seine Lehre und seine Anhänger zum Schweigen zu bringen, in den Sieg der reformatorischen Sache verwandelte (»Die er ym leben durch den mord / zu schweygen hat gedrungen / Die mus er tod an allem ort / mit aller Stym vnd zungen / gar frolich lassen singen.«[8]). Bekenntnis, Verkündigung und Gotteslob waren schon hier für Luther die entscheidenden Funktionen des Liedes.

8 Martin Luther, *Die deutschen geistlichen Lieder*, hrsg. von Gerhard Hahn, Tübingen 1967, S. 11.

Seine weiteren Gesänge (insgesamt 36) entstanden im Zusammenhang mit der konzeptionellen Entwicklung der liturgischen Formen der neuen Konfession. Auch hier wurde Luther in Zugzwang gebracht, und zwar mit der 1523 eingerichteten deutschsprachigen Messe durch seinen zeitweiligen Anhänger Thomas Müntzer (1468/1490?–1525), der sich zum »geistgläubigen« politischen Agitator wandelte und als Anführer im Bauernkrieg hingerichtet wurde. Müntzer, der auch Kirchenlieder schrieb, hatte mit seiner Reform »die auffrichtung und erbawung der gantzen gemein« im Auge, wollte also das laizistische Element im Gottesdienst stärken. Luther und seine Helfer setzten andere Akzente. Sie wandelten die katholische Messe in den evangelischen, um die Verkündigung durch einen ordinierten Diener Gottes zentrierten Wortgottesdienst um und sprachen dem Kirchengesang eine neue theologische Funktion zu: Das Lied sollte nicht mehr wie in der katholischen Messe ein ›gutes Werk‹ des Menschen vor und für Gott sein, sondern Bekenntnis, Verkündigung und Dank für die in der Predigt zugesprochene und im Glauben angenommene Erlösung.

Luthers Lieder, von denen 24 bereits in der ersten Gesangbuchausgabe Johann Walters von 1524 erschienen, sind aus der Bibelsprache (mit 473 direkten oder indirekten Zitaten) geschöpft. Sieben sind Bearbeitungen von (Buß-)Psalmen, sieben integrieren die Tradition des lateinischen gregorianischen Chorals – z. B. *Nu kom der heyden Heyland* (»Veni redemptor gentium«), *Verley uns frieden gnediglich* (»Da pacem domine«), *Kom Gott schepfer heyliger geyst* (»Veni creator spiritus«) –, und mit weiteren sieben beerbt er das deutsche Liedgut des Mittelalters, wobei er sich auch des Kontrafazierens bedient (*Vom Himmel hoch da kom ich her, Nun freut euch, liebe Christen, gmein*). Ferner knüpft er an die Tradition der ›Leisen‹ an, die ihren Namen vom Strophenschluss haben (»Kyrioleis«; z. B. *Gelobet seystu Jhesu Christ*, *Christ ist erstanden* und

Mitten wir im Leben sind). Im Blick auf Melodie und Text vorlagefreie Lieder sind die Ausnahme (z.B. *Erhalt uns, Herr, bei deinem Wort*). Funktional sind Luthers Lieder in Gebete, katechetische Unterweisung, Bekenntnislieder – darunter *Ein feste Burg ist unser Gott* (1529), eine freie Bearbeitung des 46. Psalms, als sog. ›Marseillaise des Luthertums‹ – und Lieder für den liturgischen Gebrauch einteilbar.[9] Zugleich beziehen sie sich auf die wichtigsten Stationen und Ereignisse des Kirchenjahrs. Stilistisch (orientiert am *genus humile*) und inhaltlich zeichnen sich Luthers Lieder durch eine Mischung von präziser Begrifflichkeit und Anschaulichkeit aus.[10] Formal weisen sie im Blick auf den Gemeindegesang eine relativ einfache Strophenform auf: so die Paarreimstrophe (aabb), die Schweifreimstrophe (aabccb) oder die vereinfachte Bauform des Meistersangs mit zweifachem Stollen im Aufgesang und einfachem Abgesang (wie bei *Ein feste Burg ist unser Gott*). Tonbeugungen werden durch Melodie und Gesang praktisch annulliert. Obwohl sie eher lehrhaft als lyrisch (im modernen Sinne) wirken, wurde ihnen eine bis heute andauernde, von keinem anderen geistlichen oder weltlichen Liederdichter erreichte – und keineswegs auf den Protestantismus beschränkte – Wirkungsgeschichte zuteil. Luthers Lieder, so klagte der angesehene Jesuit Adam Contzen (1575–1635), hätten »mehr Seelen zu Fall gebracht als seine Schriften und Reden«.[11] Luther selbst hat die feste Installierung des volkssprachlichen Liedes im evangelischen Gottesdienst neben der zentralen Stellung der Pre-

9 Vgl. Patrice Veit, *Das Kirchenlied in der Reformation Martin Luthers. Eine thematische und semantische Untersuchung*, Stuttgart 1986.

10 Vgl. Gerhard Hahn, *Evangelium als literarische Anweisung. Zu Luthers Stellung in der Geschichte des deutschen kirchlichen Liedes*, München 1981.

11 Zit. in: Dietz-Rüdiger Moser, *Verkündigung durch Volksgesang. Studien zur Liedpropaganda und -katechese der Gegenreformation*, Berlin 1981, S. 16.

digt als wichtigste und folgenreichste liturgische Neuerung der Reformation verstanden und in der von Valentin Bapst edierten Leipziger Prachtausgabe des Wittenberger Gesangbuches von 1545 mit einer Vorrede zugleich als sein Vermächtnis bekräftigt.

Diese Vorrede beschwört freilich auch schon den Ungeist des Konfessionalismus. »Gott gebe«, so poltert der Reformator unversöhnlich, »das damit dem Römischen Bapst der nichts denn heulen / trawren vnd leid in aller welt hat angericht / durch seine verdampte / vntregliche vnd leidige gesetze / großer abbruch vnd schaden geschehe / Amen.«[12] Unglück – daran ist nachdrücklich zu erinnern – hat freilich auch die neue Konfession bereits zu Luthers Lebzeiten über Gruppierungen und Richtungen gebracht, die sich zunächst von ihr angezogen fühlten, denen Luthers Reformen indessen einerseits in ihrem theologischen Rigorismus zu weit und andererseits in ihrem sozialreformerischen Einsatz nicht weit genug gingen. Zur ersteren Gruppe gehörten viele Humanisten, die sich mit Erasmus nach dessen Disput mit Luther über den – vom Reformator bestrittenen – freien Willen des Menschen von ihm lossagten. Zur anderen Gruppe gehörten Thomas Müntzer und die von Luther enttäuschten Bauern, die sich in ihren »Zwölf Artikeln« (1525) mit der Forderung nach Aufhebung der Leibeigenschaft auf die Bibel beriefen und die Luthers Lehre von der Freiheit und Gleichheit aller Christenmenschen (gegen dessen vehementen Protest) sozialpolitisch einforderten.

Der gelehrte spiritualistische Weltchronist Sebastian Franck (1499–1542) ließ in einem berühmten Lied *Von vier zwieträchtigen Kirchen, deren jede die andre hasset und verdammet* (um 1531) die vier »Secten« Revue passieren, die sich nach nur einem Dutzend Jahren seit dem legendä-

12 *Das Bapstsche Gesangbuch von 1545*, Faksimiledruck mit einem Geleitwort hrsg. von Konrad Ameln, Kassel [u. a.] 1988 [unpag.].

ren Thesenanschlag Luthers in Deutschland herausgebildet hatten: neben den Päpstlern die Lutheraner, Zwinglianer und die Wiedertäufer. Zwar lehnte er sie alle als »geistlos« ab. Dennoch stellte er den Baptisten das beste Zeugnis aus: »Leiden drob Not, / Welthaß und Tod. Deshalb ohn Spott / näher bei Gott / als die drei andern Haufen.«[13]

Dieses noch von Grimmelshausen in seinem *Simplicissimus*[14] bestätigte Urteil rückt religiöse Gruppierungen in den Blick, die besonders viel Blutzoll gezahlt haben und die durch die einseitige Identifizierung mit dem Wiedertäuferreich in Münster fälschlich als politische Aufrührer im Geiste Thomas Müntzers denunziert worden sind. Es handelt sich um die sog. Schweizer Brüder als älteste Gruppe, um die in strenger Gütergemeinschaft lebenden Hutterer (nach Jakob Huter oder Hutter, um 1500–1536) sowie um die in den Niederlanden und in Norddeutschland verbreiteten Mennoniten (genannt nach ihrem wichtigsten Führer Menno Simons, 1496–1561). Alle Richtungen haben ein reiches Liedgut hinterlassen, das zunächst mündlich, dann handschriftlich und seit 1570/71 auch in verschiedenen gedruckten Gesangbuchausgaben überliefert wurde. Die Täufer haben versucht, ihren Glauben und ihre soziale Gemeinschaft streng am biblischen Wortlaut und an einer kompromisslosen *imitatio Christi* zu orientieren. Deshalb stellten sie für die Obrigkeit und die anderen Konfessionen eine unerträgliche Provokation dar und wurden auf massivste Weise verfolgt. Fast alle Anführer und viele Anhänger wurden gefangen, gefoltert und dann enthauptet, ertränkt oder verbrannt. Diese Schicksale haben die Täufer in ihren umfangreichen Märtyrer-Liedern

13 Zit. in: Heinold Fast (Hrsg.), *Der linke Flügel der Reformation. Glaubenszeugnisse der Täufer, Spiritualisten, Schwärmer und Antitrinitarier*, Bremen 1962, S. 247.

14 Vgl. Hans Jakob Christoph von Grimmelshausen, *Der abenteuerliche Simplicissimus Teutsch*, mit einer Einl. und Anm. von Hans Heinrich Borcherdt, Stuttgart 1981, S. 544 ff.

detailliert dokumentiert. Zum Teil stammen diese aus der Feder der Opfer selbst, die sie aus den Gefängnissen schmuggeln konnten, zum Teil von Anhängern als Zeugnisse für die Wahrheit ihres die Glaubensgemeinschaft stabilisierenden Opfers in der Nachfolge Jesu. Es sind zum Teil originelle und individuelle, zugleich erschütternde Beiträge zur Geschichte des protestantischen Kirchenliedes. Leider setzt sich das historische Unrecht, das ihnen widerfahren ist, in dem weitgehenden Desinteresse der Rezeption fort, die vor allem im Bereich der Kirchengeschichte bis heute nachhaltig von den Siegern bestimmt wird![15]

3. Das Kirchenlied im konfessionellen Zeitalter

Im Blick auf frühneuzeitliche Entstehung, Vielfalt und Funktion ist nicht leicht zu definieren, was ein Kirchenlied – im Unterschied etwa zum geistlichen Lied – ist. Als Kirchenlieder gelten im Folgenden nicht nur die liturgischen, tatsächlich im Gottesdienst gesungenen Lieder meist anonymer Herkunft mit verkündigendem und belehrendem Charakter[1], sondern gelten alle Lieder, die Kirchenkultus und Kirchenfrömmigkeit dienen sollen, also auch Lieder für die katechetische Unterweisung außerhalb von Messe und Gottesdienst oder sogar für die ›private‹ Hausandacht. Die kirchlichen Gesangbücher unterscheiden selbst den ›Stammteil‹ von einem Anhang mit noch zu erprobenden und für die Hausandacht bestimmten Liedern oder ›geistlichen Volksliedern‹. Während sich im Luthertum der Bestand des *Bapstschen Gesangbuches* von 1545 lange als unverrückbarer Kanon des Kirchengesanges etabliert hatte,

15 Vgl. dazu auch Peter Blickle, *Die Reformation im Reich*, Stuttgart 1982, S. 112 ff.

1 Vgl. Irmgard Scheitler, *Das Geistliche Lied im deutschen Barock*, Berlin 1982, S. 20, 44, 49, 82 [u. ö.].

wurden viele für das »christliche Leben« und die Hausandacht verfasste Lieder nach einer Erprobungszeit in die Gesangbuchausgaben aufgenommen. Es ist deshalb nicht sinnvoll, solche für den außerkirchlichen Gebrauch bestimmten, aber formal und stilistisch (im *stilus humilis*) verfassten sowie dem kirchlichen Denken und Ritus verpflichteten Lieder als geistliche Lieder von den Kirchenliedern zu unterscheiden. Von dieser großen Gruppe abzugrenzen ist aber die geistliche Poesie der Barock-Mystiker und -Humanisten, die sich als inhaltlich und stilistisch anspruchsvolle Leselyrik und Kunstpoesie (daher häufig auch nicht in Liedform) in der gelehrt-humanistischen Gedichttradition und damit zumeist auch im gehobenen Stil zu erkennen gibt.

Durch das Tridentinische Konzil, einige Reformpäpste und die Erholung des Ordenswesens erneuert und gestärkt, ging der Katholizismus auf deutschem Boden zur ›Gegenreformation‹ über. Insbesondere der von Ignatius von Loyola (1491–1556) begründete Jesuiten-›Orden‹ wurde mit seiner straffen militärischen Struktur, seinen beeindruckenden Erfolgen sowohl an den Höfen als auch bei der massenhaften Rekatholisierung zurückeroberter Gebiete sowie mit der glanzvollen Demonstration politischer und kultureller Macht (u. a. durch eigene Hochschulen und Gymnasien) zur Speerspitze der Gegenreformation und auch zum Hauptträger der Gegenpropaganda und Konfessionspolemik (dies auch in einer großen Zahl gereimter und illustrierter Flugblätter für den ›gemeinen Mann‹[2]). Für die Protestanten schienen die »Jesuwider« angesichts ihrer unerklärbaren Erfolge mit dem Teufel im Bunde zu stehen (so

2 Vgl. Johann Scheible (Hrsg.), *Die Fliegenden Blätter des XVI. und XVII. Jahrhunderts, in sogenannten Einblattdrucken* […], Stuttgart 1850; reprogr. Nachdr. Hildesheim / New York 1972; Wolfgang Harms (Hrsg.), *Deutsche illustrierte Flugblätter des 16. und 17. Jahrhunderts*, Tl. 2: *Historica*, München 1980.

für den wortgewaltigen Calvinisten Johann Fischart, 1546–1590, in seiner Vers-Polemik *Das Jesuiterhütlein*, 1580). Zwar vollzog sich die katholische Messe einschließlich der Gesänge unverändert in der lateinischen Sprache, aber die Jesuiten hatten rasch die große Bedeutung volkssprachlicher Lieder für die Durchsetzung der Frömmigkeit erkannt und schufen den Typ des geistlichen Volksliedes, bestimmt als Mittel der Verkündigung der vom Lehramt festgesetzten Dogmen und Lebensnormen für den Laiengesang außerhalb der Kirche. Dabei blieben die Verfasser wie beim weltlichen Volkslied meistens anonym, damit diese Lieder besser zum »Eigentum« des Volkes werden konnten. Diese Bewegung setzte um 1600 ein, als die Jesuiten von der Einzel- zur Massenbekehrung übergingen. Zu den traditionellen – bereits vorlutherischen – katholischen Liedgattungen der Andachtslieder zu Themen der Heilsgeschichte sowie der Legenden- und Mirakellieder gesellten sich in der Gegenreformation die katechetischen Lieder und als deren Untergruppe die Exempellieder hinzu. Beliebt waren insbesondere Lieder zur Marien- und Heiligenverehrung, in denen sich das Vor-Bild der heiligen Familie als armer, den Alltag vorbildlich meisternder Musterfamilie für den gemeinen Mann ausbildete.

Neuerdings erst hat man »mit höchster Wahrscheinlichkeit« den Jesuitenpater Friedrich Spee von Langenfeld (1591–1635) als Autor von insgesamt 125 anonym erschienenen geistlichen Volksliedern ermittelt (darunter *O Heiland, reiß die Himmel auf*).[3] Viele davon zeigen die jesuitische Doppelstrategie der Polemik und der von den Protestanten besonders gefürchteten ›Umarmung‹ (die Glaubensanliegen der »Ketzer« und ihre Rechtfertigungs-

3 Friedrich von Spee, *»Außerlesene, catholische, geistliche Kirchengesäng«*. Ein Arbeitsbuch, hrsg. von Theo G. M. van Oorschot, bei den Melodien unter Mitarb. von Alexandra Herke, Tübingen 2005 (Sämtliche Schriften. Hist.-krit. Ausgabe, Bd. 4), S. 739. Zu Spee vgl. auch Kap. 4.

lehre seien bei den Katholiken in einem umfassenderen theologischen Konzept vollkommen berücksichtigt). Stilistisch und rhetorisch orientieren sich Spees Lieder wie seine *Trvtz-Nachtigal* auch an der von Loyolas *Geistlichen Übungen* übernommenen Strategie, den Inhalt mit allen Sinnen in der »Schau der Einbildungskraft« zu vergegenwärtigen. – Von den anderen an der Gegenreformation beteiligten Orden traten in der zweiten Hälfte des 17. Jahrhunderts insbesondere die Kapuziner hervor, unter ihnen wiederum Procopius von Templin (1609–1680) mit rund 600 Liedern und Laurentius von Schnüffis (d. i. Johann Martin aus Schnüfis, 1636–1702), der auch Ausflüge in die ›hohe‹ geistliche Poesie unternahm (*Mirantisches Flötlein*, 1682).

Im Calvinismus, der von Katholiken und Lutheranern wegen ihrer – durch Verfolgung und Unterdrückung nicht aufzuhaltenden – Ausbreitung in ganz Europa besonders gefürchteten Konfession, führten der strenge ›Bibliokratismus‹ und die autokratische Gottesvorstellung zur Bevorzugung der Psalmen als im Grunde einzig legitimer Gesänge im Gottesdienst. 1562 veröffentlichte Johannes Calvin (d. i. Jean Cauvin, 1509–1564) die erste vollständige Ausgabe des Psalters mit 150 Liedern und begründete die Sanktionierung des ›Hugenottenpsalters‹ damit, »daß niemand etwas singen kann, das Gottes würdig ist, wenn er es nicht von ihm empfangen hat. Darum, wir mögen suchen, wo wir wollen, wir werden keine besseren und dazu geeigneteren Lieder finden als die Psalmen Davids, die der Heilige Geist ihm eingegeben und gemacht hat.«[4] Nach der Einführung des reformierten Bekenntnisses in der Kurpfalz übertrug Friedrich III. die deutsche Übersetzung des Hugenottenpsalters dem bedeutenden neulateinischen Dichter

4 Zit. in: Markus Jenny (Hrsg.), *Luther, Zwingli, Calvin in ihren Liedern*, Zürich 1983, S. 279.

Paul Schede (gen. Melissus, 1539–1603). Dieser war von den poetischen Reformbestrebungen der französischen Humanisten, vor allem von Pierre Ronsard (1525–1585), dem führenden Kopf des Dichterkreises ›Pléiade‹, tief beeindruckt und legte mit der Publikation seiner Übersetzung der ersten fünfzig Psalmen des Genfer Gesangbuches 1572 eine interessante, aber im Blick auf die Zwecke des Gottesdienstes viel zu anspruchsvolle sprachschöpferische Leistung vor. So musste Schede enttäuscht hinnehmen, dass sich die ein Jahr später erschienene komplette und eingängigere Übersetzung des Hugenottenpsalters durch Ambrosius Lobwasser (1515–1585) im deutschen Sprachgebiet durchsetzte. Ausgerechnet der Lutheraner Lobwasser wurde so zur »Sirene des Calvinismus«.

Das Luthertum war trotz reichsrechtlicher Anerkennung die am meisten bedrängte – nicht zuletzt deshalb möglicherweise literarisch produktivste – Konfession. Sie wurde nicht nur von der Aggressivität der beiden anderen Konfessionen in die Defensive gedrängt, sondern schwächte sich auch noch selbst von innen durch heftige »kryptocalvinistische« Streitigkeiten. Die konservativen Anhänger Luthers verdächtigten Philipp Melanchthon (d. i. Schwarzerd, 1497–1560), den humanistisch gesonnenen und auf Ausgleich bedachten Mitstreiter Luthers, und seine Anhänger, die »Philippisten«, des heimlichen Calvinismus. Dieser Streit tobte über Jahrzehnte und führte ebenso wie der Kampf mit den anderen Konfessionen zur unaufhaltsamen, scholastischen Dogmatisierung, zum vorherrschenden Interesse an der ›reinen Lehre‹ (›Orthodoxie‹) sowie zu neuen Bekenntnisschriften (Konkordienformel 1577 und Konkordienbuch 1580). Indessen wurden diese, zumal bedeutende Köpfe von der Autorität Luthers und Melanchthons fehlten, nicht von allen Territorien anerkannt und spalteten so das lutherische Lager nur weiter. Das Krisenbewusstsein gerade dieser Konfession vertiefte sich in den

Jahrzehnten um 1600 weiter durch die politische Instabilität, durch massive, die Bevölkerung ängstigende Krisenerscheinungen – Klimakatastrophen (›kleine Eiszeit‹), ökonomische Depression mit Geldentwertung, Teuerung und Hungersnöten, Epidemien und damit hoher Mortalität. Die vier apokalyptischen Reiter Hunger, Krieg, Pest und Tod verwandelten, so schien es, im Auftrag oder zumindest mit Duldung des zürnenden Gott-Vaters das Diesseits in ein Jammertal. Existenznot und Hilfsbedürftigkeit riefen ein umfangreiches Erbauungsschrifttum und ein daraus weitgehend geschöpftes Liedgut dieser Konfession hervor. In Wackernagels Sammlung stehen für das 16. Jahrhundert 450 katholischen Liedern 3700 meist lutherische gegenüber; und Fischer/Tümpel verzeichnen für das nachfolgende Säkulum weitere 3000 lutherische Lieder aus der Feder von mehr als 500 Autoren.[5] Diese Lieder sind ein noch weithin ungehobener Schatz, ein Spiegel aller Nöte sowie sozial- und kulturgeschichtlichen Ereignisse jener Zeit. So riefen viele Bekenntnislieder als dominanter lutherischer Liedtyp des 16. Jahrhunderts zur Buße auf: »Es strafft vns der gerechte Gott / mit tewrung, Krieg vnnd Hungers not, / Vnd mit der Pestilentz: / Es ruckt an vnser grentz heran, / darumb wir billich Busse than.«[6] Wie in der katholischen Kirche, so blühte auch im Luthertum der Teufels-, Dämonen- und Hexenglaube. Zeittypisch kreidete Nikolaus Herman (um 1480–1561) dem Satan in der Entstehungszeit der *Historia von D. Johann Fausten* (1587) alles Übel in Gesellschaft und Natur an:

Erstlich erregt er Ketzerey,
auffruhr, mord, krieg vnd Tyranney,
Gotts ordnung er zerrüttet,

5 Vgl. Kap. 1, Anm. 2.
6 So Paschasius Reinigke in einem Lied; in: Wackernagel (s. Kap. 1, Anm. 2), Bd. 5, S. 96.

König vnd Fürsten zusam er hetzt,
all bündnis trent er vnd verletzt,
sein zorn er gar ausschüttet.

Gros vngewitter er erregt,
das offt der Hagel als [alles] erschlegt,
die lufft er auch vergifftet:
die frucht der erd gönt er vns nicht,
beschmeist, verterbt als [alles] der Böswicht,
vnd allen jamer stifftet.[7]

In diesem Sinne dichteten auch Bartholomäus Ringwald (1530–1599), Martin Böhme (oder Behm, 1530–1599) oder Ludwig Helmbold (1532–1598) in ihren vielen hundert Kirchenliedern, und zugleich appellierten sie an die Bußbereitschaft der Gläubigen und schickten mit ihren Liedern Gebete zu den Heerscharen von Engeln und guten Geistern, aber vor allem auch an den »guten Hirten« und liebreichen Emanuel selbst, der sie erneut vor dem ›Diabolos‹ (als Funktion des göttlichen Zorns) retten sollte. Eher selten – so in den Liedern des humanistisch geprägten Helmbold – zeigen sich Ansätze zur Herrschafts- und Sozialkritik, Aufrufe zum Erwachen und zum Kampf gegen das Böse in der Welt. Charakteristischer ist die Tendenz, angesichts der Vielzahl göttlicher Strafen Buße und Leiden zu verinnerlichen und Probleme der persönlichen Heiligung zu thematisieren.

Aus dieser Tendenz erwuchs dann im Laufe des 17. Jahrhunderts als neuer Typ das lutherische Frömmigkeitslied, in welchem dogmatische Reflexion und Konfessionspolemik deutlich zurücktraten. Dieser Liedtyp war zunächst vorwiegend für das christliche Leben außerhalb des Gottesdienstes und damit für die Privaterbauung bestimmt, also für Hausandachten und Betstunden, Tageszeiten, Be-

7 In: Wackernagel (vgl. Kap. 1, Anm. 2), Bd. 3, S. 1181.

rufsanliegen und allerlei persönliche Notsituationen, weshalb das »Wir« des Bekenntnisliedes vielfach schon zum »Ich« als Sprecherfigur der Lieder wechselte, womit aber immer auch noch das gnomische Gemeinde-Ich mitgemeint war. Die Gesangbücher nahmen diese Lieder dann zunächst in ihre Anhänge auf. Diese verzeichneten neben dem kanonischen Bestand des *Bapstschen Gesangbuches* ein enormes Wachstum (von zweihundert bis dreihundert um 1600 bis zu mehr als tausend um 1700), und hierbei zeichnete sich im ständigen Wechsel der Gliederung die Orientierung an den sich wandelnden konkreten Bedürfnissen der Adressaten ab.[8] Seit dem 18. Jahrhundert wurden viele dieser Lieder dann vermehrt auch in den für den Gemeindegesang bestimmten offiziellen Teil der Gesangbücher integriert und damit als Kirchenlieder kanonisiert, und noch heute bilden sie – wenn auch vielfältig überarbeitet – den Kernbestand des Evangelischen Gesangbuches. Diese Anerkennung hatte zugleich eine beträchtliche liturgische Aufwertung des Liedes gegenüber der Predigt zur Folge. So bestätigt sich in einer bedeutenden Rezeptionsgeschichte für diese Gattung, was Andreas Gryphius dem Köbener Pfarrer und *poeta laureatus* Johann Heermann (1585–1647; *Herzliebster Jesu, was hast du verbrochen*) bescheinigt, dem einflussreichsten Liederdichter zwischen Luther und Gerhardt: Er habe mit seinen Liedern »Lohn auff Lohn gehäufft«, denn Gryphius verstand dessen Liedersammlungen (*Haus- vnd Hertz-Musica*; *Exercitium pietatis*; *Poetische Erquickstunden, Darinnen allerhand schöne und trostreiche Gebet*) als »Vbung in der Gottseligkeit«. Analoges gilt für die populären Gesänge von Philipp Nicolai (1556–1608; *Wachet auff, rufft vns die Stimme*; *Wie schön leuchtet der Morgenstern*), Valerius Herberger

8 Vgl. Ingrid Röbbelen, *Theologie und Frömmigkeit im deutschen evangelisch-lutherischen Gesangbuch des 17. und frühen 18. Jahrhunderts*, Göttingen 1957, S. 39 ff.

(1562–1627), Martin Rinckart (1586–1649), Josua Stegmann (1588–1632), Matthäus Meyfart (1590–1642) sowie für die 700 Lieder von Johann Rist (1607–1667), dem Gründer des Elbschwanordens.[9]

Diese Lieder zeigen in ihrer intensiven Affektivität eine aus der Furcht vor Gott resultierende hohe emotionale Nähe zu Christus, der zum Pantokrator und zugleich zum einzigen intimen Herzensfreund aufgewertet wird (so im Folgenden bei Heermann): »Lebt Christus, was bin ich betrübt? / Ich weis, daß Er mich hertzlich liebt. / Wann mir gleich alle Welt stürb ab, / Gnung, dass ich Christum bey mir hab.«[10] Damit war auch die Tür zu mystischen Anschauungen offen (»denn ich bin rechter Wollust voll, / Wenn ich dich, Liebster, küssen soll«, dichtete Rist im Rückgriff auf das Bildfeld des Hohenliedes[11]). – Über dem Interesse an der eigenen Heiligung trat an die Stelle der Frage nach dem Jüngsten Gericht mit der Wiederkehr Christi (wie noch in der Reformationszeit) nun die Sorge um die eigene Seligkeit, um die selige Sterbestunde als Gerichtsstunde des individuellen Lebens. Dabei erscheint die Jenseitssehnsucht auch als eine Form der Ich-Bewahrung, und das vielfach formulierte Motiv des ›Memento mori‹ als Aufforderung zum ›rechten Leben‹.[12] In der zweiten Hälfte des 17. Jahrhunderts zeichnet sich im Kontext sozialreformerischer Bestrebungen der Orthodoxie auch die Tendenz ab, den Begriff der ›Heiligung‹ ins Sozialethische zu wenden. So schrieb Georg Philipp Harsdörffer (1607–1658; Haupt des Nürnberger Dichterkreises und Mitbegründer des ›Pegnesischen Blumenordens‹[13]) Lieder mit Titeln wie *Lied von dem Weg zu menschlicher Vollkom-*

9 Zu Rist vgl. auch Kap. 5.

10 In: Fischer/Tümpel (vgl. Kap. 1, Anm. 2), Bd. 1, S. 287.

11 In: Fischer/Tümpel (vgl. Kap. 1, Anm. 2), Bd. 2, S. 187.

12 Vgl. Ferdinand van Ingen, *Vanitas und Memento Mori in der deutschen Barocklyrik*, Groningen 1966, S. 307, 322 ff.

13 Zu Harsdörffer vgl. auch Kap. 5.

menheit, *Von der Gottseligen Vollkommenheit* oder *Von der Christlichen Vollkommenheit*, in denen er den Dienst am Nächsten als Teil der Heiligung einforderte: »In deines Willens Heiligkeit / Bin ich zu jeder Zeit bereit, / Den Nechsten stets zu dienen«[14]. Dieses Verhalten nennt Harsdörffer auch Tugend. Bei ihm zeigt sich zugleich eine in der zweiten Jahrhunderthälfte zunehmende und in die Frühaufklärung führende Entwicklung, das Heiligungslied in das Bestreben des Menschen nach seiner eigenen Glückseligkeit zu stellen.[15]

In Paul Gerhardt (1607–1676), dem bedeutendsten lutherischen Kirchenlieddichter seit Luther (und ihn an ökumenischer Wirkung übertreffend), findet sich die Summe des lutherischen Bekenntnis- und Frömmigkeitsliedes. Von den 120 Kirchenliedern, die zunächst seit 1647 sukzessive in den Auflagen eines Gesangbuchs von Johannes Crüger und dann 1666/67 in einer eigenen, von Johann Georg Ebeling besorgten Folio-Edition erschienen[16], sind heute immer noch vierzig im Evangelischen Gesangbuch vertreten. Von ihnen zählen mehr als ein Dutzend zu den bekanntesten deutschsprachigen Liedern überhaupt. Sie leiten die Gläubigen seit nunmehr 350 Jahren durch alle wichtigen Stationen des Kirchenjahres (*Wie sol ich dich empfangen?* zum Advent, *Kommt und last uns Christum ehren* zu Weihnachten, *Ein Lämmlein geht und trägt die Schuld* sowie *O Haupt vol Blut und Wunden* zur Passion) und als Glaubens-, Vertrauens- und Dankbekundung durch das christliche Leben (*Ist Gott für mich / so trete*; *Befiehl du deine Wege*; *Du meine Seele singe*; *Nun dancket all und bringet Ehr*; *Solt ich meinem Gott nicht singen*), ferner durch die Jahres- und Tageszeiten (*Geh aus mein Hertz und suche Freud*; *Die güldne Sonne*; *Lobet den Her-*

14 Zit. in: Fischer/Tümpel (s. Kap. 1, Anm. 2), Bd. 5, S. 14.

15 Vgl. dazu Röbbelen (s. Anm. 8), S. 362.

16 Paul Gerhardt, *Geistliche Andachten*, hrsg. von Friedhelm Kemp, München/Bern 1975.

ren; *Wach auf mein Herz und singe*; *Nun ruhen alle Wälder*).[17] Die ökumenische Rezeption dieser Lieder ist auf der einen Seite Folge einer starken Selektion und späteren Überarbeitung der Texte, die alles Zeitbedingte und Konfessionspolemische beseitigten; tatsächlich war Gerhardt ein in der Sache starrköpfiger Orthodoxer, der die Toleranzpolitik seines reformierten Berliner Landesherrn, des Großen Kurfürsten Friedrich Wilhelm, und dessen Toleranzedikte von 1662 und 1664 boykottierte, weil er die Calvinisten »nicht für Christen halten« konnte und dafür 1666 des Amtes enthoben wurde. Und nicht zufällig erschien die Prachtausgabe seiner Lieder in der Zeit seiner Amtsenthebung mit zum Teil heftigen, als Bibelübersetzungen getarnten Attacken auf die »stoltzen Tyrannen« (Ps. 52). Auf der anderen Seite ist der Bibelbezug ein Grundzug aller Lieder Gerhardts und hat deren überkonfessionelle Rezeption entscheidend ermöglicht. Sie zeichnen sich durch eine Verbindung von gedanklicher Prägnanz und emotionaler Kraft aus. Auch affektive Jesus-Lieder sind in die dogmatische Entfaltung der lutherischen Lehre eingebunden. Dies ermöglichte Gerhardt ferner die poetische Adaptation der mystischen Gebete aus dem *Paradiesgärtlein* von Johann Arndt (1555–1611), dem einflussreichsten Erbauungsschriftsteller im Luthertum. Aus Gerhardts Abneigung gegen den Calvinismus erklärt sich auch sein gewandeltes Gottesbild: Nicht mehr der zornige oder der seine Geschöpfe verwerfende, sondern der sie in Treue und Güte unverrückbar liebende Gott wird für Gerhardt zur triumphierenden, der calvinistischen Prädestinationslehre entgegengesetzten Botschaft: »Du / frommer Vater / meynst es gut / mit *allen* Menschen Kindern / Du ordnest deines Sohnes Blut / Und reichst es *allen* Sün-

17 Vgl. Paul Gerhardt, *Geistliche Lieder*, Nachw. von Gerhard Rödding, Stuttgart 1991.

dern.«[18] Diese Grundhaltung, verbunden mit gelegentlich bereits aufkeimender Freude an der Schöpfung nach dem Ende des Dreißigjährigen Krieges, ist Anzeichen eines tiefgreifenden sozial- und mentalitätsgeschichtlichen Wandels im Übergang zum 18. Jahrhundert und vermag mitzuerklären, warum der orthodoxe Lutheraner Gerhardt ein lyrischer Gewährsmann sowohl für den Pietismus als auch für die Aufklärung zu werden vermochte.

4. Magische Selbstvergottung in der Barock-Mystik

Die auf dem Boden von Katholizismus und Luthertum erwachsende Barock-Mystik ist eine komplexe, in der Theologie umstrittene, in der Literaturwissenschaft wenig beachtete Strömung, die in ihrer Originalität und in ihrem Unterschied zur mittelalterlichen Mystik nur aus den schwierigen Bedingungen des konfessionellen Zeitalters zu verstehen ist. Im Blick darauf und auf die im Hader der Konfessionen diskreditierte christliche Wahrheit artikuliert sich in der Mystik des 17. Jahrhunderts die Suche nach einer nicht mehr durch die Amtskirchen vermittelte, sondern individuell verantwortete, unmittelbare Erfahrung von dem Einswerden des Menschen mit dem Göttlichen (*unio*), und die Mystiker suchten die erfahrene Gottesliebe im Dienst an der Welt fruchtbar zu machen (*contemplatio et actio*).

Entscheidende Impulse empfingen die Barock-Mystiker zunächst aus der eigenen Konfession: Die katholische Kirche hatte ihr Selbstverständnis als »mystischer Leib Christi« im Tridentinum dogmatisch fixiert und die Messe um die Eucharistie als eine im priesterlichen Sprech-Akt der Transsubstantiation sich ereignende Sakramentsmystik zentriert. Im Grunde war dies eher ein Akt der Magie,

18 Gerhardt (s. Anm. 16), S. 25.

nämlich die Hineinverwandlung des Numinosen in die Materialität von Brot und Wein. An ein solches kirchliches Selbstverständnis knüpfte der Hauptträger der katholischen Barock-Mystik, nämlich der Jesuiten-›Orden‹, rigoros an. Er nutzte und entwickelte strategisch das Selbstverständnis der Kirche als Inhaberin der weißen Magie, der Befähigung zu Wundern (etwa bei der Marien- und Heiligenverehrung) und damit als Schutzwall gegen die schwarze Magie des Teufels und seines Dämonen- und Hexenheeres.

Als Hauptrepräsentant der deutschsprachigen katholischen Barock-Mystik gilt der Jesuitenpater Friedrich Spee von Langenfeld (1591–1635). Sein vielfältiges, widersprüchlich erscheinendes Werk – geistliche Poesie (*Trvtz-Nachtigal*, 1649) und Kirchenlieddichtung[1], meditative Erbauungsliteratur (*Güldenes Tugend-Buch*, 1649) und scharfsinnige Analyse des Hexenwahns (*Cautio criminalis seu de processibus contra sagas*, 1631) – ist geprägt von den *Geistlichen Übungen* des Ignatius von Loyola. In ihrem Zentrum stand in deutlichem Gegensatz zur mittelalterlichen Mystik Meister Eckharts und Taulers, die in Abgeschiedenheit, Passivität und Loslösung von aller Sinnlichkeit die *unio* als Gnadengeschenk Gottes erfuhr, die psychische Aktivität der Einbildungskraft. Durch sie sollten mit möglichst vollständiger Beteiligung aller Sinne die Leidensstationen Jesu nachvollzogen und so die *imitatio Christi* in einem vom menschlichen Willen selbst ausgehenden Prozess ethisch-asketischer Vervollkommnung bis hin zur Übereinstimmung mit dem göttlichen Willen eingeübt werden. Spee übertrug Verfahren und Ziel der ignatianischen Meditationstechnik insbesondere auf sein *Güldenes Tugend-Buch*, welches – aus der Betreuung von Beginen erwachsend – phantasievoll ausgemalte Anweisungen zur Einübung der drei christlichen Haupttugenden Glau-

1 Vgl. dazu Kap. 3.

be, Hoffnung, Liebe enthält. Dabei literarisierte Spee seine Übungen und formte sie zu Erzählungen oder kleinen dramatischen Szenen aus, die er häufig mit Liedern anreicherte. – 24 Lieder aus diesem Erbauungsbuch hat er in seine äußerlich ungegliederte Liedersammlung *Trvtz-Nachtigal* (1649) übernommen, die je nach Handschrift aus 51 oder 52 Liedern besteht. In einigen poetologischen »Merckpünctlein für den Leser« beansprucht Spee – schon mit dem Titel der »Wittenbergisch Nachtigal« »Trvtz« bietend und in offenkundiger katholischer Konkurrenz zum *Buch von der Deutschen Poeterey* des Protestanten Martin Opitz[2] –, die Poesiefähigkeit der deutschen Sprache unter Beweis stellen zu wollen. Dabei führt er auch dieselbe Versreform wie Opitz ein, nämlich den Zusammenfall von Versakzent und natürlicher Wortbetonung. Die Lieder sollten den Laien zugänglich sein (deshalb manche Anleihen beim *stilus humilis* und dem ›geistlichen Volkslied‹ der Jesuiten) und zugleich dem humanistischen Poesieanspruch genügen.

Letzteres gelingt vor allem durch eine komplex strukturierte Bildlichkeit, die verschiedene, aus weltlicher wie geistlicher Tradition geschöpfte Motivstränge kontrafazierend miteinander verknüpft: petrarkistische Motive (vor allem jenes der – auf Christus bezogenen – krank machenden Liebe), Theokritische und Vergilsche Hirtendichtung (in 15 geistlichen, nun auf den ›guten Hirten‹ applizierten Eklogen), ferner die Tradition des Schöpferlobs mit 11 *laudes*, in denen bereits die Struktur des physikotheologischen Gottesbeweises der Frühaufklärung vorformuliert ist, sowie vor allem die Bildlichkeit des Hohenliedes mit 15 Gesängen eines *sponsa*-Zyklus. Spee nutzt den in der Tradition der Schriftauslegung um den Wortsinn des Hohenliedes entwickelten mehrfachen Schriftsinn, wonach der Bräutigam auf Christus und die Braut auf die Kirche bzw.

2 Vgl. dazu Kap. 5.

auf die Einzelseele bezogen wurden, um unter dem Schutz solcher Allegorese doch zum eigentlichen *sensus litteralis* zurückzukehren: Die Sprecherfigur als *sponsa* sehnt sich nach ihrem *sponsus* Jesus – mit diesem Motiv setzt die Sammlung ›medias in res‹ ein – und verfolgt ihn anschließend auf seinen – intensiv imaginierten – Leidensstationen. Gleich im zweiten Lied *Ein Liebgesang der gespons JESV* ereignet sich bereits die ersehnte *unio mystica*:

O JESV mein du schöner Held
    Lang warten macht verdrießen:
Groß Lieb mir nach dem Leben stellt,
    Wan sol ich dein genießen?
O süße Brust!
O freud vnd lust!
    Hast endlich mich gezogen:
O miltes Hertz!
All pein, vnd schmertz
    Jst nun in wind geflogen.[3]

Indessen muss sich die *sponsa* wie im *Güldenen Tugend-Buch* erst noch vom *amor concupiscentiae* (der begehrenden Liebe) zur wahren, nämlich selbstlosen christlichen Liebe, dem *amor benevolentiae*, entwickeln. Das geschieht im dynamischen Aufbau der Sammlung. Diese vollzieht die Liebesentscheidung Christi nach, sich für die Schöpfung und die Menschen zu opfern, und endet mit der Darstellung der Sakramentsmystik (dem kirchlichen Ort der Vereinigung mit Christus) und dem Bild einer durch den Erlöser erneuerten paradiesischen Schöpfung. – Für Spee steht die Seele in einer magischen Beziehung zu Gott. Wenn sie ihm in reiner Liebe entgegentritt, dann übt sie

3 Friedrich Spee, *Trvtz-Nachtigal*, Kritische Ausgabe nach der Trierer Handschrift, hrsg. von Theo G.M. van Oorschot, Stuttgart 1985, S. 15 f.

eine unwiderstehliche Anziehungskraft auf ihn aus: Seele und Phantasie vermögen so auch Jesus, den Geliebten, magisch zu sich herabzuziehen. So arbeitet schon bei Spee und in der jesuitischen Mystik das endliche Subjekt rastlos an der eigenen Vergottung.

Die mystischen Neigungen im Luthertum konnten sich zunächst auf die Anfänge des Reformators selbst berufen. Dieser hat das Gedankengut der spätmittelalterlichen Mystik in seiner Übersetzung der *Theologia Deutsch* (1516/18) zusammen mit bestimmten Aspekten seiner Christologie (Ubiquität Christi als Lehre von der Allgegenwart seiner beiden Naturen – eigentlich nur im Blick auf das Abendmahl konzipiert – und die Lehre von der Vereinigung Christi mit der Seele im Glauben) in die Epoche des Konfessionalismus vermittelt. Allerdings wurden die daran anknüpfenden Richtungen des Spiritualismus – vor allem die Anhänger Kaspar von Schwenckfelds (1489–1561) und Valentin Weigels (1533–1588) – von der lutherischen Orthodoxie heftig verfolgt. Überhaupt ist die Geschichte der Mystik im Luthertum großenteils eine Passionsgeschichte ihrer Vertreter, die vielfach persönlichen Pressionen ausgesetzt waren und deren Schriften häufig der Zensur zum Opfer fielen. Mit Publikationsverbot bestraft wurde so der Görlitzer Schuster Jacob Böhme (1575–1624), der Begründer einer originellen Theo- und Pansophie, dessen Werke auf deutschem Boden nur handschriftlich zirkulieren konnten, aber in den calvinistischen Niederlanden zum Druck gelangten. Böhmes erster Biograph Abraham von Franckenberg (1593–1652) zog sich in die Abgeschiedenheit seiner Güter zurück, um sich mit Böhmes Weltbild zu befassen (darunter auch in einer Liedersammlung *Mir nach*, 1638) und sie einem Kreis von Adepten (Johann Theodor von Tschesch, 1595–1649: *Vitae cum Christo sive Epigrammatum sacrorum Centuriae XII*, 1644; Daniel von Czepko; Angelus Silesius) nahezubringen. Heftigen Angriffen sahen sich auch der paracelsische Mediziner und Theologe Johann Arndt (*Vier Bücher vom wahren Christentum*, 1605–1609), der Ahnvater des Pietismus, ferner Johann Valentin Andreae (1586–1654), der theo- und pansophische Mitverfasser der ›Rosenkreuzer‹-Schriften, sowie die von der Orthodoxie ins schwedische Exil vertriebene und darüber in »geknittelten« Versen heftig klagende Gottorper Schwenckfeldianerin Anna Ovena Hoyers (1584–1655; *Geistliche und weltliche Poemata*, 1650) ausgesetzt.

Tendenziell war die Mystik auf dem Boden des Luthertums überkonfessionell, weil sie wie der vorreformatorische Luther selbst an die mittelalterliche Mystik anknüpfte (so auch und vor allem Johann Arndt an Johannes Tauler) und das von Thomas a Kempis (d. i. Thomas Hemerken, um 1379–1471) wirkungsmächtig propagierte Ideal der *imitatio Christi* übernahm, also sowohl den verinnerlichten Umgang mit dem Erlöser propagierte als auch die guten Werke als wichtige Folge des Zuspruchs der Erlösung einklagte. Früh zeigte sich deshalb auch die Neigung, den konfessionellen Streitigkeiten entweder indifferent (wie Franckenberg) gegenüberzustehen oder sie aktiv durch Irenik und Vereinigungsangebote zu überwinden. Letzteres versuchte der Straßburger Adligen-Erzieher Daniel Sudermann (1550–1631?), ein Anhänger Schwenckfelds und Editor seiner Schriften. Er veröffentlichte eine Quellensammlung, in der er das gemeinsame Glaubensgut der drei Konfessionen dokumentierte (*Harmonia oder Concordantz*, 1613), und sammelte und edierte zu diesem Zweck ferner zahlreiche mittelalterliche Mystiker. Überdies verbreitete er das spiritualistisch-mystische Gedankengut in einer Reihe von eigenen – meist an den ›gemeinen Mann‹ adressierten – Schriften und Kirchenliedern (*Etliche hohe geistliche Gesänge*, 1626; darin: *Es kommt ein Schiff, geladen*, nach einer Vorlage Taulers; von seinen angeblich mehr als 2000 Liedern gelangten 435 zum Druck; Wackernagel bietet eine Kollektion von 211 Liedern aus gedrucktem und ungedrucktem Nachlass[4]). In Gedichtform übermittelte Sudermann u. a. auch den komplexen Deutungsstand des Hohenliedes nach dem vierfachen Schriftsinn (*Hohe geistreiche Lehren und Erklärungen: Über die fürnembsten Sprüche deß Hohen Liedes*, 1622/23). In seinen Eklektizismus bezog er auch den kirchenkritischen Erasmianischen Humanismus mit ein. Seine aus mystischen und humanistischen Traditionen erwachsenen literarischen Friedensappelle stimmen so mit dem zeitgleich einsetzenden humanistischen Reformprogramm von Martin Opitz überein.[5]

Über die christlichen Traditionen der Mystik hinaus griffen deren protestantische Adepten ebenso wie die Barock-Humanisten intensiv auf das Ideengut der Renaissance zurück, hier insbesondere auf die dort neu entdeckten Schriften des *Corpus Hermeticum*, die neuplatonische Tradition sowie die jüdische Mystik, die Kabbala, ferner auf die sich daraus entwickelnden geheimen Künste und Wissenschaften wie die Magie, Alchimie, Astrologie, als deren originelle Adaptation sich wiederum Böhmes Theosophie erwies. Neben der besonders poesieaffinen natürlichen Magie, die Agrippa von Nettesheim (1486–1535) zu einem Konkurrenzsystem der christlichen Religion entwickelt hatte (*De occulta philosophia*, 1532), spielte besonders die Alchimie – weniger als handwerkliches Verfahren der Goldgewinnung durch Transmutationsprozesse als vielmehr durch die aus diesen abgelesene Möglichkeit der religiösen Selbsterlösung und leibseelischen Sublimierung ins Göttliche – eine erst in letzter Zeit gebührend erkannte wichtige Rolle in der frühneuzeitlichen Mystik.[6]

4 In: Wackernagel (s. Kap. 1, Anm. 2), Bd. 5, S. 546–676.

5 Vgl. dazu Kap. 5.

6 Vgl. Burkhard Dohm, *Poetische Alchimie. Öffnung zur Sinnlichkeit in der Hohelied- und Bibeldichtung von der protestantischen Barockmystik bis zum Pietismus*, Tübingen 2000.

Vor allem Paracelsus (d. i. Theophrastus Bombastus von Hohenheim, 1493–1541) hatte die alchimistische »szienz« und »Panazee« der Natur in der Medizin fruchtbar zu machen versucht. Insbesondere im Feuer, das auch im Magen, Herzen und Auge des Menschen zu wirken und die Körperwärme zu garantieren schien, offenbarten sich die geheimen Kräfte der Natur, aus dem Verbrennungsprozess ›destillierte‹ der Hohenheimer drei neue, die vier aristotelischen Elemente ersetzende Prinzipien, nämlich Schwefel, Merkurius und Salz, die als letzte Einheiten allen Dingen und Kreaturen in der Schöpfung zugrunde lagen. Der Paracelsist Daniel Stoltz von Stoltzenberg (1600 bis nach 1644), ein Anhänger der Böhmischen Brüderunität, hat in seinem emblematisch-poetischen Hauptwerk *Chymisches Lustgärtlein* (1624) auf 107 Kupferstichen mit beigefügter Verserklärung die Stationen des »alchi-mystischen« Weges der »renovatio« und »Wiedergeburt« veranschaulicht.[7]

Der schlesische Böhme-Anhänger Daniel Czepko von Reigersfeld (1605–1660, geadelt 1656) entwickelt schon in seinem mystischen Frühwerk (*Das innwendige Himmel Reich*; *Gegen Lage der Eitelkeit*; *Consolatio ad Baronissam Cziganeam*, 1633) ein an Böhme orientiertes theo- und pansophisches Weltbild und setzt dieses in seinem von der Breslauer Zensur unterdrückten mystischen Hauptwerk *Sexcenta Monodisticha Sapientum*, einer Sammlung von 600 in sechs Bücher aufgeteilten Alexandriner-Epigrammen, in Poesie um. Grundlegend ist dabei die Polarität von unendlicher göttlicher Schöpfertätigkeit und der »Ruh«, dem »Sabbath« des siebenten Schöpfungstages:

7 Stoltzius von Stoltzenberg, *Chymisches Lustgärtlein*. Im Anhang: »Einführung in die Alchimie des *Chymischen Lustgärtleins* und ihre Symbolik« von Ferdinand Weinhandl, Darmstadt 1975.

Ruh.

Mensch, der Bewegung Quell und Ursprung ist die Ruh,
Sie ist das best. Ihr eilt die gantze Schöpfung zu.[8]

In allen sechs Büchern wird dieser Gedanke variiert:

Alles in Eines.

Ruh hat nicht die Natur, biß sie ihr End erreicht,
Ihr End ist da, wo sich der Höchst und Sie vergleicht.[9]

Gott ist im Sinne Böhmes ein stets gebärendes Wesen. Die »Ruh«, verstanden als Ewigkeit, aus welcher Gott sich in die Sichtbarkeit des Irdischen hineingezeugt hat, ist von daher das Andere seiner selbst, in das mit ihm auch die ganze aus ihm emanierte Schöpfung gleichsam leibhaftig und in einer dynamischen ›Kette der Wesen‹ zurückzukehren strebt:

Der alles schafft, der schafft es.

Aus Speise Blut: aus Blut wird Leben voller Noth:
Aus Ihm Vernunfft: aus Ihr Mensch: aus dem Menschen Gott.[10]

Dieses Ziel ist damit nicht der Tod, sondern in der »Vergleichung« mit Gott gerade das ewige Leben. Und weil der Mensch »zu nahe Gott verwandt« ist (vgl. 2. Petr. 1,4), kann er ihm auch alle Dinge »abzwingen«: »Weil du ihm folgst, ihm trauest deine Sachen, / So zwingst du ihn,

8 Daniel von Czepko, *Sexcenta Monodisticha Sapientum*, in: D. v. C., *Geistliche Schriften*, hrsg. von Werner Milch, Breslau 1930, reprogr. Nachdr. Darmstadt 1963, S. 201–277, hier S. 238.

9 Ebd., S. 265.

10 Ebd., S. 274.

dass er es gut muß machen.«[11] Solchen Optimismus hat Czepko trotz mancherlei persönlicher Enttäuschungen in seinem poetischen Spätwerk nach dem Ende des Dreißigjährigen Krieges auf die eigene Zeit übertragen können. In der Gedichtsammlung *Semita Amoris Divini: Das Heilige Drey Eck* (1657) bezieht er die christliche Trinität wie Angelus Silesius[12] pansophisch auf die drei paracelsischen Prinzipien, ›hermetisiert‹ also das Christentum und fordert von da aus Toleranz zwischen den Konfessionen und die Umsetzung des christlichen Liebespostulats. Der Wiedergeborene bewährt dieses auch und gerade darin, dass er die konfessionellen Schranken (wie bei Sudermann und Franckenberg) für sich nicht mehr gelten lässt.

Die ganze destruktive Kraft des Konfessionalismus durchlebte dagegen Angelus Silesius (d. i. Johannes Scheffler, 1624–1677), vermögender Sohn eines nach Breslau übergesiedelten polnischen Adligen. Mit Schriften Böhmes bekannt geworden, schloss sich Scheffler seit 1650 eng dem Kreis um Franckenberg an. Bereits ein Jahr nach dessen Tod (1652) konvertierte er zur katholischen Kirche und begründete dies öffentlich mit der »freventlichen Verwerffung« der »geheimen mit Gott gemeinschafft-Kunst (Theologiae Mysticae)« im Luthertum, welche doch »der Christen höchste Weißheit« sei.[13] Von da ab wurde er –

11 Daniel von Czepko, *Gegen Lage der Eitelkeit*, in: ebd., S. 11–30, hier S. 29.

12 Vgl. das Epigramm mit dem Titel *Die Dreyeinigkeit in der Natur*: »Daß GOtt Dreyeinig ist / zeigt dir ein jedes Kraut / Da Schwefel / Saltz / Mercur / in einem wird geschaut« (Angelus Silesius [Johannes Scheffler], *Cherubinischer Wandersmann*, Kritische Ausgabe, hrsg. von Louise Gnädinger, Stuttgart 1984, S. 64).

13 Angelus Silesius, *Gründtliche Vrsachen vnd Motiven, Warumb er Von dem Lutherthumb abgetretten, Vnd sich zu der Catholischen Kyrchen bekennet hat* (Ölmütz 1653), in: A. S., *Sämtliche poetische Werke in drei Bänden*, hrsg. und eingel. von Hans Ludwig Held, neu überarb. 3. Aufl. München 1952, hier Bd. 1, S. 240.

1661 zum Priester geweiht – in heftige Auseinandersetzungen mit den Lutheranern verwickelt und blieb mit 55 unbarmherzigen und zum Teil grobianischen Streitschriften keine Antwort schuldig – bis hin zu seinem letzten Werk, der *Sinnlichen Beschreibung der Vier letzten Dinge* (1675), einem Großgedicht mit 309 je achtzeiligen Strophen über den Tod, das Jüngste Gericht, die »ewige Pein der Verdammten« und die »ewigen Freuden der Seligen«, das in der protestantischen Forschung den Eindruck erweckte, es habe »die Ausrottung des Luthertums zum Gegenstand«.[14]

Trotzdem wurde dieser cholerische ›Doctor Ecstaticus‹ der größte mystische Poet deutscher Zunge im 17. Jahrhundert. Diesen Ruf erwarb er sich vor allem durch die zuerst 1657 erschienenen *Geistreichen Sinn- und Schlussreime* (seit der zweiten, um ein sechstes Buch vermehrten Auflage mit dem Obertitel *Cherubinischer Wandersmann*, 1675). Von mehreren Quatrains und einigen Sonetten abgesehen, enthält die Sammlung anderthalbtausend zumeist zweizeilige Alexandriner-Sprüche. Im Blick auf Form und Inhalt seiner Epigramme hat Scheffler von Franckenberg, Sudermann, Tschesch und Czepko gelernt, doch hat er die von Opitz für das Epigramm geforderte *argutia* (»denn die kürtze ist seine eigenschafft / vnd die spitzfindigkeit gleichsam seine Seele vnd gestallt«[15]) variabler – auch in zusammengehörigen Epigramm-Ketten – und pointierter erprobt. Möglicherweise spiegelt das Werk in der Abfolge seiner Bücher die biographischen Stationen seines Autors.

14 Ernst Otto Reichert, *Johannes Scheffler als Streittheologe. Dargestellt an den konfessionspolemischen Traktaten der ›Ecclesiologia‹*, Gütersloh 1967, S. 65.

15 Martin Opitz, *Buch von der Deutschen Poeterey* (1624). *Studienausgabe*, mit dem *Aristarch* (1617) und den Opitzschen Vorreden zu seinen *Teutschen Poemata* (1624 und 1625) sowie der Vorrede zu seiner Übersetzung der *Trojanerinnen* (1625), hrsg. von Herbert Jaumann, Stuttgart 2002, S. 31.

Jedenfalls bekräftigt Scheffler in der Vorrede selbst, vor allem die Epigramme des ersten Buches seien »von dem ursprung alles gutten einig und allein gegeben worden auffzusetzen«[16] und müssten deshalb ihren Platz unverändert behaupten. Grund für diese Absicherung ist die im ersten Buch proklamierte, auch für seine neue Konfession häretische Radikalität der Selbstvergottung. Und diese Provokation legt die Annahme nahe, dass sie in der Zeit des Umgangs mit dem Franckenberg-Kreis entstanden ist. Die Haupthäresie besteht darin, dass Scheffler schon in der Vorrede den Gnadenstand und damit die Teilhabe an Gott zur eigentlichen Natur des Menschen ontologisiert: »GOtt der Vatter hat nur einen Sohn / und derselbe sind wir alle in Christo. Sind wir nun Söhne in Christo / so müssen wir auch seyn was Christus ist / und dasselbe Wesen haben / welches der Sohn Gottes hat.«[17] Diesen Gedanken variieren die Eingangs-Epigramme (im Folgenden I,17; vgl. auch I,8,10):

Ein Christ ist GOttes Sohn.

Ich auch bin GOttes Sohn / ich sitz an seiner Hand:
Sein Geist / sein Fleisch und Blut / ist Ihm an mir bekandt.[18]

Die Vorrede zitiert ferner neben der Bibel und Augustinus verschiedene bedeutende Gewährsmänner und Traditionen der Mystik (u. a. Johannes Tauler, Bernhard von Clairvaux, Bonaventura, Jan Ruusbroec, die *Theologia Deutsch*), deren Spuren sich in den Epigrammen wiederfinden. Der eklektische Eindruck wird relativiert durch die Spannung, mit welcher die unterschiedlichen Traditionen zu parado-

16 Angelus Silesius, *Cherubinischer Wandersmann* (s. Anm. 12), S. 22 f.
17 Ebd., S. 17.
18 Ebd., S. 29.

xen Konstellationen verdichtet werden. Sie resultieren aus dem unauflöslichen Widerspruch des Gottesbildes. Dieses orientiert sich einerseits an der apophatischen Tradition des Dionysius Areopagita, wonach Gott von aller Welt grundsätzlich geschieden, nur in negativen Begriffen und Kategorien beschreibbar, konsequenterweise in seinem Gottsein auch nicht fassbar ist (I,25):

GOtt ergreifft man nicht.

GOtt ist ein lauter nichts / Jhn rührt kein Nun noch Hier:
Je mehr du nach Jhm greiffst / je mehr entwird Er dir.[19]

So gelangt der metaphysische Erkenntnisprozess des *Wandersmanns*, der im Erfassenwollen Gottes immer auch auf Selbsterkenntnis aus ist, nie zur »Ruhe«, und deshalb wird die »Ruhe« wie bei Czepko zum entscheidenden Zielpunkt dieser Gottesvorstellung, die indes mit ihrem metaphysisch begründeten erkenntnistheoretischen Scheitern den Fort-Lauf der Epigrammketten motiviert und zugleich die Notwendigkeit eines uneigentlichen Sprechens von Gott begründet. Andererseits und zugleich aber ist Gott für Scheffler unter dem Einfluss Böhmes und Paracelsus' wesentlich pantheistisch (I,107):

Es ist noch alls in GOtt.

Jsts / daß die Creatur auß GOtt ist außgeflossen:
Wie hält Er sie dannoch in seiner Schoß beschlossen?[20]

Der Emanationsgedanke führt zu einer auch den Körper einschließenden Deifizierung (I,216):

19 Ebd., S. 31.
20 Ebd., S. 43.

Die Vergöttung.

GOtt ist mein Geist / mein Blutt / mein Fleisch / und mein Gebein:
Wie sol ich dann mit jhm nicht gantz durchgöttet seyn?[21]

Die Vorstellung von Gottes Ein-Fluss auf und in die Welt begründet weitere unaufhebbare Spannungen, nämlich zwischen ontologischem und geschichtlichem, intellektualistischem und voluntaristischem, scholastischem und nominalistischem Gottesverständnis, zwischen *vita contemplativa* und *vita activa*. Wie bei Spee vollzieht der *Wandersmann* nach der ›medias in res‹ proklamierten *unio* den liebenden Abstieg Gottes zur Vielfalt der von ihm stammenden und in ihm lebenden Kreatur, und auch hier ist das Epigramm das formale Korrelat dieser im Prinzip unabschließbaren Bewegung und der nominalistischen Orientierung am Einzelnen. Und erneut, so scheint es, konvergieren biographische und werkkonzeptionelle Entwicklung, wenn in den Büchern III und IV des *Wandersmanns* mehr und mehr auch die Konkretionen der katholischen Kirche als des »mystischen Leibs Christi« mit ihrem Kultus, ihrer Sakramentsmystik und ihren vielen Heiligen als Medien der Gottesliebe und zugleich als Verpflichtung zum *amor benevolentiae* in den Blick gelangen, während das fünfte (in der ersten Auflage letzte) Buch mit deutlicher Wiederannäherung an den Spiritualismus und *amor concupiscentiae* der beiden ersten Bücher die Sammlung kreiskompositorisch abschließt. (Im hinzugefügten sechsten Buch dominieren Züge einer dogmatisierten und konfessionellen Frömmigkeit. Eines der letzten Sonette trägt den bezeichnenden Titel *Allein der Catholische Christ ist weise*; VI,253.[22])

Ebenfalls 1657 veröffentlichte Scheffler unter dem Titel

21 Ebd., S. 58.
22 Ebd., S. 284.

Heilige Seelen-Lust Oder Geistliche Hirten-Lieder (2., um ein fünftes Buch vermehrte Aufl. 1668) eine Sammlung von 205 sowohl für den Privat- als auch für den Kirchengebrauch bestimmten Liedern (mit Melodien von dem Breslauer Kapellmeister Georg Joseph). Mit einer dem *Cherubinischen Wandersmann* geradezu wesensfremden Detailfreudigkeit und Breite werden hier brautmystische Freuden und Leiden im Zusammenhang der Lebens- und Leidensstationen Jesu (Bücher I bis III) und des Kirchenjahres (Bücher IV und V) in jener vor allem von Ignatius von Loyola vorgegebenen und auch von Spee praktizierten phantasiegeleiteten Sinnlichkeit ausgemalt. Dabei spielen auch alchimistische Vorstellungen vom »feurigen« Hineinschmelzen in das Göttliche eine nicht unwichtige Rolle, und wie bei Spee erobert sich die »Gespons« der Lieder im Schutz der zitierten Allegorese den Wortsinn der Liebessprache des Hohenliedes zurück (im folgenden Lied *Sie singt von der Süßigkeit seiner Liebe* [Str. 1–3] z.B. Hl. 1, 2; 2, 6; 4, 5; 8, 1; 8, 3):[23]

Jesu, wie süß ist deine Liebe,
Wie honigfließend ist dein Kuß!
Der hätte gnug und Überfluß,
Wer nur in deiner Liebe bliebe,
Wie süß ist es, bei dir zu sein
Und kosten deiner Brüste Wein!

Wie süß ist es, in deinen Armen
Empfinden deines Geistes Gunst
Und von der heißen Liebesbrunst
Bei dir, du heilge Glut, erwarmen!
Wie süß ist es, bei dir allein,
Du süßer Bräutgam, Jesu, sein!

23 Angelus Silesius, *Heilige Seelen-Lust oder geistliche Hirtenlieder der in ihren Jesum verliebten Psyche*, in: A. S., *Sämtliche poetische Werke* (s. Anm. 13), Bd. 2, S. 31–370, hier S. 158.

Wie süß ist es, mit deinen Flammen
Entzündet werden und durchglüht
Und ganz und gar in ewgen Fried
Mit dir geflossen sein zusammen!
Wie süß ists, in ein einges Ein
Mit dir, mein Schatz, geschmolzen sein!

Diese Lieder erfreuten sich auch bei den Lutheranern und insbesondere im Pietismus großer Beliebtheit (heute stehen noch vier im Evangelischen Gesangbuch). – Den frappierenden Unterschied der beiden mystischen Werke hat Angelus Silesius selbst mit dem ›cherubinischen‹ Weg der intellektuellen Gottesschau und dem ›seraphinischen‹ der affektiven Gottesliebe erklärt: Mit Geist *und* Herz also galt es zu Gott zu streben und seiner Schöpfung zu dienen, um ein »ewiges Leben schon in dieser sterbligkeit« zu beginnen.[24]

Das Leben von Catharina Regina von Greiffenberg, geb. Freiherrin von Seyssenegg (1633–1694), der bedeutendsten deutschen Dichterin der frühen Neuzeit, wurde, da sie dem protestantischen Landadel Niederösterreichs angehörte, von den Pressionen der Habsburger Gegenreformation sowie von einer unglücklichen Verwandtenehe und lebenslangen Erbstreitigkeiten überschattet. Dennoch fand die »deutsche Uranie«, gestützt auf ein unerschütterliches, im Anspruch der Inspiriertheit gründendes Sendungsbewusstsein (»Gott trieb und schrieb durch mich«[25]), die Kraft zu einem eindrucksvollen polemischen, erbaulichen und poetischen Werk. In der Zeit der Türkengefahr verfasste sie ein nahezu 7000 Alexandriner umfassendes Pamphlet *Sieges-*

24 Angelus Silesius, *Cherubinischer Wandersmann* (s. Anm. 12), S. 13.

25 Catharina Regina von Greiffenberg, *Sieges-Seule der Buße und Glaubens […] mit des Herrn von Bartas geteutschtem Glaubens-Triumf*, in: C. R. v. G., *Sämtliche Werke in zehn Bänden*, hrsg. von Manfred Bircher und Friedhelm Kemp, Millwood (N. Y.) 1983, Bd. 2, S. 1–250, hier S. 241.

Säule der Buße und Glaubens, in dem sie zum Kampf gegen die Nachfahren des »Unthiers Mahomet« aufrief (1675). Aus unerschütterlichem Siegesbewusstsein heraus verfolgte sie zehn Jahre lang den abenteuerlichen Plan, Kaiser Leopold I. zum lutherischen Glauben zu bekehren. 1680 nach Nürnberg emigriert, arbeitete sie an ihrem erbaulichen dreiteiligen Hauptwerk, den jeweils zwölf *Andächtigen Betrachtungen* zunächst des *Leidens und Sterbens* (1672, ^{2}1683), der *Menschwerdung, Geburt und Jugend* (1678, ^{2}1693) und schließlich des *Allerheiligsten Lebens JESU* (1693). Diese Werke legen – vermischt mit Gebeten sowie zahlreichen Gedichten und Liedern – Vers für Vers die Perikopen und weiteren Berichte der Evangelien aus.

Entscheidende Häresien ihres Werkes resultieren dabei aus lutherischen Grundüberzeugungen: Sie hält an der Verbal-Inspiration der Bibel fest, stößt aber auf Widersprüche in den Evangelien, die sie nur durch einen *sensus mysticus* aufheben kann. Sie glaubt Luthers Ubiquitätslehre, folgert aber daraus, der Gottmensch könne nicht wirklich am Kreuz gestorben sein, und begreift ihn als allgegenwärtiges und allmächtiges Schöpfungs-»Wort« und deshalb als universale Wachstumskraft, die die von ihr erfüllte Natur in eine Kopie des Himmels verwandelt: »Mich freut der Frühling nur / der mich vereint mit dir / [...] / Mein JEsus-Frühling!«[26] Mit Spee, dessen *Trvtz-Nachtigal* sie kannte, und Angelus Silesius steht sie so am Beginn einer pantheistischen deutschsprachigen Naturlyrik. Wie für Paul Gerhardt ist Gott bzw. Christus für sie auch bereits ein Gefangener seiner Liebe zu den Geschöpfen und lässt sich daher auch jederzeit von seiner Braut zur *unio* verfüh-

26 Catharina Regina von Greiffenberg, *Des Allerheiligsten Lebens JESU Christi Ubrige Sechs Betrachtungen*, in: ebd., Bde. 7 und 8, hier Bd. 8, S. 710 ff.

ren: »Das allerliebste JEsulein / will mit Gewalt ergriffen seyn«.[27]

Mittel dieses »Bezwingens« sind die »JEsus-Geniessung« im Abendmahl, das sie sich selbst zu spenden wünscht, das Gebet (im Anschluss an Mt. 7,7), und auch die Poesie. Das lutherisch-wörtliche Verständnis der Abendmahlsworte garantiert die reale Teilnahme an der himmlischen »Natur« Christi. Die literarische Meditation geschieht wie bei Spee auf Grund einer magischen Theorie des »Sehens« als innerer »Schau«. Die Einbildungskraft versetzt sich in alle Einzelheiten des Lebens Jesu und initiiert damit ein affektiv-prozessuales, genießendes, von alchimistischen Vorstellungen geprägtes »Verschmelzen« mit dem Gottessohn. Dabei kommt der Lyrik als Form, in der auch viele *Betrachtungen* kulminieren, eine exorbitante Bedeutung zu. Auf Grund der Sprachtheorie Böhmes und der daraus abgeleiteten Bedeutung der »Schallform« der Sprache sowie einer u. a. durch Birken und Schottelius vermittelten platonischen Sprachauffassung, wonach die Worte die Dinge wesentlich bezeichnen und »fassen«, wird der Greiffenberg die »gebundene Sprache« der Poesie zum magischen Mittel der *unio*: »Süßester JEsu! Ich kan mich nicht ersättigen / mit dir Verbindlichsten in gebundner Sprache zu reden / dich damit mir zu verbinden und anzubinden.«[28] Unterstützt durch vorherrschende Nominative und »Centner«-Worte, die die »wesentliche« Sprache der Engel nachahmen, »attrahiert« die Greiffenbergsche Poesie in der bevorzugten und konzentrierten Form des Sonetts lautmalerisch das Numinose und wird zum magischen Instrument mystischer Selbstvergottung (im Folgenden *An den wehrtesten Hertzens-Schatz / den Heiligen Geist*):

27 Catharina Regina von Greiffenberg, *Der Allerheiligsten Menschwerdung, Geburt und Jugend JEsu Christi Zwölf Andächtige Betrachtungen*, in: ebd., Bde. 3 und 4, hier Bd. 3, S. 330.

28 Ebd., S. 473.

HErr! beflamme meine Zunge / gib mir einen
Feuer-Mund:
Daß dein' Ehr / den Strahlen gleich / mög' aus meinen
Lippen scheinen.
[...]
Laß mich deiner Allmachts-Trieb / die so sanfft Gewalt /
stäts führen:
Daß dein Wunder-süßes Sausen mich in Jubel-Wonn
verzuck.
Laß' in allem meinen Thun deiner Krafft Bewegung
spühren /
daß ich dein unsichtbars lenken mit geübten Werk
ausdruck.
Deine Stärke tränke mich / mach mich voll der Geistes
Freuden /
daß ich jauchz vor gutem Muht / in der Seelen Wollust
weiden.«[29]

Von daher stellen die angeblich ohne ihr Wissen edierten *Geistlichen Sonnette / Lieder und Gedichte* (1662) den Höhepunkt des Greiffenbergschen Werkes dar. Die 250 Sonette des ersten Teils thematisieren das Werk der Trinität von der Schöpfung bis zur gegenwärtigen Erhaltung, wobei das zweite Hundert den Menschheitserlöser, die letzten 50 Sonette den Naturerhalter Christus feiern. Die 52 Lieder des zweiten Teils wurden trotz Annäherung an den ›niederen Stil‹ des Kirchenlieds in kein Gesangbuch aufgenommen, weil auch sie nicht als Lob- und Danklieder der Gemeinde, sondern als Instrumente der »verlang- und erlangens«-Kunst dienen, die Heilszuwendung dem priesterlichen Amt entwenden und zum poetischen Akt der Selbsterlösung des Subjekts umfunktionieren.

29 Catharina Regina von Greiffenberg, *Geistliche Sonette, Lieder und Gedichte*, in: ebd., Bd. 1, S. 1–429 (auch als Einzelausgabe mit einem Nachwort zum Neudruck von Heinz-Otto Burger, Darmstadt 1967), hier S. 186.

Ins Extreme gesteigert findet sich diese Tendenz in Person und Werk des Breslauer Kaufmannssohns Quirinus Kuhlmann (1651–1689), der die eigene Biographie zum Gegenstand seiner Poesie und diese zum Organ seiner prophetischen Sendung erhob. Zunächst strebte er dem humanistischen Gelehrtenideal nach und wurde nach frühen poetischen Versuchen – darunter den *Himmlischen Libes-küssen*, einer aus 50 Sonetten bestehenden Hohelied-Dichtung im gelehrten Kontext der Deutungstradition (1671) – bereits 1672 zum *poeta laureatus* gekrönt. Nach einem durch Jacob Böhmes Schriften ausgelösten Erweckungs- und Berufungserlebnis (*Neubegeisterter Böhme*, 1674) schloss sich Kuhlmann chiliastischen Gruppen in Amsterdam an, bezog Bibelstellen auf sich und hielt sich für den »Kühlmonarch«, der den Antichrist besiegen und das tausendjährige Friedensreich Christi (nach Apg. 20) als jene Zeit der »Erquickung« bzw. »Kühlung« (nach Apg. 3,19 f.) vor dem endgültigen Jüngsten Gericht herbeiführen sollte. Zu diesem Zweck plante der rastlos reisende Prophet die Missionierung der Türken (erfolglose Reise nach Konstantinopel 1678/79), der Juden (die Reise nach Jerusalem endete 1681 bereits in der Schweiz) und der griechisch-orthodoxen Kirche (Verurteilung als Ketzer in Moskau 1689). Kuhlmann ist »der einzige deutsche Dichter, der um seiner Überzeugungen willen auf dem Scheiterhaufen verbrannt wurde«.[30]

Die Entstehungsgeschichte von Kuhlmanns Hauptwerk *Der Kühlpsalter* (20 000 Verse) begleitet seit 1670 deutend seine Biographie. Das Werk erschien in Teilsammlungen und separaten Büchern (1677, 1684, 1686) und gelangte auf insgesamt 117 statt der nach der Anzahl der biblischen Psalmen geplanten 150 Gesänge. Im ersten Teil (Buch I–IV) radikalisiert sich im Kontext spiritualistischer Vorstellun-

30 Walter Dietze, *Quirinus Kuhlmann. Ketzer und Poet. Versuch einer monographischen Darstellung von Person und Werk*, Berlin 1963, S. 6.

gen vom geschichtlichen Fortwirken göttlichen Prophetentums die Selbstdeutung des »Kühlmonarchen« zu einem im göttlichen Auftrag erfolgenden messianischen Sendungsbewusstsein, welches dann den zweiten Teil (Buch V–VIII) beherrscht. Die Bucheinteilung folgt einer komplizierten Zahlensymbolik, die sich ursprünglich an dem göttlichen ›Siebentagewerk‹ orientierte (Buch I–IV als ›Zeichen‹, Buch V–VII als ›Figur‹, Buch VIII soll die vorangegangenen Prophezeiungen dann ins ›Wesen‹ bringen). Der *Kühlpsalter* erscheint so nach Altem und Neuem Testament als drittes Evangelium und »ist von Gott aus Gott geflossen: / Durch Engel abgefaßt, durch Jesum gedictirt.«[31] Das Vorwort zum achten Buch unterzeichnet Kuhlmann als »Der Sohn des Sohnes Gottes Jesu Christi und Printz, Prophet, Prister des ewigen erlösten Königreiches Jesuels«[32], und im letzten Psalm bekräftigt er: »Du bist mein Herr und Gott, und ich dein neuer Sohn«.[33] Jedes der Bücher beginnt mit der Darstellung einer autobiographischen ›Gelegenheit‹, die dann in ihrer prophetischen Bedeutsamkeit aus Altem und Neuem Testament figural gedeutet wird und eigene neue Prophetien entbindet. Spätere Werkpartien interpretieren frühere auch im Blick auf die inzwischen eingetretenen Ereignisse um.

Grundlegend für die Bedeutung der poetischen Form ist wie bei der Greiffenberg Böhmes Sprachauffassung. Die Weltgenese ist danach Ausdruck des göttlichen Sprechens im »Schall« (Gott ergießt sich mit dem »Willen, / Aus sich in sich mit sich zufüllen, / Aus sich in sich mit sich sein All, / Aus sich in sich mit sich sein schall«[34]), und mit der Erschaffung Adams durch den göttlichen »Hauch« oder

31 Quirinus Kuhlmann, *Der Kühlpsalter*, Bd. 1: *Buch I–IV*; Bd. 2: *Buch V–VIII. Paralipomena*, hrsg. von Robert L. Beare, Tübingen 1971, hier Bd. 2, S. 236.

32 Ebd., Bd. 2, S. 274.

33 Ebd., Bd. 2, S. 325.

34 Ebd., Bd. 1, S. 234. Das folgende Zitat ebd., S. 279 f.

»Atem« hat Gott sein tat-kräftiges »Wort« auch den Wiedergeborenen eingesprochen. Ihre Sprache soll daher die göttliche Kraft und Erhabenheit spiegeln. So erklärt sich der im *Kühlpsalter* wachsende poetisch-rhetorische Aufwand in der Gestaltung der ›Schall‹-Form mit den echohaften – »schallenden« – Satz- und Wortrepetitionen, den Häufungs- und Steigerungsformen, Anaphora und Epiphora, Pleonasmen, Tautologien und ungewöhnlichen Wortkreationen:

> 10. 154. Klahrwerde von dem klahrem klahren,
> Des klährstenklährstenklahrauffahren,
> Das klährer seine klahrheit klährt,
> I klährer klahr sein klahr gebährt.
> Schöpff ewigst klahr vom klahrtriangel,
> Da klahr im klahr wächst ohne mangel,
> Im klahrstenklahrstenklahrsten meer
> Der klährstenklährstenklährsten klähr,
> Di ewigewigewigst klährer
> Wird ihrer klahrheit selbstgebährer.
> 11. 155. Libküsse Jesus süsse tribe
> Der süstensüstensüsten Liebe
> Mit ewig süsserm Jesuskus
> Im ewig süssern Libesflus.
> Libquelle Jesuslibe liber,
> Imehr si quillet ewigst über,
> Imehr si ewigst dich libküsst;
> Libküssend ewigst dich durchsüsst:
> Durchsüssend ewigst dich umhertzet;
> Umhertzend ewigst in dich stertzet.

Von Böhmes Sprachauffassung her gesehen, erklärt sich aber auch der Übergang Kuhlmanns zur Reimlosigkeit in den letzten 22 Gesängen, weil er sich nur noch nach der ›Natur‹ der Worte richten und aus ihrer »Wurtzel« schreiben will. So wie Gottes Sprechen zugleich schuf, so sollen auch die Verse des *Kühlpsalters* die ›Kühlmonarchie‹ des beginnenden Millenniums herbeiführen. Kuhlmann glaubte so, durch sein poetisches Wort die in der Realität nicht erreichten Ziele der Missionsreisen noch verwirklichen zu können. Im Vertrauen auf die magische Kraft seiner Verse rief er deshalb auch die Potentaten seiner Zeit zu Frieden und Eintracht sowie zur Beendigung der Religionsstreitigkeiten auf: »Hasst euren unterscheid! Seid Brüder allesamt, / Von einem Stamm erzeugt, von einem Christ erlöst![35] Damit forderte der letzte Barock-Mystiker als »Sohn des Sohnes Gottes«, was auch die weltlichen Barock-Humanisten auf ihre Fahnen geschrieben hatten und was die Aufklärung als epochales Vermächtnis zu ihrem Programm erhob.

5. Liebe statt Krieg im Barock-Humanismus

Vor allem die erste Hälfte des 17. Jahrhunderts wurde schon von den Zeitgenossen selbst als nahezu ununterbrochene Krisenzeit empfunden,[1] worin der Dreißigjährige Krieg mit seinen Verheerungen den Höhepunkt darstellte. Während die Kirchenlieder der Konfessionen göttlichen Beistand erflehten oder verkündeten und viele Mystiker den Weg der Selbst-Erlösung suchten, rückte der von den Kirchen im 16. Jahrhundert zunehmend unterdrückte und für die eigenen Interessen eingespannte Humanismus mit seiner poetischen Gelehrsamkeit während dieser Zeit mehr und mehr auf die Seite der (kaiserlichen und ständischen) Mächte, die dem politischen, sozialen

35 Ebd., Bd. 2, S. 251. – Vgl. auch die Auswahlausgabe: Quirinus Kuhlmann, *Der Kühlpsalter. 1.–15. und 73.–93. Psalm*; im Anhang: Photomechanischer Nachdr. des *Quinarius* (1680), hrsg. von Heinz Ludwig Arnold, Stuttgart 1973.

1 Vgl. dazu Kap. 3. – Vgl. zum Folgenden auch: Volker Meid, *Barocklyrik*, Stuttgart ²2007.

und kulturellen Chaos eine befriedete Ordnung entgegenstellen wollten. Dieses Engagement, mit dem die Gelehrten zugleich ihren Nutzen in den entstehenden Verwaltungsapparaten unter Beweis zu stellen suchten, entsprach zugleich einem antithetischen Grundsatz der hippokratisch-galenischen Schulmedizin: »Das Entgegengesetzte ist Heilmittel für das Entgegengesetzte.«[2] Solcher Ordnungsanspruch zeigt sich auf allen Ebenen der humanistischen Literaturtheorie und -praxis.

Trotz zahlreicher grundlegender Gemeinsamkeiten mit den Renaissance-Humanisten einschließlich des *poeta-doctus*-Ideals favorisierten die Barock-Humanisten in ihren poetischen Werken literarische Traditionen und philosophische Theorien, die Ideale stoischer Selbst- und Sozialdisziplinierung sowie kluger Selbstbehauptung propagierten. Der niederländische Philosoph Justus Lipsius (1547–1606) wurde mit seinem Buch *De Constantia libri duo* (1584; *Von der Bestendigkeit*) »zum überkonfessionellen Leitfaden christlichen Handelns im Barock; für das leidvolle Kriegsjahrhundert liefert es die ›Krisenphilosophie‹«[3]; denn das Werk empfahl im Rückgriff auf die stoischen Ideen von Seneca und Boethius eine die eigenen Affekte disziplinierende, selbstverantwortliche Lebensführung, die es ermöglichte, sich unabhängig vom unbeeinflussbaren ›Verhängnis‹ der Zeitläufte in stoischer Beständigkeit und christlichem Gottvertrauen als Weiser zu behaupten und im Leben (notfalls als Märtyrer) zu bewähren. Im Anschluss an den Neustoizismus von Lipsius entwickelten sich auch die auf Durchsetzung von Befehl und Gehorsam gegründeten, auf Übung und Beispiele angewiesenen Verfahren der frühneuzeitlichen Sozialdisziplinierung[4]: Das

2 Galenos, *Werke*, Bd. 1: *Gesundheitslehre. Buch 1–3*, übers. und zeitgemäß erl. von Erich Beintker, Stuttgart 1939, S. 33.

3 Dirk Niefanger, *Barock. Lehrbuch Germanistik*, Stuttgart/Weimar 2000, S. 41.

4 Ebd., S. 47.

Versagen der kirchlichen Gerichtsbarkeit ermöglichte zunehmend auch die Regulierung von ›Zucht‹ und ›Sitte‹ in umfangreichen weltlichen ›Policey‹-Ordnungen, die das gesamte soziale Leben bis in Einzelheiten des häuslichen Lebens administrativ zu regeln suchten.[5] – Solchen Disziplinierungsmaßnahmen entsprach ein vor allem an den Universitäten herrschendes, philosophisches und theologisches Denken, das – aus dem Mittelalter ererbt und Scholastik (»Schulweisheit«) genannt – auf der Annahme eines von Gott selbst nach der unterschiedlichen Qualität der Dinge hierarchisch geordneten Seinszusammenhangs beruhte. Das Ordnen bestand danach im Unterscheiden, im Grenzen setzenden Zuweisen der Phänomene und Ereignisse zu den ihnen im großen Stufenbau der Schöpfung und im Gang der Heilsgeschichte zugewiesenen Rang und Stellenwert. Dieses Denken prägte auch die Erkenntnisstruktur eines großen Teils der gelehrten Dichtung dieser Zeit.[6] – Nach dem Ende des ›Teutschen Kriegs‹ kehrten bezeichnenderweise die in der christlichen Propaganda verteufelten politischen Lehren Niccolò Machiavellis (1469–1527; *Il principe*, 1513), die dem Fürsten zur erfolgreichen Machterhaltung eine Trennung von Politik und Moral empfahlen, in der bis hin zu Christian Weise und Christian Thomasius einflussreichen Klugheitslehre des spanischen Jesuitenpaters Baltasar Gracián (1601–1658; *Oraculo manual y arte de prudencia*, 1647) wieder: In der als *theatrum mundi* vorgestellten, von Neid und Missgunst beherrschten Welt der ›Politik‹ sollte der Bürger bis zur Verstellung klug seine Rolle spielen und sich auch beim Kampf um die Macht behaupten.[7]

5 Vgl. Gerhard Oestreich, *Geist und Gestalt des frühmodernen Staates. Ausgewählte Aufsätze*, Berlin 1969.

6 Vgl. Conrad Wiedemann, »Barockdichtung in Deutschland«, in: Barbara Könneker / C. W., *Deutsche Literatur in Humanismus und Barock*, Frankfurt a. M. 1973, S. 177–201.

7 Vgl. Niefanger (s. Anm. 3), S. 40.

Doch gegenüber dieser dem kriegerischen Zeitgeist mitgeschuldeten Tendenz zur kämpferischen Selbstbehauptung und gegenüber den Katastrophen des Jahrhunderts selbst beschworen fast alle bedeutenden Barock-Autoren in ihren lyrischen Texten als Heil-Mittel vor allem die selbstlose, die altruistische *Liebe*, und dies durchaus auch mit politischem und sozialethischem Anspruch. Dazu aktivierten die gelehrten Humanisten nahezu alle Traditionen von Liebes-Diskursen – von der Mythologie (Venus contra Mars) über die große (neu-platonische) Tradition der Eros-Philosophie, die hermetisch-pansophischen Vorstellungen von der ›Sympathie‹ als dominanter kosmischer – Natur und Mensch beherrschender – Lebenskraft bis zu christlichen Vorstellungen von der göttlichen Agape und Nächstenliebe mit der daraus hergeleiteten Überzeugung, Gottes primäre Eigenschaft sei eben die Liebe (und nicht der Zorn), die man wieder in und gegenüber den verfeindeten Konfessionen zur Geltung bringen und mittels der Poesie selbst performativ herstellen müsse.

Die im engeren Sinne auf die Geschlechterbeziehungen bezogene Liebeslyrik blieb auf diesen Begründungszusammenhang bezogen, hatte aber ihrerseits gegen äußerst rigide Moralvorstellungen der Zeit, insbesondere gegen Ängste im Zusammenhang mit einer von den Kirchen geschürten Dämonisierung von Sexualität und vorehelichen Beziehungen zu ›kämpfen‹, um die körperliche Liebe zu enttabuisieren, ja sogar schon moralisch, naturrechtlich und theologisch zu rechtfertigen und dazu zum Teil auf eine kühne Weise auch den geistlichen und weltlichen Liebes-Diskurs ineinanderzublenden. Dazu boten sich nicht zuletzt die zahllosen – zu einem konkreten, aber öffentlichen Anlass gefertigten – Hochzeitsgedichte an, weil sie den je besonderen Fall immer als Beweis für Wirken und Wirksamkeit der großen göttlichen – nun in der Ehe geordneten – Liebe vorweisen und so in der Verbindung, der »coniunctio« der Geschlechter symbolisch auch die gesellschaftliche Einverträglichkeit als regulierte Liebe beschwören konnten.

Als Dichter in lateinischer Sprache hatten bereits die deutschen Renaissance-Humanisten – u. a. Conrad Celtis (1459–1508), Hutten und Paul Schede – europäisches Niveau erreicht, und eine Reihe deutscher Humanisten des 17. Jahrhunderts knüpfte an diese Tradition an und dichtete in Latein, der europäischen Universalsprache der Gelehrten, die auch dem Unterricht an Gymnasien und Universitäten zugrunde lag. Der Heidelberger Polyhistor Janus Gruter (1560–1627) hat – neben zahlreichen Klassikerausgaben und Kollektionen neulateinischer Dichtungen aus Italien, Frankreich und den Niederlanden – neulateinische Dichtungen von 211 deutschen Poeten gesammelt (*Delitiae Poetarum Germanorum*, 1612).[8] Auch Andreas Gryphius und Paul Fleming legten Ausgaben ihrer lateinischen (Jugend-)Gedichte vor. Der berühmteste deutsche Neulateiner des 17. Jahrhunderts ist der Jesuit Jacob Balde (1604–1668; *Lyricorum libri IV*; *Epodon liber unus*, *Sylvarum libri VII*), der sich als »deutscher Horaz« um Originalität bemühte und als Repräsentant des Manierismus gilt. Noch Herder hat ihm mit einer großen Übersetzung (*Terpsichore*, 1795) die Reverenz erwiesen.[9]

Die ersten Versuche einer Gelehrtendichtung in deutscher Sprache unternahmen bereits die Renaissance-Humanisten, vor allem Hutten, aber auch Schede, und im 17. Jahrhundert versuchte zunächst der Stuttgarter Diplomat und Hofdichter Georg Rodolf Weckherlin (1584–1653) in Auftragsarbeiten für den Stuttgarter Hof die Renaissance-Idee nationalsprachlicher Poesie umzusetzen »vnd darin-

8 Vgl. auch Wilhelm Kühlmann / Robert Seidel / Hermann Wiegand (Hrsg.), *Humanistische Lyrik des 16. Jahrhunderts*, lat./dt., Frankfurt a. M. 1997.

9 Vgl. jetzt Jacob Balde SJ, *Urania Victrix. Liber I–II / Die siegreiche Urania. Erstes und zweites Buch*, lat./dt., eingel., hrsg., übers. und komm. von Lutz Claren [u. a.], Tübingen 2003.

nen vnserer sprach (deren die außländer jhre nohturft vnd rawheit / zwar ohn vrsach / fürwerfen) reichtumb vnd schönheit khünlich zu vermehren« (1616).[10] Als Organisator und Historiograph der Hoffeste inszenierte Weckherlin bereits 1616 nach dem Vorbild der italienischen ›trionfi‹ den *Triumf* einer Prinzentaufe, und in seiner ausführlichen Beschreibung dieses sechstägigen Festes erscheinen zum ersten Mal in solcher Variabilität lyrische Kunst-Formen in deutscher Sprache wie ein Sonett, mehrere Alexandrinergedichte, große Preisoden, eine Elegie, Epigramme und mehrere kleine Lieder mit je unterschiedlichem Strophenbau. 1618/19 publizierte er zwei Bücher *Oden vnd Gesäng*, in denen sich in der Form von Gelegenheitsgedichten die ersten Beispiele für die pindarische Ode, aber auch für anakreontische Liebesdichtung finden. Erst zwanzig Jahre später gab der seit 1630 in England eingebürgerte Weckherlin eine erweiterte Sammlung *Gaistlicher und Weltlicher Gedichte* (1641, erweitert 1648) heraus. Die geistlichen Gedichte sind kunstvolle Psalmenübersetzungen, welche die einzelnen Bibelverse in Strophen übertragen und der persönlichen Frömmigkeit dienen sollen, die weltlichen Poeme enthalten den Bestand der Ausgabe von 1616/18, ferner *Klag-Trawr-vnd-Grab-Schrifften*, darunter *Des Grossen Gustav-Adolfen / etc. Ebenbild* in 101 Strophen, ferner Sonette, *Buhlereyen Oder Lieb-Gedichte*, für deren Freizügigkeit sich der Verfasser mit dem Hinweis auf höfische Auftragsarbeit entschuldigt, sowie einige Eklogen und Epigramme. Von Ronsard beeinflusst, hatte Weckherlin seiner frühen Sammlung romanisch-quantifizierende Betonungsverhältnisse (Silbenzählung ohne Rücksicht auf Stammsilbenbetonung und regelmäßige Akzentuierung) zugrunde gelegt. In der späteren Sammlung musste er seine Gedichte dann schon der erfolgreichen Opitzschen Versreform annähern.

10 Georg Rodolf Weckherlin, *Gedichte*, ausgew. und hrsg. von Christian Wagenknecht, Stuttgart 1972, S. 7.

Entscheidender für das rasche Verblassen von Weckherlins frühem und berechtigtem Ruhm war der einseitige parteipolitische Charakter seiner Poesie. Weckherlin erlebte als Hofbeamter die elementare Kraft des Konfessionalisierungsprozesses, der sich in den Jahrzehnten um 1600 in der Politik entfaltete und auch die Köpfe der Herrscher von Duodezfürstentümern beherrschte. Schon beim Fest der Kindstaufe von 1616 sah er sich als ›poeta politicus‹ in der Pflicht, die dort versammelten süddeutschen Potentaten als Mitglieder der 1608 gegen die katholische ›Liga‹ gegründeten ›Protestantischen Union‹ zu verherrlichen und (zwei Jahre vor Ausbruch des ›Teutschen Krieges‹) ihre »unbesiegliche Eintracht« im Kampf für den protestantischen Glauben und ein rein protestantisches Vaterland zu beschwören. Die Haupt-Ausgaben seines lyrischen Werkes umspannen zufällig, aber symbolträchtig die Eckdaten des Dreißigjährigen Krieges. Denn in den Oden von 1618 setzt sich Weckherlins Hof- und Fürstenpanegyrik für die Vertreter des protestantischen Adels deutscher Nation fort, und in einer großen Ode beschwört er bereits 1618 den calvinistischen Prinzen Moritz von Oranien als unerschrockenen niederländischen Freiheitskämpfer, der Tod, Angst und Schrecken um sich verbreitet. Dabei erzielt Weckherlin eine gedrängte Atemlosigkeit, wie sie dem rhetorischen Pathos des hohen Stils gemäß und in der humanistischen Poesie des 17. Jahrhunderts als Darstellung eines poetischen Schlachtfelds beispiellos ist, in dem die Worte rhythmisch durcheinanderpurzeln wie die geschilderten Leichenteile selbst (hier eine der dreiteiligen, im Mittelteil abweichend-umarmend gereimten Strophen):

Vor Dir, und hinder Dir der Tod
Mit toben, wühten, schröcken, schreyhen,
Mit forcht, grauß, grim, grewel und noht
Bracht den khünesten ein abschewen:
  Gespaltne köpf, schenkel, händ, wöhr (= Wehr, Waffe)

Helm, schilt, spieß, fahnen, pfeil und bogen
Mit kuglen in dem rauch umbflogen,
Das blut machte gleichsam ein Möhr (= Meer),
  Alda freind und feind, herr und knecht,
Pferd und man, all auf einem hauffen,
Blutdurstig, böß, from, hoch und schlecht,
Musten sich sat (zwar ungern) sauffen.[11]

In der Ausgabe letzter Hand von 1648 setzt sich Weckherlins Parteilichkeit mit zahlreichen Huldigungen und nun auch mit Trauerdichtungen, Nekrologen auf die im Krieg gefallenen Verfechter des protestantischen Deutschland unverdrossen fort. Diese Position war im Friedensjahr 1648 politisch eigentlich überholt und aus humanistischer Perspektive nicht mehr tragbar. So hat sich Weckherlin mit seinen zahlreichen Denkmälern auf protestantische (Duodez-)Fürsten zugleich sein eigenes poetisches Grab geschaufelt. Bei ihm begegnet der Geist des Konfessionalismus in Formen des Renaissance-Humanismus.

Der Diplomat, Gelehrte und Dichter Martin Opitz (1597–1639) dagegen nutzt – calvinistisch geprägt und irenisch (auf Frieden und Versöhnung gerichtet) gesonnen – das Erbe der Renaissance, um den Geist des Konfessionalismus humanistisch zu überwinden. Zugleich tritt er deutlich in Distanz zu Hofpoeten vom Schlage Weckherlins:

Ich bin kein Hofemann / ich kann nicht Rauch verkauffen /
Nicht küssen frembde Knie / nicht vnderthänig lauffen

11 Georg Rodolf Weckherlin, *Gedichte*, 3 Bde., hrsg. von Hermann Fischer, Reprogr. Nachdr. der Ausgabe Tübingen 1894, 1895, 1907. 2., unveränd. Aufl. Darmstadt 1968, hier Bd. 1, S. 123 f. Zu überraschenden Zusammenhängen zwischen Krieg und Kunst bei Weckherlin, aber auch anderen Autoren der Zeit wie Opitz, Stieler, Fleming, Gryphius, Rist und Klaj vgl. Nicola Kaminski, *Ex bello ars oder Ursprung der »Deutschen Poeterey«*, Heidelberg 2004, S. 113 ff. u. ö.

Nach Gunst die glåsern ist; mein Wesen / Gut vnd Ziehr
Ist Lust zur Wissenschaft / ist Feder vnd Papier.[12]

Nicht zu Unrecht haben schon die Zeitgenossen Opitz im Blick auf den durchschlagenden Erfolg von dessen Werk als wegweisenden Begründer einer deutschsprachigen Gelehrtenliteratur aus humanistischem Geist im 17. Jahrhundert anerkannt. Und mit ihm trat Schlesien als bedeutendste und fruchtbarste deutsche Literaturlandschaft des 17. Jahrhunderts auf den Plan.

Anfangs freilich stand er Weckherlins Position nicht fern. Schon in seiner Schulrede *Aristarchus, sive de contemptu linguae Teutonicae* (1617)[13] entwickelte Opitz am Beispiel Germaniens den Gedanken einer Interdependenz von Politik und Kultur, von Tugendhaftigkeit und Sprachreinheit als Vorbild und Vermächtnis für die eigene Zeit, in der die politische Fremdbestimmung mit der sprachlichen Überfremdung einherging. Die deutsche Sprache in die Poesie einzuführen und auf ihre Reinheit bedacht zu sein war deshalb der philologisch-poetische Versuch, dem merkwürdigen politischen Konstrukt des ›Heiligen Römischen Reichs Deutscher Nation‹ durch die Verbindung von transnationaler ›römischer‹ Bildung im Medium der ›National‹-Sprache einen strukturkonformen nationalen Gehalt zu verleihen.[14] Zugleich war die Rede aber auch ein

12 Martin Opitz, *Weltliche Poemata. 1644*. Zweiter Teil. Mit einem Anhang: Florilegium variorum Epigrammatum, unter Mitw. von Irmgard Böttcher und Marian Szyrocki hrsg. von Erich Trunz, Tübingen 1975, S. 23.

13 Martin Opitz, »Aristarch oder Wider die Verachtung der deutschen Sprache«, in: Opitz (s. Kap. 4, Anm. 15), S. 77–94. – Martin Opitz, *Gesammelte Werke. Kritische Ausgabe*, hrsg. von George Schulz-Behrend, Stuttgart 1968 ff.; Bd. 1, S. 51–75.

14 Vielleicht schrieb er diese Rede auch nicht zufällig zum 100. Jahrestag des Beginns der Reformation – aus gleichem Anlass gründete sich jedenfalls am 24. August 1617 die erste deutsche Sprachgesellschaft, die ›Fruchtbringende Gesellschaft‹ (nach dem Vorbild der ita-

Aufruf zu einem Verteidigungskrieg gegen die ›römisch-lateinische Überfremdung‹: »Zeigt eine Gesinnung, würdig eures edlen Volkes, verteidigt eure Sprache mit derselben Ausdauer, mit der jene einst ihre Grenzen schützten.«[15]

Sein Bildungsweg führte ihn über calvinistische Stationen 1619 nach Heidelberg, der damaligen Hochburg des Calvinismus in Deutschland. Der kurpfälzische Hof war zugleich das Zentrum der protestantischen Unierungsbestrebungen. Auch Opitz feierte die Wahl Friedrichs V. von der Pfalz zum böhmischen König, dessen tragisches Scheitern nach der Schlacht am Weißen Berg (1620) nötigte Opitz zur Flucht aus der Kurpfalz, die durch die katholischen Feldherren Spinola und Tilly erobert und besetzt wurde. Im Exil auf Jütland vollendete Opitz sein großes *Trost-Gedichte in Widerwertigkeit deß Krieges*, als ›heroisches Getichte‹ eine der bedeutendsten Versdichtungen des 17. Jahrhunderts, das – so sieht man es bislang – in neustoizistischem Geist die beiden Aspekte der Beständigkeit, passives Erdulden und aktives Schützen, miteinander zur Wiederherstellung der Ordnung verknüpft. Darüber hinaus jedoch erweist Opitz sich hierin unter dem unmittelbaren Eindruck der Katastrophe des ›Winterkönigs‹ und mit ihm des damaligen Protestantismus als engagierter Calvinist. Unter dem Leitmotiv »Das Gute wächst durch Noht« gewinnt er gegen den konkreten Augenschein die Zuversicht, dass sich seine Kirche, die auch aus der Katastrophe der »Pariser Bluthochzeit« mit dem Massenmord in der »Bartholomäusnacht« (August 1572) gestärkt hervorging,

lienischen ›Accademia della Crusca‹) auf deutschem Boden: Ihre Mitglieder waren überwiegend protestantische, antihabsburgisch eingestellte Adlige mit neuplatonisch-hermetischen Interessen. Vgl. dazu Randolf Quade, *Literatur als hermetische Tradition. Eine rezeptionsgeschichtliche Untersuchung frühneuzeitlicher Texte zur Erschließung des Welt- und Menschenbildes in der Literatur des 17. Jahrhunderts*, Frankfurt a. M. [u. a.] 2001, S. 139 ff.

15 Martin Opitz, *Aristarch* (s. Kap. 4, Anm. 15), S. 24.

doch noch als die auserwählte und siegreiche erweisen werde: »Was halff der Meuchelmord? Die Kirch ist doch verblieben // Grünt mehr jetzt da / als sonst / vnd sie sind auffgeschrieben // In Gottes rechte Hand …«[16] Dieses parteiliche Gedicht, das auch mit Blick auf das Vorbild der calvinistischen Niederlande zum Kampf und Krieg für die (eigene!) Glaubensfreiheit aufruft und die allgemeine ›Liebe‹ zugleich als höchstes Ziel nach der errungenen Freiheit proklamiert, wagte Opitz erst 1633 zu veröffentlichen, als er sich (nach einem mehrjährigen ›Intermezzo‹ als Sekretär des katholischen schlesischen Kammerpräsidenten von Dohna) mit eindeutigen Bekenntnissen im Lager der Reformierten zurückmelden musste.

Doch die Kenntnis des *Trost-Gedichtes* wirft auch ein schärferes Licht auf seine bekannteste Schrift, das *Buch von der deutschen Poeterey* (1624). Dies schmale Werk spart das Kriegs-Motiv aus, um die »Einigkeit« der Humanisten nicht zu gefährden, und dennoch führt es ›Krieg‹ gegen die Unterdrückung der seit einem Jahrhundert eingetretenen humanistischen Denk- und Glaubensfreiheit und einer unverfälschten Rezeption der »heidnischen« Antike. Gegenüber den orthodoxen christlichen Konfessionen wird die Poesie als eine ›Konfession‹ mit eigener Tradition und Würde begründet; und dies in einer in den ersten vier Kapiteln entfalteten, den rhetorischen Regeln entsprechenden Rede über die Würde der Dichtkunst. Hier suchte er nachzuweisen, dass die Poesie ihrer Herkunft nach »nichts anders gewesen als eine verborgene Theologie / vnd vnterricht von Göttlichen sachen«[17], dass sie dabei einen älteren, über das ›heidnische‹ Athen und nicht über ›Jerusalem‹ hergeleiteten Stammbaum hat als das Christentum, darüber hinaus auch älter sei als die Philosophie und »alle andere

16 Martin Opitz, »Trostgedicht In Widerwertigkeit Deß Kriegs«, in: Martin Opitz, *Geistliche Poemata. 1638*, hrsg. von Erich Trunz, 2. überarb. Aufl. Tübingen 1975, S. 334–408, hier S. 379.

17 Opitz, *Poeterey* (s. Kap. 4, Anm. 15), S. 14.

künste vnd wissenschafften in sich helt«[18], wobei dem Dichter durch den platonisch-ovidianischen Inspirationstopos eine besondere Dignität eigne.[19] Damit suchte Opitz die Dichtkunst als eine vom Konfessionalismus unabhängige, zugleich würdigere humanistische Erziehungs- und Deutungsinstanz zu begründen, die sich zugleich zur Vermittlung zwischen den zerstrittenen Parteien und damit auch zur Überwindung des Konfessionalismus berufen fühlte. Erst in der zweiten Hälfte des Buches folgt die sog. ›Anweisungspoetik‹, die bisher nahezu ausschließlich im Mittelpunkt der Rezeption stand. Doch auch darin hat Opitz in einem ungewöhnlich umfangreichen Hochzeitsgedicht als Beispiel für eine pindarische Ode ganze Passagen aus Marsilio Ficinos (1433–1499) *De Amore*, einem Kommentar zu Platons *Gastmahl*, in Verse übersetzt[20] und damit auch dem platonischen Kalokagathie-Gedanken zur Geltung verholfen. Danach wird die innere Güte (*bonitas*) von der äußeren Schönheit (*pulchritudo*) hervorgerufen. Anmut und Schönheit der Form stimulieren das Streben nach moralischer Äquivalenz. Diese bis hin zu Schiller[21] wirkungsmächtige Idee verleiht der Vermittlung des poetischen Handwerkszeugs eine philosophische Dimension. Denn die »Zier« der Worte, die sorgsam herzustellende Schönheit der Form ist die Bedingung für die dadurch erweckte Liebe zu den dargestellten Sachen.[22]

18 Ebd., S. 17.

19 Ebd., S. 18 f. Zur Aufwertung des Inspirationsbegriffs bei Opitz und in anderen europäischen Poetiken vgl. auch Peter-André Alt, »Das Imaginäre und der Logos. Hermetische Grundlagen frühneuzeitlicher Poetiken«, in: P.-A. Alt / Volkhard Wels (Hrsg.), *Konzepte des Hermetismus in der Literatur der Frühen Neuzeit*, Göttingen 2010, S. 335–371, hier S. 353 ff.

20 Opitz, *Poeterey* (s. Kap. 4, Anm. 15), S. 63 ff. Vgl. Marsilio Ficino, *Über die Liebe oder Platons Gastmahl*, lat./dt., übers. von K. P. Hasse, hrsg. und eingel. von P. R. Blum, Hamburg 1984, S. 80 ff.

21 Vgl. Kap. 10.

22 Humanistischer Sprachauffassung entsprechend trennt Opitz in seiner Poetik *res* und *verba*. Zunächst handelt er die ›Erfindung‹ (*in-*

Wie seine Gewährsmänner in den Renaissance-Poetiken kannte Opitz noch keine einheitliche Gattung ›Lyrik‹. Er fasste das »Heroisch getichte«, also auch das Helden-Epos, als Gedicht auf. Ferner zählte er in seiner Poetik nebeneinander auf: die »Satyra«, das »Epigramma«, die »Eclogen oder Hirtenlieder«, die »Elegien«, »Hymni oder Lobgesänge«, die »Sylven oder Wälder« genannten Gelegenheitsgedichte und schließlich die »Lyrica« als »getichte die man zur Music sonderlich gebrauchen kann«.[23] Nur nebenbei – in Gestalt eines Beispiels – erwähnte er die im 17. Jahrhundert besonders beliebte Ode[24], ausführlicher dagegen erläuterte er das Strukturprinzip des Sonetts oder »Klinggedichts«[25], das dann vor allem durch Gryphius zum markantesten Typ des Barockgedichts avancierte.

Die sog. Opitzsche Versreform implizierte dreierlei: Erstens empfahl er, vom griechisch-lateinischen (und romanischen) System quantifizierender Metrik auf das für die deutsche Sprache passendere akzentuierende Verfahren überzugehen. Zweitens schlug er im Zusammenhang damit vor, im Deutschen den natürlichen (Stammsilben-)Wortakzent mit den vom Metrum geforderten Hebungen übereinstimmen zu lassen. Und drittens ließ er nur den jambisch (v –) oder trochäisch (– v) geregelten Vers zu.[26] Als besonders kunstvollen Vers empfahl Opitz den Alexandriner

ventio) und ›Gliederung‹ (*dispositio*) der ›Sachen‹ ab (Kap. V), anschließend die »zuebereitung vnd zier« der *verba* (Kap. VI). Dabei muss sich die Sprache dem Inhalt und Niveau der ›Sache‹ anpassen, und zwar »inn der elegantz vnd zierligkeit« (*elegantia*), in der »Composition oder zusammensetzung« (*compositio*) sowie in der »dignitet vnd ansehen« (*dignitas*), wobei im Letzteren das *decorum* mit enthalten ist, das »Gesetz der Stillagen«, das die angemessene Zuordnung von Sachen und Worten im Blick auf Personen und ihre Redeweisen regelt und das somit als Regulativ ein rhetorisch-poetologisches *Wert*-Prinzip markiert.

23 Opitz, *Poeterey* (s. Kap. 4, Anm. 15), S. 31 ff.

24 Ebd., S. 33 ff.

25 Ebd., S. 56 ff.

26 Ebd., S. 52 f.

(sechshebig mit Zäsur nach der dritten Hebung), der dann tatsächlich bis zu Klopstocks Rückgriff auf den Hexameter eine dominante Rolle in der deutschen Versepik und Lyrik (hier vor allem im Sonett) spielen sollte.

Schon in der *Poeterey* bot Opitz bemerkenswerte Zeugnisse seiner Dichtkunst. In der von ihm selbst besorgten Ausgabe *Acht Bücher deutscher Poematum* (1625) präsentierte er bereits eine reiche Palette geistlicher und weltlicher Poesie, für die sich meist ausländische Vorlagen finden lassen. Sie stellen die Befähigung der deutschen Sprache als Kunstsprache unter Beweis. 1638 veranstaltete er eine dreibändige Werkausgabe. Darin füllen die *Geistlichen Poemata* nunmehr den ersten Band mit Beispielen der im 17. und 18. Jahrhundert besonders beliebten Bibeldichtung. Die Ausgabe beginnt mit einer Reimfassung des Hohenliedes, das der Verfasser im Vorwort »als eine Historie der allerkeuschesten Liebe« Salomons mit dessen »Buhlschafft« versteht[27], und damit versifiziert er den Text in seiner ursprünglichen, wörtlichen Bedeutung, welche für die Barock-Mystiker dann zum Ausgangspunkt ihrer »sinnlichen« Aneignung der Cantica Canticorum wurde.[28] Es folgen weitere Versifizierungen alttestamentlicher Bücher und Texte (u. a. der Klagelieder Jeremias, der Jonas-Geschichte, des Judith-Stoffes als Schauspiel, der Psalmen) sowie eines interessanten »Lobgesangs« auf Christi Geburt.

Die *Weltlichen Poemata* umfassen zwei voluminöse Bände, wovon der Erstere Beispiele für umfangreichere Lehr- und Landgedichte enthält (*Vesuvius*; *Vielguet*; *Zlatna oder Getichte Von Ruhe des Gemüthes*; *Lob des Feldtlebens*), ferner Exempel für die Oper, die griechische sowie römische Tragödie sowie weitere Übersetzungen von Ly-

27 Martin Opitz, *Salomons Deß Hebreischen Königes hohes Liedt: Von Martin Opitzen in Teutsche Gesänge gebracht*, in: M. O., *Geistliche Poemata* 1638, hrsg. von Erich Trunz, 2., überarb. Aufl. Tübingen 1975, S. 3–34, hier S. 10.

28 Vgl. Kap. 4.

rik aus dem Lateinischen, Niederländischen und Französischen.[29] Vor allem in den großen Lehrgedichten bringt Opitz zur Demonstration seiner Gelehrsamkeit nicht nur verschiedene, auch konträre Weltanschauungen aus Antike, Christentum und Renaissance zur Sprache und lässt sie nebeneinander gelten, sondern sucht sie auch auf Vereinbarkeiten hin zu überprüfen und in mehrdeutigen Bildern und arguten Argumentationen miteinander ›friedlich‹ zu synthetisieren. Der zweite Teil der *Weltlichen Poemata* fasst unter dem Titel *Poetische Wälder* die lyrische Produktion des Autors im engeren Sinne, unterteilt in vier Bücher. Dabei handelt es sich im Wesentlichen um Kasualpoesie, die Opitz in seiner Poetik noch heftig wegen ihrer Funktion als einträglicher – und damit dem Namen des Poeten abträglicher – Auftragskunst gerügt hatte: Buch I umfasst Gelegenheitsgedichte zu verschiedenen Themen an hochgestellte Gönner und an Freunde, Buch II die Hochzeitsgedichte, Buch III die »Leichbegängnisse«, Buch IV die »Liebesgedichte der Ersten Jugendt« mit einer gesonderten Abteilung »Sonnete«.[30] Als Teil des vierten Buches folgt dann noch eine mit Gedichten bereicherte Schäfererzählung, die *Schäfferey / Von der Nimfen Hercinie*, mit der er eine Mode begründete und die auch heute noch unser besonderes Interesse verdient, weil Opitz hierin schwarze und weiße Magie miteinander konfrontiert.

Opitz hat mit seiner deutschsprachigen Poetik und Poesie epochemachend gewirkt wie kein zweiter humanistischer Autor des 17. Jahrhunderts. An ihm orientierten sich nicht

29 Martin Opitz, *Weltliche Poemata* 1644. Erster Teil, unter Mitw. von Christine Eisner hrsg. von Erich Trunz, 2., überarb. Aufl. Tübingen 1975.

30 Martin Opitz, *Weltliche Poemata* 1644. Zweiter Teil. Mit einem Anhang: Florilegium variorum Epigrammatum, unter Mitw. von Irmgard Böttcher und Marian Szyrocki hrsg. von Erich Trunz, Tübingen 1975. – Eine Kollektion der *Geistlichen* und der *Weltlichen Poemata* in: Martin Opitz, *Gedichte*. Eine Auswahl, hrsg. von Jan-Dirk Müller, Stuttgart 1970.

nur die Zeitgenossen, sondern auf ihn und seinen maßvollen klassizistischen Stil berief sich vehement auch der Frühaufklärer Gottsched in seinem Kampf gegen den ›barocken‹ Schwulst des Lohensteinschen und Hoffmannswaldauschen Manierismus.[31] Allerdings galt mit dem Erfolg der Opitzschen Literaturreform, die sich insbesondere an die Höfe und die dort wirkenden Gelehrten richtete, die bürgerlich-handfeste, u. a. an den Knittelvers des Hans Sachs gewöhnte deutsche Literatur des 16. Jahrhunderts mit ihrem Meistersang, ihren Fastnachtsspielen, Fabeln, Sprüchen oder Volksbüchern nicht länger als salonfähig und wurde deshalb kaum noch rezipiert und fortgesetzt. Das von der *Pléiade* übernommene Bewusstsein eines epochalen literarischen Neubeginns führte bei Opitz sogar zur Ausblendung des Minnesangs. Entscheidender Maßstab für die humanistische Liebesdichtung wurde auch in der deutschen Barockpoesie Petrarca und die durch ihn begründete Tradition.

Der rasche Erfolg der Opitzschen Reform ist darin mitbegründet, dass auch konservative Kräfte an sie anzuknüpfen vermochten. Das gilt für den schlesischen Hofbeamten Friedrich von Logau (1605–1655), dessen Sammlung von *Zwey Hundert Teutscher Reimen-Sprüche* (1638) schließlich auf 3560 Epigramme seines nach der Entstehungsfolge geordneten Hauptwerks *Deutscher Sinn-Getichte Drey Tausend* (1654) anwuchs (mit einer Auswahl daraus begründeten Lessing und Ramler 1759 Logaus Bekanntheit bis heute). Der Adlige, dessen väterliches Gut in den Kriegswirren mehrfach geplündert wurde, so dass er als Lutheraner Dienst am reformierten Hof von Brieg nehmen musste, publizierte unter dem anagrammatischen Pseudonym Salomon von Golaw und nutzte den Rückbezug auf den alttestamentlichen Weisheitslehrer Salomon zu einer umfassenden Zeitkritik aus konservativem Geist, der sich mit neustoizistischem Selbstbehauptungswillen verband (»Doch dass mir über mich bleibt vnverrückt mein

31 Vgl. Kap. 7.

Recht«[32]). Von einem skeptischen lutherischen Menschenbild geprägt, übte Logau in seinen nach Opitz als »kurze Satiren« verstandenen, verschiedene Formtraditionen aufgreifenden Epigrammen umfassend Kritik an den Krisensymptomen der Zeit (an den Ständen und Städten, Ämtern und Berufen, an der Auflösung der allgemeinen Ordnung, an den Missständen bei Hofe, am Krieg der Konfessionen). Wie Opitz sah er in der Poesie die geadelte Kunst, »womit der andren [Wissenschaften] jhre Stirnen / gleichsam bekleinodet werden.« Die Aufgabe, »der Leute Sitten vnd Gemüther recht zu gestalten«, müsse »auß dem reichen Vorrath der Poeten« »hergenummen werden«.[33]

Schnell eroberte die Opitzsche Reform insbesondere den verbreitetsten funktionalen Gedichttyp der frühen Neuzeit: das Gelegenheitsgedicht. Die Poetiken erleichterten seine Anfertigung durch genaue Anleitungen. Selbst und gerade für den Prozess der Erfindung (*inventio*) hielten sie systematisierte Sachbereiche bereit, aus deren Befragung der Autor seine Einfälle beziehen konnte. So sollte er z.B. die Umstände der Zeit (Jahreszeit, Monat, Tag) oder der Personen (Name, Beruf, Alter, Charakter) oder auch die Umstände des Ortes (Stadt, Haus oder Landschaft), die den Anlass oder Rahmen für das Gelegenheitsgedicht abgaben, für den Inhalt heranziehen. Diese nahezu mechanische Abrufbarkeit der *loci* für den jeweiligen *casus*, die den Gelegenheitsgedichten schließlich selbst den Charakter der Reproduzierbarkeit verliehen[34], hat schon beginnend bei Opitz selbst die den Dichter aufwertende antirhetorische Tradition des Schreibens aus Enthusiasmus und Inspiration (durch Apoll, die Musen oder einen »Gott in uns« wie bei Horaz) zur Geltung gebracht[35], und dieses – in der Ba-

32 Friedrich von Logau, *Sinngedichte*, hrsg. von Ernst-Peter Wieckenberg, Stuttgart 1984, S. 55.

33 Ebd., S. 140.

34 Vgl. Wulf Segebrecht, *Das Gelegenheitsgedicht. Ein Beitrag zur Geschichte und Poetik der deutschen Lyrik*, Stuttgart 1977, S. 137.

35 Vgl. Opitz, *Poeterey* (Kap. 4, Anm. 15), S. 19: »Denn ein Poete kann

rock-Mystik ohnehin schon dominante – Dichterverständnis sollte sich dann im 18. Jahrhundert endgültig durchsetzen: Geltung bzw. Relativierung oder Unterminierung der *inventio* in den Poetiken und in den Selbstzeugnissen der Autoren ist zugleich ein wichtiger Indikator für den Grad des Einflusses der Systemrhetorik auf die Poesie.[36] – So sehr das einzelne Poem bei Berücksichtigung der *inventio*-Technik auf die persönlichen Umstände des Einzelfalles zielte, für den es angefertigt war, so sehr konnte es auch wieder von diesem gelöst und etwa später – wie vielfach geschehen – in einer Lyriksammlung veröffentlicht werden. Denn das Gedicht sollte dem Einzelereignis (Hochzeit, Todesfall usw.) eben seine Zufälligkeit und Privatheit nehmen, sollte es idealisieren, ihm Bedeutsamkeit verleihen, es zum Beispiel für etwas Allgemeines, Überzeitliches erheben oder ihm seinen Stellenwert im großen Zusammenhang von Schöpfung und Geschichte zuweisen.

Als Meister in dieser Kunst erwies sich der Königsberger Poetikprofessor Simon Dach (1605–1659), der neben 259 lateinischen Poemen rund 1250 deutsche Gedichte auf Bestellung verfasste und aus den Einkünften einen Speicher mit Garten erwerben konnte.[37] Auch sein bekanntestes, von Herder in hochdeutscher Übersetzung in seine »Volkslieder«-Anthologie aufgenommenes Lied *Anke van Tharaw*[38] ist ursprünglich ein Gelegenheitsgedicht. Dach be-

nicht schreiben wenn er will / sondern wenn er kann / vnd jhn die regung des Geistes welchen Ovidius vnnd andere vom Himmel her zue kommen vermeinen / treibet.«

36 Vgl. Dietmar Till, »Affirmation und Subversion. Zum Verhältnis von ›platonischen‹ und ›rhetorischen‹ Elementen in der frühneuzeitlichen Poetik«, in: *Zeitsprünge. Forschungen zur Frühen Neuzeit* 4 (2000) H. 3, S. 181–210.

37 Vgl. Albrecht Schöne, *Kürbishütte und Königsberg. Modellversuch einer sozialgeschichtlichen Entzifferung poetischer Texte. Am Beispiel Simon Dach*, München 1975.

38 Vgl. *Simon Dach und der Königsberger Dichterkreis*, hrsg. von Alfred Kelletat, Stuttgart 1986, S. 13 f.

dichtete festliche Gelegenheiten des preußisch-brandenburgischen Hofes und wurde vom Großen Kurfürsten hoch geschätzt, er begleitete mit schneller, begabter Feder die feierlichen Anlässe der Königsberger Universität, vieler Kollegen und Freunde, adliger und bürgerlicher Auftraggeber. Bei seiner Adelspoesie wagte er auch den Rückgriff auf die von der Orthodoxie heftig verpönte, von Opitz in der *Poeterey* verteidigte heidnische Mythologie, und in der Staffage der antiken Götterwelt verbrämte und beschönigte er manches handfeste Brauchtum (vor allem beim Hochzeitsfest). Viele seiner Gedichte zeichnen sich durch solch genaue Berücksichtigung der Situation der Adressaten und des jeweiligen Anlasses (auch der eigenen Umstände bei bedichteten autobiographischen Begebenheiten) aus; sie vermitteln heute noch aufschlussreiche Einblicke in Alltags- und Festkultur der ostpreußischen Provinz. Seine besten und bekanntesten Lieder gelangen Dach im einfachen Stil. So auch das folgende, das als ›geistliches Volkslied‹ bis heute einen Stammplatz im Evangelischen Gesangbuch hat:

DEr Mensch hat nichts so eigen,
So wol steht jhm nichts an,
Als daß er Trew erzeigen
Vnd Freundschafft halten kann;
Wann er mit seines gleichen
Soll treten in ein Band,
Verspricht er nicht zu weichen
Mit Hertzen, Mund und Hand.[39]

Freundschaft hielt Dach vor allem mit den Mitgliedern des Königsberger Dichterkreises, eines nach dem Vorbild der Accademia della Crusca und der Fruchtbringenden Gesellschaft – allerdings ohne Satzung – gebildeten Zirkels. Für die Mitglieder dieses von Robert Roberthin (1600–1648)

39 Ebd., S. 33.

begründeten und geleiteten Kreises galt Opitz als unerreichtes Vorbild. Dach, dessen Gedichte meist nur einzeln und in kleiner Auflage zu den jeweiligen Anlässen publiziert worden waren, fand in dem Domorganisten sowie Lieder-, Arien- und Kantaten-Komponisten Heinrich Albert (1604–1651) einen Freund, der 125 seiner Lieder sowie einige von Roberthin vertonte und in den vielfach aufgelegten *Arien* (1638–54) für deren überregionale Verbreitung sorgte. Dem »Untergang« von Alberts »Hüttchen« auf der Lomse-Insel vor der Stadt, das den Freunden oft als Zuflucht diente, hat Dach eines seiner bekanntesten Gedichte gewidmet (*Klage über den endlichen Vntergang vnd ruinirung der Musicalischen Kürbs-Hütte vnd Gärtchens*, 1641[40]). – Zum Freundeskreis gehörte bis zu seiner Berufung als Rhetorik- und Poesieprofessor nach Tübingen (1656) auch der Komponist und Gelegenheitsdichter Christoph Kaldenbach (1613–1698). Er sammelte seine thematisch weitgespannte lateinische und deutsche Poesie in zahlreichen Publikationen (u.a. *Sylvae Tubingenses*, 1667; *Deutsche Lieder und Getichte*, 1683).[41]

Von Opitz über Schlesien hinaus früh begeistert war auch ein lockerer Kreis von Leipziger Autoren. Unter ihnen ist allerdings nur der Pfarrersohn Paul Fleming (1609–1640) zu Ruhm gelangt. Schon die Zeitgenossen stellten ihn als Lyriker über Opitz und bestätigten das hochgemute Selbstlob aus seiner berühmten poetischen »Grabschrifft«: »Mein Schall floh überweit. Kein Landsmann sang mir gleich.«[42] – Als Zögling der Leipziger Thomasschule (unter dem Thomaskantor, Madrigalen- und Liederkomponisten Johann Hermann Schein, 1586–1630) früh mit der geistli-

40 Ebd., S. 54–61.

41 Vgl. Christoph Kaldenbach, *Auswahl aus dem Werk*, hrsg. und eingel. von Wilfried Barner, mit einer Werkbibliographie von Reinhard Aulich, Tübingen 1977.

42 Paul Fleming, *Deutsche Gedichte*, hrsg. von Volker Meid, Stuttgart 1986, S. 112.

chen Lieddichtung vertraut, deren ›einfacher‹ Ton und Stil bis in seine späteren Oden ausstrahlt, schrieb Fleming als Leipziger Magister- und Medizinstudent nach Bekanntschaft mit dem Opitzschen Programm zunächst deutsche und lateinische Gelegenheitsgedichte nebeneinander, die seit 1630 zumeist in Einzeldrucken publiziert wurden. 1631 erschien eine Sammlung neulateinischer Liebesdichtung in der Tradition des Catull (*Rubella seu Suaviorum liber I*). Aus Furcht vor den Leipzig bedrohenden Kriegshandlungen nahm Fleming durch Vermittlung seines Lehrers, des Universalgelehrten Adam Olearius (1599–1671), als »Hoff-Juncker und Trucksesse«[43] an einer höchst abenteuerlichen holsteinischen Gesandtschaftsreise nach Russland und Persien teil (1633–1639). Auf diesem für ihn wichtigsten Lebensabschnitt entstand der Hauptteil seiner deutschsprachigen Poesie, die Olearius nach dem plötzlichen Tod des in Leiden frisch zum Doktor der Medizin Promovierten edierte (*Teutsche Poemata*, 1646; 1649 schließlich gab Olearius einen Band mit Flemings lateinischen Epigrammen heraus). Die noch von Fleming selbst in mehrere ›Bücher‹ mit dem Reihentitel »Poetische Wälder« eingeteilte Ausgabe enthält überwiegend Gelegenheitsgedichte, geordnet nach geistlichen und weltlichen Anlässen, wobei auch die Oden und Sonette sowie die Epigramme voneinander getrennt, aber zu gleichen Gruppen (als »Glückwünsche«, »Begräbnis«- und »Hochzeitsgedichte«) geordnet sind. Dabei führt Fleming seine interessantesten und ausführlichsten Reisegedichte, für die sich ihm kein geeigneter gattungsgeschichtlicher Ort anbot, bezeichnend für die formale Macht der Tradition, unter der Rubrik der »Glückwünsche« auf.[44]

43 Adam Olearius, *Vermehrte Newe Beschreibung Der Muscowitischen vnd Persischen Reyse*, Schleswig 1656, hrsg. von Dietrich Lohmeier, Tübingen 1971, S. 56 f.

44 Paul Fleming, *Teutsche Poemata*, Lübeck [1642], reprogr. Nachdr. Hildesheim 1969.

Vor allem in diesen und zahlreichen anderen, auf der Reise zu den verschiedensten Anlässen entstandenen Gedichten fand Fleming einen neuen Ton. In ihnen reflektiert er immer wieder auch im Kontext neustoischer Gedanken die eigene, durch viele abenteuerliche Ereignisse, aber auch durch Einsamkeit, Heimweh und »künstlerische Blockade«[45] gekennzeichnete Situation (z. B. *In Groß-Neugart der Reußen*, 1634), die er auch in dem berühmten Sonett *An Sich* pointierte: »Wer sein selbst Meister ist und sich beherrschen kan / dem ist die weite Welt und Alles unterthan.«[46] – Einen autobiographischen Hintergrund weisen auch seine auf der Reise entstandenen Liebesgedichte auf. Während eines längeren Aufenthaltes in Reval (1635/36) hatten sich enge Bindungen zu Elsabe (Elsgen) Niehusen ergeben, der anagrammatisch verschlüsselten Salvie, Basilene, Salibene oder Salibande seiner Gedichte, doch hielt diese Beziehung der Belastung durch die lange Trennung nach der Weiterreise Flemings nicht stand. Nach Elsabes Heirat mit einem Magister übertrug der Poet seine Neigung ohne erkennbare Änderung in Motivik und Stil seiner Gedichte auf deren jüngere Schwester Anna. Fleming erweist sich hier vor allem in seinen Sonetten als ein Meister in der spielerischen Anverwandlung ›antithetischer‹ Motive aus Francesco Petrarcas (1304–1374) Gedichtzyklus *Canzoniere* (erschienen 1470)[47]. In einem einzigen Sonett vermag Fleming die Gegensätze von Bitternis und Süße, Liebe und Hass, »Leid und Lust«, »Lust und Noth«, Pein und Freude zu akkumulieren, und dies bis hin zum Paradox und schließlichen Oxymoron von »gehaßtem

45 Heinz Entner, *Paul Fleming. Ein deutscher Dichter im Dreißigjährigen Krieg*, Leipzig 1989, S. 378.

46 Fleming, *Gedichte* (s. Anm. 38), S. 114.

47 Francesco Petrarca, *Canzoniere.* Zweisprachige Gesamtausgabe. Nach einer Interlinearübersetzung von Geraldine Gabor in deutsche Verse gebracht von Ernst-Jürgen Dreyer […], 2., verb. Aufl. München 1990.

Lieb« und »geliebtem Haß«, um darin die petrarkistische Pathologisierung der Liebe zur Autonomie des todbringenden Schmerzes schlechthin zu steigern (vgl. auch *An seine Thränen / Als er von Ihr verstoßen war*):

An Dulkamaren (= Die Bittersüße)

Wie kann ich ohne Haß / dich / Dulkamara / lieben /
du bitter-süße du? Bald bist du gar zu gut.
Bald / wenn ein schlechter Wahn ersteigert deinen Muth /
So steht mein naher Todt ümm deiner Stirn geschrieben.
So lange hast du nun diß Spiel mit mir getrieben.
Sag' ob dir meine Pein denn also sanffte thut?
Ob dich mein Frohsein schmertzt; so weiß ich / theures Blut /
dass ich bey Lust und Noth die Masse [= das Maß] mehr muß üben.
Wer' ich / wie du gesinnt; so könt' auch ich / wie du /
bey gleichem Muthe seyn inzwischen Müh' und Ruh /
inzwischen Leid und Lust bey einem Hertzen stehen.
So weil ich standhafft bin / weichst du ohn unterlaß.
Wie kann es anders seyn? Ich muß zu grunde gehen /
Durch dich / gehasstes Lieb / durch dich / geliebter Haß.[48]

Indes richtet sich das lyrische Ich bei Fleming von vornherein dialogisch an ein konkretes Du und benutzt das Gedicht als rhetorisches Instrument des *movere*, als konzisen Sprechakt, dessen ›argute‹ Argumentation im Verwirrspiel hyperbolischer Bilder die Persuasion der Adressatin zum Ziel hat. Und entsprechend kennt seine Poesie auch ›antipetrarkistische‹ Jubelrufe über eine erfüllte Liebesbeziehung (*Als Er wieder mit Ihr außgesöhnet war*; *Er verwundert sich seiner Glückseeligkeit*). Vielfach wird die spielerische Antithetik noch durch den ernsthaften Liebesdiskurs

48 Fleming, *Deutsche Gedichte* (s. Anm. 42), S. 122. Zur Sonett-Form vgl. die Hinweise zum folgenden Beispiel von Gryphius.

der neuplatonischen Eros-Philosophie Ficinos grundiert, welche die *concordia* der Gemüter beschwört.

Dies verweist auf ein zentrales Motiv von Flemings Liebesdichtung: die Treue. Ihr hat er in einigen seiner bekanntesten Oden ein Denkmal gesetzt (vgl. *Eine hab' ich mir erwählet* mit den charakteristischen Versen »So erstreckt sich mein begehren / weiter als auff Treue nicht«[49]; *Es ist unverwand / mein Herze*):

> Ein getreues Hertze wissen /
> hat deß höchsten Schatzes Preiß.
> Der ist selig zu begrüßen /
> Der ein treues Hertze weiß.
> Mir ist wol bey höchstem Schmertze /
> Denn ich weiß ein treues Hertze.[50]

Hier verbinden sich stoische und neuplatonische Tradition bereits zu einer Aufwertung, ja Autonomisierung des Wertes zwischenmenschlicher Beziehungen. Die Selbstbegründung des Ich in einem Du wird gerade dann möglich, wenn das Ich »Meister seiner selbst« zu sein und damit den möglichen Verlust des Du als Verhängnis zu ertragen gelernt hat. Flemings Wechsel von Elsabe zu Anna bewährt diese stoische Tugend und indiziert zugleich, dass ein erfülltes Leben im Diesseits die sinnliche Liebe einschließt, wenn sich diese aus dem reinen Affekt und epikureischen Genuss in ein ethisches Verhältnis der Treue transformieren lässt.

Auch bei Andreas Gryphius (1616–1664), dem bedeutendsten Dichter des deutschsprachigen Barock-Humanismus, geht es in aller Klage über die chaotischen Zeitläufte um das Einklagen von Zutrauen und Lebensmut in zwischenmenschlicher Solidarität. Gryphius gehört zu den Ersten, die das Reformprogramm von Opitz in seinen weitreichenden kulturpolitischen Ambitionen aufgegriffen ha-

49 Fleming, *Gedichte* (s. Anm. 42), S. 85.
50 Ebd., S. 90.

ben. Aus einer durch die habsburgische Gegenreformation schwer bedrängten und geschädigten lutherischen Pfarrfamilie in Glogau stammend, hat Gryphius zwar sein lutherisches Bekenntnis nie verleugnet, aber ihm war aus eigener leidvoller Erfahrung, die ihn zum »Dichter der Klage«[51], ja auch der Anklage im Blick auf Gottes Zürnen und Strafen machte, der konfessionelle Hass und Hader ein Greuel:

Über heutiger Christen Zancksucht.

Christus will daß seine Schaar sich des Friedens soll befleißen
Und wir zancken / weil wir leider Christen nicht sind / sondern heißen.[52]

So nutzte er seine gelehrte, konfessionsübergreifende, auch jesuitische Dichtung adaptierende Poesie als Forum zur Verbreitung humanistischer, irenischer, tatkräftige Hilfe in den Katastrophen propagierender Ideale. – Solche Hilfe war ihm nach dem Tod der Eltern, der erzwungenen Emigration seines Stiefvaters, nach der Flucht vor Krieg und Pest (in Glogau) selbst immer wieder zuteil geworden. Mühsam erwarb er sich seine Bildung in Fraustadt und Danzig und begann bereits ab 1633 auf Lateinisch und Deutsch zu dichten. Von seinem Mäzen Georg von Schönborn zum Dichter gekrönt und sogar geadelt, veröffentlichte Gryphius 1637 seine erste Sammlung von 31 Sonetten (*Lissaer Sonette*). In der zweiten Lebensphase (1638–48) konnte er sich durch einen Aufenthalt als Student und Lehrender an der calvinistischen Universität Leiden (bis

51 Vgl. Conrad Wiedemann, »Andreas Gryphius«, in: *Deutsche Dichter des 17. Jahrhunderts. Ihr Leben und Werk*, unter Mitarb. zahlreicher Fachgelehrter hrsg. von Harald Steinhagen und Benno von Wiese, Berlin 1984, S. 435–472, hier S. 442 ff., 451.

52 Andreas Gryphius, *Oden und Epigramme*, in: A. G., *Gesamtausgabe der deutschsprachigen Werke*, hrsg. von Marian Szyrocki und Hugh Powell, Bde. 1–8, Tübingen 1963, Bd. 2, S. 1–217, hier S. 178.

1644) sowie durch eine ausgedehnte Bildungsreise durch Frankreich und Italien (bis 1647) zu einem umfassend gebildeten Gelehrten entwickeln. Als Lyriker machte er sich bereits durch die in Leiden veröffentlichten Bände einen Namen (*Son- vndt Feyrtags-Sonnete*, 1639; *Sonnete, Das erste Buch*; *Oden, Das erste Buch*; *Epigrammatum Liber I*, *Epigrammata, Das erste Buch*, alle 1643). Auch die erst 1652 gedruckten *Thränen über das Leiden des Herren* sind wahrscheinlich in Leiden entstanden. Während seiner dritten Lebensphase als Jurist in Diensten der protestantischen Glogauer Landstände (ab 1650), die ihn zu ständiger Konfliktbewältigung mit der auf Rekatholisierung drängenden böhmischen Herrschaft nötigte, vermochte er auch sein literarisches Werk aus humanistischem Geist appellativ in den Dienst einer politisch-religiösen Toleranz und eines friedlichen Miteinanders der Konfessionen zu stellen. In dieser Zeit erschien eine erste Gesamtausgabe (*Deutscher Gedichte I. Theil* mit Oden und Sonetten, 1657) sowie die Ausgabe letzter Hand (*Freuden- und Trauer-Spiele, auch Oden und Sonnette*, 1663).

Mit Gryphius' Namen verbindet sich bis heute am stärksten die Sonettkunst des Barock (*Thränen des Vaterlands*; *Es ist alles eitel*; *Menschliches Elende*; *An die Sternen*). Vor Hinweisen zur Komposition der Sammlung mag deshalb der exemplarische Blick auf ein Beispiel die Formkunst und gehaltliche Komplexität dieser Gedichte wenigstens andeuten:

Ebenbild unsers Lebens.
Auff das gewöhnliche Königs-Spiel.

DEr Mensch das Spil der Zeit / spilt weil er allhie lebt.
Im Schau-Platz diser Welt; er sitzt / und doch nicht feste.
Der steigt und jener fällt / der suchet die Paläste /
Vnd der ein schlechtes Dach / Der herrscht und jener webt.

Was gestern war ist hin / was itzt das Glück erhebt;
Wird morgen untergehn / die vorhin grünen Äste
Sind numehr dürr und todt / wir Armen sind nur Gäste
Ob den ein scharffes Schwerdt an zarter Seide schwebt.
Wir sind zwar gleich am Fleisch / doch nicht von gleichem Stande
Der trägt ein Purpur-Kleid / und jener gräbt im Sande /
Biß nach entraubtem Schmuck / der Tod uns gleiche macht.
Spilt denn diß ernste Spil: weil es die Zeit noch leidet /
Vnd lernt: daß wenn man vom Pancket des Lebens scheidet:
Kron / Weißheit / Stärck und Gut / bleib ein geborgter Pracht.[53]

Das Gedicht folgt den in der Opitzschen Poetik aufgestellten Regeln zur Versreform mit der Übereinstimmung von metrischer und natürlicher Betonung, in der Wahl der französischen Sonettform (*a b b a*, *a b b a*, *c c d*, *e e d*) und dem Rückgriff auf den Alexandriner, dessen Mittelzäsur nach der dritten Hebung das Gedicht variabel zur Unterstreichung des inhaltlich thematisierten ›Steigens‹ und ›Fallens‹ nutzt. Dieses wird zugleich unterstrichen durch ein das ganze Sonett durchziehendes Auf und Ab von ›hohen‹ und ›tiefen‹ Vokalen, das nur gelegentlich an bedeutsamen Stellen für eine halbe Verslänge auf einen assonierenden Ton eingestimmt wird (vgl. V. 4 und 12), sowie durch einen ständigen Wechsel von weichen Sonanten und Spiranten und harten Verschlusslauten und Affrikaten (mit dem Höhepunkt in der virtuosen Lautmalerei in V. 8). Auch variieren Enjambement und gelegentliche kunstvolle Tonbeugung die dominant gesetzte metrisch-rhythmische Ordnung und schaffen neue Verknüpfungen zwischen den Quartetten und Terzetten (vgl. »Der« in V. 3 und 10). Eine

53 Andreas Gryphius, *Gedichte. Eine Auswahl.* Text nach der Ausgabe letzter Hand von 1663, hrsg. von Adalbert Elschenbroich, Stuttgart 1968, S. 8.

Reihe von Stilfiguren, deren Wert und Wirkung die Barock-Poetiken erläutern, werden effektvoll zur Unterstreichung der Aussageintention eingesetzt: Umschreibungen, Häufungen wie die Beispielreihung in den Quartetten oder die Reihung im Schlussvers, und in ihnen lassen sich zugleich Anapher, Antithese, Parallelismus sowie Gradation erkennen. Verdeutlicht wird damit das spannungsvolle Miteinander zweier gegenläufiger Stilprinzipien: Der Tendenz zur inhaltlichen Häufung und Erweiterung wird durch die Tendenz zur Knappheit und Pointierung die Waage gehalten. So findet der inhaltliche Kontrast in allen Bereichen der *elocutio* einen adäquaten Ausdruck, und die Form des Sonetts mit den geräumigeren Quartetten und den knapperen Terzetten bietet dafür die passende Gestalt.

Der (Unter-)Titel des Gedichts verweist auf das Schachspiel und zugleich auf dessen emblematische Bedeutung. Andreas Alciatus hatte 1531 sein *Emblematum Libellus* herausgebracht, ein Buch mit 98 Kupferstichen aus Natur, Geschichte und Mythologie, die jeweils in ihrer Bedeutung durch ein Epigramm erklärt waren.[54] Die Kombination von Überschrift (*inscriptio*), »Sinnen«-Bild (*imago* oder *pictura*) und anschließender Worterklärung des Bildes (*subscriptio*) bezeichnet man als Emblem. Das Werk des Alciatus erfuhr nicht nur zahlreiche Auflagen, sondern fand auch viele Nachahmer. Die Emblembücher gehörten zur beliebtesten Lektüre im 17. Jahrhundert, und die Dichter konnten ihre Kenntnis voraussetzen. Denn Embleme kamen dem Bedürfnis nach Sinnenfälligkeit und gleichzeitigem Deuten und Einordnen der betrachteten Phänomene sehr entgegen. Deshalb konnte das Verhältnis zwischen *pictura* und *subscriptio* beträchtlich schwanken. Bisweilen verstanden sich die Bilder als Repräsentationen von Dingen und Sachverhalten aus Natur, Mythologie und Geschichte, aus Alltag und Lebenserfahrung, aus Politik, Ge-

54 Andreas Alciatus, *Emblematum Libellus*, Paris 1542, reprogr. Nachdr. Darmstadt 1975.

sellschaft und Kultur; sie veranschaulichten dann jeweils eine Wahrheit, die von der *subscriptio* nur noch auszulegen war. Bisweilen dominierte aber auch die *subscriptio* und erfand nur um ihrer Lehre willen eine anschauliche allegorische *pictura*. Diese ›symbolische‹ oder ›allegorische‹ Bild-Text-Relation muss in jedem Einzelfall ermittelt werden.

Gryphius spielt häufig auf Embleme an; im vorliegenden Fall lässt sich an das folgende französische mit einer eher ›symbolischen‹ Repräsentation denken:

Die *inscriptio* über der *pictura* lautet in deutscher Übersetzung: »Schachfiguren werden nach dem Spiel in einen

Beutel getan«, die Versfassung der *subscriptio* in deutscher Prosa:

> »Solange das Schachspiel dauert, ist der König seinen Untertanen durchaus überlegen. Setzt man ihn matt, muß er dulden, daß man ihn rücksichtslos in den Beutel steckt. Dies beweist uns deutlich, daß – ist einmal das vergängliche Spiel des Lebens gespielt und hat uns der Tod auf seine Liste gesetzt – die Könige nicht mehr sind als die Vasallen. Denn im Beutel haben, wie bekannt, Könige und Bauern die gleichen Ehren.«[55]

Mit dem Verweis auf diese bekannte Deutung des Schachspiels verleiht Gryphius seinem Sonett selbst eine emblematische Struktur: mit der *inscriptio* »Ebenbild unsers Lebens«, mit dem Untertitel als Verweis auf die hier fehlende *pictura* und dem Text des »Klinggedichts« selbst als *subscriptio*, die allerdings hier in den Quartetten auch eine eigene *pictura* aufbaut. – Zugleich zitiert das Sonett eine weitere Grundvorstellung des europäischen Barock: das Selbstverständnis des Menschen als eines Schauspielers im großen Welttheater, das sich besonders in der Festkultur und dem ›Königs-Spiel‹ bei Hofe manifestiert. Und das Sonett fängt beide Bedeutungsmöglichkeiten in seinen Bildern ein: die Passivität des Menschen als Schachfigur (als Marionette; im Auf und Ab des Rades der Fortuna und der Zeit) sowie seine kluge Aktivität als Spieler im Sinne Graciáns: »Spilt denn diß ernste Spil«. Das lässt sich als strukturelle Anleihe aus der Bibelexegese lesen: Dem dargestellten *sensus litteralis* der Quartette folgt der deutende *sensus moralis* – auch das ein häufiges Deutungsverfahren, das Gryphius nicht nur der katholischen Exegese, sondern auch der protestantischen Erbauungsliteratur entnimmt. Vielleicht ent-

55 Vgl. *Emblemata. Handbuch zur Sinnbildkunst des XVI. und XVII. Jahrhunderts*, hrsg. von Arthur Henkel und Albrecht Schöne, Stuttgart 1967, Sp. 1305 f.

hält das Gedicht sogar, wenn sich das »Purpur-Kleid« auf den Kardinalspurpur beziehen lässt, einen kirchenkritischen *sensus allegoricus*: Auch die kirchlichen Utensilien der Macht sind nur eine »geborgte Pracht«, und es ist interessant, dass dieses Sonett den ›Spielern‹ den Trost des *sensus anagogicus* versagt: Das Jenseits wiegt die Unsicherheit des irdischen Lebens-Spiels nicht (mehr) auf – auch wenn den Zeitgenossen selbst eine solche Hoffnung noch nahelag.

Zweifel an der Heilsgewissheit und das Ringen um sie artikulieren sich immer wieder in der Sonettsammlung dieses Autors. Zahlensymbolik könnte an ihrer Komposition mitgewirkt haben.[56] Die beiden ersten Bücher enthalten je fünfzig Gedichte und damit zusammen genauso viele wie die beiden ›geistlichen‹ Bücher mit den *Sonn- und Feiertags-Sonetten*. Offenbar spielt bei der Komposition die Zahl 7 und deren Vollendung in der Multiplizierung mit sich selbst eine besondere Rolle (7 x 7 = 49 Gedichte mit je einem Abschlussgedicht vor allem in den beiden ersten Sonett-Büchern). Die drei Eingangs-Sonette des ersten Buches sind *An Gott den Heiligen Geist* (mit seinen sieben Gaben) adressiert, und dies zielt auf die Ausgießung des Heiligen Geistes am Pfingstfest, das nach damaliger Rechnung wiederum auf die siebente Woche oder den 50. Tag nach Ostern fällt. Deshalb nannten die Griechen das Fest auch nach der Zahl 50: *Pentekosté* (woraus sich das deutsche Wort *Pfingsten* entwickelt hat). Von daher macht es ›Sinn‹, wenn Gryphius' Sonettsammlung an Pfingsten einsetzt und sich in zwei Sonett-Büchern heilsgeschichtlich bis zur Apokalypse (dem ›Buch mit sieben Siegeln‹) fortbewegt und mit der

56 Die *Lissaer Sonette* enthielten 31 Gedichte entsprechend den auf Erden verbrachten Lebensjahren Jesu (vgl. Luk. 3,23). Ordnung und Bedeutung der Zahlen spiegelten auch noch im 17. Jahrhundert die Heils- und Naturordnung wider: die 3 die Trinität, die 4 die Elemente, die 5 die *quinta essentia*, die 7 das Schöpfungswerk und die sieben Gaben des Heiligen Geistes, die 10 die Zehn Gebote usw. Vgl. dazu auch Nicola Kaminski, *Andreas Gryphius*, Stuttgart 1998, S. 60 ff.

Ewigen Freude der Außerwehlten (Sonett II,49) sowie dem Sonett auf *Elias* (II,50) endet. Mit ihm schließt zugleich das Alte Testament (Mal. 3,23 f.), und er gilt in der christlichen Typologie mit seinem »feurigen« Auffahren zum Himmel als Vorbote bzw. ›Typos‹ Christi. Mit dessen Geburt wiederum beginnen denn auch (analog zu Matth. 1) die *Sonn- und Feiertagssonette* als drittes und viertes Sonett-Buch.

Passend zur »feurigen« Geist-Eingießung wird die gesamte Sammlung leitmotivisch vom ›Feuer‹ durchzogen, wobei sich das gute »Liebesfeuer« des Herzens und das zerstörerische Zorn-Feuer (auch des Schöpfers) spannungsvoll gegenüberstehen. Doch soll das Liebes-Feuer entfacht werden und das Zorn-Feuer verzehren. Dieses Feuer durchströmt auch eine lange Reihe von Gelegenheitssonetten, welche sich an die ersten sieben – der Trinität gewidmeten – Sonette anschließen, und sie werden hier in einen übergreifenden Sinnzusammenhang eingeordnet. Gruppenweise zusammengestellt nach Geburten und Hochzeiten einerseits, Krankheiten und Todesfällen andererseits erwecken sie nicht nur die beiden traditionellen Hauptaffekte Lust und Schmerz, sondern evozieren mit ihrer Darstellung in der wechselnden Entgegensetzung die beiden wichtigsten Aspekte des Liebesfeuers: einerseits anschauendes, aushaltendes, Trauer hervorrufendes und wie bei Spee als *amor benevolentiae* zu habitualisierendes Mitleid über das zugestoßene Unglück und Leid, andererseits beherzten Mut zum Leben, zum Neuanfang.[57]

Das letzte Sonett *Elias* leitet auch der Form nach als Bibel-Sonett auf die Bücher III und IV mit den Perikopen-Sonetten über. In ihnen hat Gryphius jeder der Perikopen, also der biblischen Predigttexte zu den Sonn- und Feiertagen des Kirchenjahrs, ein eigenes Sonett gewidmet und dabei im Rückgriff auf die erbauliche Perikopenliteratur sei-

57 Vgl. Andreas Gryphius, *Sonette*, in: *Gesamtausgabe* (s. Anm. 52), Bd. 1, S. 1–244.

ner Zeit doch ganz eigene, die biblische Botschaft aktualisierende und überkonfessionelle Deutungen suchende Akzente gesetzt.[58]

Den Sonetten strukturell verwandt waren die in der Gesamtausgabe von 1663 auf drei Bücher mit je 100 Stücken angewachsenen Epigramme in zwei- und mehrzeiligen Alexandrinern. Im Unterschied zu Czepkos *Monodisticha* blieb das erste Buch mit den religiösen Epigrammen von Gryphius im Rahmen der biblischen Frömmigkeit. Die Epigramme der anderen Bücher umfassen ein breites Spektrum von der Satire bis zu Grabschrift und Sinnspruch. Sie sind antithetisch gebaut sowie dem Prinzip der *argutia* verpflichtet und weisen auch auf Gryphius' Interesse für neue wissenschaftliche Entdeckungen hin. So setzt er in *Uber Nicolai Copernici Bild* dem Entdecker des von den Konfessionen geächteten heliozentrischen, die Sonne ins Zentrum setzenden Weltbildes ein Denkmal und unterstreicht sein Interesse an der neuzeitlichen Wissbegier in weiteren Epigrammen auf die Erkundung und Vermessung des Himmels. Im Folgenden hebt er gar bei der Betrachtung eines nach der Kopernikanischen Theorie verfertigten Himmelsglobus den menschlichen Forschergeist »in den Himmel«:

Uber die Himmels Kugel.

Schaw hir des Himmels Bild / diß hat ein Mensch erdacht /
Der doch auff Erden saß. O übergroße Sinnen /
Die mehr denn iemand schawt, durch forschen nur gewinnen!
Soll diß nicht himlisch seyn was selber Himmel macht?[59]

58 Diese Bücher III und IV sind komplett abgedruckt in: *Gedichte* (s. Anm. 53), S. 23–88. Vgl. dazu jetzt Patrick G. Boneberg, *»Hir schleußt er nimand aus.« Interkonfessionalität in den Perikopensonetten von Andreas Gryphius*, Marburg 2005.

59 Andreas Gryphius, *Oden und Epigramme* (s. Anm. 52), S. 206. Vgl. dazu Marian Szyrocki, *Der junge Gryphius*, Berlin 1959, S. 78.

Gegenüber der Prägnanz der Sonette und Epigramme zeigen sich die in vier Bücher gefassten und durchweg geistlichen, vielfach auf biblische Vorlagen (insbesondere Psalmen) zurückgreifenden *Oden* von Gryphius im Zeichen des Enthusiasmus und schweifender Pathetik. Sie wurden schon von den Zeitgenossen wenig beachtet, weil sie sich wegen ihrer formalen Komplexität und inhaltlichen Forciertheit nicht als Gesänge für den kirchlichen Kultus, sondern als poesiebestimmte geistliche Kunstlieder erweisen (nur eines der Lieder hat bis heute einen Platz im *Evangelischen Gesangbuch* gefunden: »Die Herrlichkeit der Erden / muß Rauch und Asche werden«). Gryphius entwickelt eigene neue Strophenformen mit sehr unterschiedlichen Strophenlängen (zwischen 4 und 14 Zeilen), bevorzugt gemischte Versmaße, komplizierte Reimfolgen, einen Stil mit gedrängten rhetorischen Figuren und artikuliert höchst eindringlich individuelle Glaubenszweifel, -nöte und -klagen.

Die ersten drei Bücher enthalten je zwölf Texte, fast zur Hälfte Strophenlieder und pindarische Oden, das vierte (vermutlich als erstes in der Zeit bei Schönborn entstandene) Buch mit dem Titel *Thränen über das Leiden Jesu Christi* 19 Texte; bei ihnen handelt es sich um einen strengen, in enger Anlehnung an Johann Heermann verfassten Zyklus von durchgängig strophisch komponierten *Passionsliedern* in der Gattung der *Threnologie*. Aber alle vier Bücher stellen einen durchgearbeiteten Zyklus dar. Dessen Hauptthema ist in den ersten drei Büchern der Weg von Glaubensnot, Erwählungszweifel und daraus resultierendem Selbstmitleid über die – zunehmend Leiden selbst (und nicht mehr den Glauben an das Opfer Christi) als Mittel der Heilsgewinnung begreifende und einsetzende – Selbstvergewisserung des Subjekts bis hin zu einer immer nachdrücklicher erschriebenen und bekannten Gewissheit über den Gewinn der ewigen Seligkeit. Gleich mit dem ersten Text, einer pindarischen Ode, der in einigen Ausgaben den Titel *Der Herr hat mich verlassen* trug, geht der Zyklus medias in res. Zion (als Bezeichnung für den Tempelberg bzw. Jerusalem) klagt als weibliche Personifikation über ihre Gottverlassenheit (»Ach spricht sie / ach der Herr mein Leben / Hatt mich in meiner angst verlassen! / Der den ich liebe / will mich hassen! / Und meinem Erbfeind vbergeben.« Diese Klage wird im *Gegensatz* zur Anklage gegen Gott als Vater gesteigert, dem die im Naturrecht verankerte, bedingungslose Fürsorgepflicht jeder Mutter gegenüber ihrem Kind als vorbildlich entgegengehalten wird:

DVrchsucht das weite landt:
[…]
Ob eine mutter sey die auch ihr eigen kindt /
Aus ihrem hertzen setz' / ob eine schlag in windt /
Das starke recht das sie zue lieben
Die bittersüße bürde zwingt:
Das recht das seel vndt sin durchdringt
Das die natur selbst vorgeschriben.
Wo ist ein weib die ohn empfinden /
Ihr eigen fleisch das sie gebohren/
Des leibes zartte frucht verlohren?[60]

Das ist ein – aus traumatischen Trennungserfahrungen in der Jugend erwachsenes und zugleich epochales – Kernproblem und -motiv aus Gryphius' Werk, das sich mit den Tränen der Mütter von seinem ersten gymnasialen heroischen Gedicht *Herodis Furiae et Rachelis Lachrymae* über die Sonette bis zu seinen Märtyrerdramen mit ihrem gewichtigen weiblichen Figurenensemble durchzieht. Im vorliegenden Gedicht nimmt Gott schließlich seine Vaterrolle an und versichert ›Sion‹ im *Zusatz* der dritten und letzten Strophe seiner Fürsorge, die sicherer sei als das in

60 Gryphius, *Oden und Epgramme* (s. Anm. 52), S. 3 f.

den Katastrophen des Jahrhunderts leicht außer Kraft zu setzende Naturrecht. Doch dieser göttliche Zuspruch beruhigt die Sprechinstanz nicht, wie der nachfolgende Zyklus zeigt. Dessen Stadien finden sich variierend in allen drei Büchern und stellen so ein ›dreiaktiges‹ Seelendrama dar. Erst im dritten Buch, wo die Ode II, 11 auf den Hoheliedvers 8, 6 rekurriert (»Denn Liebe ist stark wie der Tod«) und ein autobiographisches Gelegenheitsgedicht in den Zyklus aufnimmt, erfährt das Ich in der *privaten* Liebe auch die göttliche universale Liebe mit ihrer die Welt potentiell zum Paradies verwandelnden Kraft. Die eigene Erfahrung mit ihrer naturgesetzlichen Treue beglaubigt so letztlich das göttliche Treue-Versprechen![61] Und aus der damit verbundenen Selbstvergewisserung des Heils gewinnt die Sprechinstanz die Bereitschaft zur imitatorischen ›compassio‹ mit Christus in Buch IV. Der Weg der *Oden* korrespondiert so mit Spees poetisch-erbaulichem Weg von Glaube und Hoffnung als ›amor concupiscentiae‹ (begehrende Liebe) zur wahren Liebe als ›amor benevolentiae‹ (selbstlos-wohlwollende Liebe).

Gryphius stand seiner lutherischen Konfession loyal, aber nicht unkritisch zur Seite, wie schon das zitierte Epigramm über die Zanksucht der Konfessionen zeigt. Er ließ sich sein christliches Weltbild nicht von den Grenzen der lutherischen Dogmatik einschließen, sondern hielt u.a. auch diplomatischen und weltanschaulichen Kontakt zur ›altgläubigen‹ Kirche. Mit den 1653 publizierten, aber früher entstandenen *Kirchhoffs-Gedanken* greift er zum Beispiel auf die *Enthusiasmen* des von ihm verehrten Jesuiten Jacob Balde zurück. Er erweitert die Vorlage auf 50 je achtversige Strophen, in denen er den Kirchhof mit den sich öffnenden Gräbern und dem Anblick verwesender Leichen als »Schul« des ›Memento mori‹ ausmalt. Und diese wird zur Schule des rechten Lebens und erinnert an die

61 Vgl. Gryphius, *Oden und Epigramme* (s. Anm. 52).

Botschaft des Schach- und Schauspiel-Sonetts: »Daß / ob wir hir nicht gleiche sind / Der Tod doch alle gleiche mache! / Geh und beschicke deine Sache/ Daß dich der Richter wachend find.«[62] Nicht Weltflucht ist deshalb die Botschaft des Glogauer Syndicus, sondern tatkräftige Pflichterfüllung im Dienst an der Welt.

Im Jahr 1660 veröffentlichte er dann eine Sammlung von 18 geistlichen Liedern unter dem Titel *Übersetzete Lob=gesänge / Oder Kirchen-Lieder*, die er seiner lutherischen Kirche in Glogau widmete. Dabei handelte es sich durchweg um Übersetzungen lateinischer Gesänge, die in die vorlutherische, also katholische Kirchenzeit zurückreichen und von seiner Konfession nur sporadisch für Nebengottesdienste übernommen worden waren. Damit forderte Gryphius seine eigene Konfession dazu auf, den in den Bekenntnisschriften erhobenen Anspruch, die ›Wahrheit‹ der altkirchlichen Frömmigkeit und Apostolizität wiederhergestellt zu haben, praktisch einzulösen und zu einer gemeinsamen friedlichen interkonfessionellen Frömmigkeit zurückzukehren. Dieses – fast völlig vergessene – Vermächtnis des größten deutschen Barock-Dichters steht bis heute uneingelöst im Raum.

Während sich Gryphius insgesamt noch im Rahmen des von Opitz auch formal vorgegebenen Reformprogramms bewegte, dieses aber mit stilistischer Eleganz, gedanklicher Prägnanz, pathetischer Intensität und grüblerischer Vieldeutigkeit auf ein zuvor nicht erreichtes Niveau zu heben wusste, begannen andere Autoren, die Opitzschen Vorgaben formal und inhaltlich zu verändern und zu verschieben. So führte Philipp von Zesen (1619–1689)[63] in seinem *Hochdeutschen Helikon* (zuerst 1640/41), der zweiten, ebenfalls erfolgreichen Poetik nach Opitz, durch die Vorle-

62 Andreas Gryphius, *Kirchhofs-Gedanken*, in: *Gedichte* (s. Anm. 53), S. 109–123, hier S. 123.

63 Vgl. zu ihm auch Kap. 3.

sungen des Wittenberger Poetologen August Buchner (1591–1661; *Kurzer Weg-Weiser zur Deutschen Tichtkunst*, 1663) angeregt, den Daktylus (– v v) und dessen Umkehrung, den Anapäst (v v –), in die Verskunst der Barockpoesie ein, und er versuchte sogleich, diese neue »färtige und hurtige dattel-ahrt« auch den »geistlichen gedichten« anzuempfehlen, worüber er mit einigen Geistlichen – u.a. mit dem Kirchenlieddichter Martin Rinckart – in Streit geriet.

Ohnehin war Zesen unter den Zeitgenossen geachtet und geächtet wie kein anderer Autor. Als ›poeta doctus‹ schrieb er ein großes gattungsreiches Werk, von dem seine in 16 Texteinheiten gefasste Lyrik allein die stattlichen ersten vier von 24 Bänden seiner *Sämtlichen Werke* füllt. Zesen gründete auf eigene Faust die zweite deutsche – und zugleich erste bürgerliche, auf adlige Patronage verzichtende und mitgliederstarke – Sprachgesellschaft, die *Deutschgesinnete Genossenschaft*. Er wurde vom Kaiser geadelt (1653), und als Hof- und Pfalzgraf (seit 1667) konnte er seine Anhänger nun selbst zu Dichtern krönen. Dennoch nötigten ihn seine zeitlebens vergeblichen Versuche, eine feste Anstellung in städtischen oder höfischen Diensten zu finden, zu einem unsteten, wiederholt in die Niederlande führenden Reise-Leben, und dadurch mitbedingt wurde er zum vermutlich ersten freien Schriftsteller in Deutschland. Allerdings zog er auch den größten Spott und Unwillen schon unter den Zeitgenossen auf sich durch seinen Sprachpurismus und seine berüchtigte Eindeutschungsmanie auch von längst ›eingebürgerten‹ Fremdwörtern (so ›Jungfernzwünger‹ für Nonnenkloster, ›Lustinne‹ oder ›Liebinne‹ für Venus). Auch die ganze Fachterminologie in seiner Poetik wurde von Auflage zu Auflage radikaler eingedeutscht (und damit auf komische Weise unverständlich: Metrum als »Dicht-maß-band«, Vers als »reim-band« usw.).

Doch gerade diese Manie führt auf den interessanten Kern von Zesens Welt- und Dichtungsanschauung. In Holland hatte er sich in spiritualistischem Umfeld mit dem in Deutschland als ketzerisch unterdrückten Werk Jacob Böhmes vertraut gemacht und sich vor allem dessen Sprachtheorie[64] angeeignet. In seinem *Rosen-mand* (1651) bekennt sich Zesen offen zur hermetischen Tradition (einschließlich Paracelsismus und Alchimie). Die Gespräche kreisen um die adamitische »Haupt-Sprache«, die ein reines Abbild der göttlichen ›Natur‹-Sprache war. Von ihr gebe es heute noch ›Reste‹, die auf der ›physischen‹ Beziehung zwischen Zeichen und Bezeichnetem basieren. Und die deutsche Sprache stehe neben der hebräischen und griechischen der Ursprache noch besonders nahe, was u. a. in der Sprachgeschichte bei der Entdeckung der ›Stammwörter‹ zu erkennen sei. Aber auch kein neues Wort sei denkbar, »das nicht seinen uhrsprung aus den ersten / natürlichen und alten wörtern genommen / und von anbegin schon in der natur der sprache verborgen gelegen.«[65] Diese linguistische Präformationstheorie erklärt Zesens Eindeutschungsmanie sowohl als Rückkehr zur Sprach-Natur und zu den alten Sprach-Kräften wie auch als Versuch zur Vervollkommnung der ›Natur‹ der Sprache. Analog zum alchimistischen »Gold-machen« sei die Spracharbeit des Poeten ein Emporheben und Reinigen der in der (Sprach-) Natur oft noch unvollkommen liegenden Schätze. Da Gott die Welt in einem Sprach- und nicht in einem Schreibakt geschaffen hat, hat das Mündliche der Sprache absolute Priorität vor dem Schriftlichen. Wie bei Böhme spiegelt sich im »Hall« des Sprechens der Prozess der Kosmogonie, wobei sich im ›Tönen‹ das ›Wesen‹ des Ausgesagten und seine Signatur in besonderer Weise mitteilen. Von daher

64 Vgl. Kap. 4.

65 Philipp von Zesen, *Rosen-mand: das ist in ein und dreissig gesprächen Eröffnete Wunderschacht zum unerschätzlichen Steine der Weisen*, Hamburg 1651, in: *Sämtliche Werke*, unter Mitwirkung von Ulrich Maché und Volker Meid hrsg. von Ferdinand van Ingen, Berlin / New York 1971–2003, hier Bd. XI, bearb. von Ulrich Maché, 1974, S. 108.

versteht sich auch, warum Zesen mit Vorliebe Oden und Lieder dichtet, ihrer Sangbarkeit größte Bedeutung beimisst und in seine häufig verspielt wirkenden und klanghörigen Sammlungen vielfach nicht nur Melodieangaben, sondern komplette Melodien aufnimmt (u. a. *Hohes Lied / In Dactylische und Anapästische Verse gebracht*, 1641; *Lustinne*, 1645; *Dichterische Jugend-Flammen*, 1651; *Gekreuzigter Liebsflammen Vorschmak*, 1653; *Dichterisches Rosen- und Liljentahl*, 1670).[66]

Vor allem in seiner großen Sammlung von 1670 finden sich virtuose Meisterstücke wie das klangmalerische *Weinlied an eine lustige Geselschaft* (hier nur eine ›Kostprobe‹ mit fröhlichen Vierhebern in Zesens daktylisch-anapästischer Vers-Neuerung):

Es gischen die gläser / es zischet der zukker:
Man schwenkt sie / und schenkt sie euch allen vol ein.
Es klukkert verzukkert dem schlukker fein lukker /
Fein munter hinunter der Reinische wein.
So klinkern und flinkern und blinkern die flöhten!
So können die sinnen entrinnen aus nöhten![67]

Ein Fest für die Sinne verspricht Zesen dem Rezipienten denn auch im Vorwort. Die Verse wollen und sollen die Affekte der Freude und Lebens-Lust wecken und in den zahlreichen Liebesliedern auch die Liebe im und als poetisch-musikalischen Kraft-Akt hervorrufen. Damit setzt Zesen sein hermetisch inspiriertes Programm um, in dem das Irdische in den zur Vollkommenheit gereiften poetischen Produkten als ein wenn auch noch der Zeitlichkeit, dem Wandel, auch der Sterblichkeit unterworfenes Un-

66 Vgl. dazu Ferdinand van Ingen, *Philipp von Zesen*, Stuttgart 1970, S. 58 ff.

67 Philipp von Zesen, »Dichterisches Rosen- und Liljen-tahl«, in: *Sämtliche Werke* (s. Anm. 65), Bd. 2, bearb. von Ferdinand van Ingen, 1984, S. 269.

vollkommenes dennoch »zuweilen der unsterblichkeit / doch nur als schattenbilder / sehr nahe kommen« kann und so auch schon als ein Spiegel, Abbild des Himmlischen und damit ein irdischer Himmel sein darf.[68] Und eine seiner großen, noch kaum gewürdigten poetischen Leistungen besteht darin, dass er die Welt ›kraft‹ seiner Poesie unter die Regentschaft der Liebe als personifizierter ›Lustinne‹ stellen und damit ›epochale‹ Gegensätze miteinander versöhnen möchte: die konfessionellen ebenso wie die Opposition von geistlicher und weltlich-sinnlicher Liebe, so dass er Liebesmotive aus seiner Hohelied-Dichtung in seine weltliche Liebeslyrik überträgt und damit auch die Grenzen zwischen geistlicher und weltlicher Dichtung partiell aufzuheben beginnt.

So viel sprach-akribisch begründete Kühnheit versöhnte allerdings nicht, sondern spaltete auch. So verspottete der Wedeler Pfarrer Johann Rist (1607–1667), Begründer des Elbschwanenordens, Statthalter von Opitz im Norden und Dichter zahlreicher weltlicher Gelegenheitsgedichte und erfolgreicher *Himlischer Lieder* (1641/42 ff.) Zesen in seinem *Neuen Teutschen Parnass* (1652) wegen dessen ›unnatürlicher‹ Vers-Neuerungen und übereifriger sprachpuristischer Bestrebungen als »unsern Herrn Sausewind«[69]. Rist selbst war musikbegeistert, sorgte für neue Melodien seiner Lieder und kooperierte dabei eng mit den Komponisten der ›Hamburger Schule‹. Zugleich war er ein origineller Kopf, wie Gryphius Anhänger des kopernikanischen Weltbildes[70], Arzt, praktizierender Alchimist und weltan-

68 Ebd., S. 8.

69 Vgl. Johann Rist, *Neuer Teutscher Parnass*, Nachdr. der Ausg. Lüneburg 1652, Hildesheim / New York 1978, o. S. [S. b v-v]. Zwei Jahre später ließ er gar diesen aufschneiderischen »Junker Sausewind« als Hochstapler in seinem Drama *Das Friedejauchtzende Teutschland* auf offener Bühne verprügeln und davonjagen.

70 Vgl. ebd., S. 683 f. Vgl. dazu auch Anne-Charlott Trepp, »Im ›Buch der Natur‹ lesen: Natur und Religion im Zeitalter der Konfessionali-

schaulicher Synkretist, der seine Amtsbrüder wegen ihrer ›Ketzermacherei‹ heftig schelten konnte – nur war er leider kein herausragender Poet. Hier wetterte er theologisch gegen den Gebrauch der antiken Mythologie und brachte seine Kirchenlieder und Gelegenheitsverse in Jambus und Trochäus mit meist eiliger Feder und in Überlänge zu Papier. Ein ursprünglich lobend gemeintes Anagramm Zesens auf den Namen ›Ioannes Rist‹ bezeichnet so das Hauptproblem von dessen Poesie: »Es rinnt ja so«!

Zesen selbst wirkte vor allem stilbildend auf die Dichtergesellschaft der Nürnberger *Pegnitz-Schäfer* und deren dominantes Dreigestirn ein: auf Georg Philipp Harsdörffer (1607–1658)[71], Johann Klaj (1616–1656) und Sigmund von Birken (1626–1681). Insbesondere Harsdörffer und Birken wird man aus lyrikgeschichtlicher Perspektive kaum gerecht, weil ihre literaturgeschichtliche Bedeutung auf der Ausstrahlungskraft ihres persönlichen Wirkens und schwerpunktmäßig in anderen Gattungen liegt. Harsdörffers monumentales im Druck erschienenes deutsches und lateinisches Werk umfasst mehr als 20 000 Seiten und bietet Orientierung in nahezu allen Wissensgebieten, aber vorwiegend in Prosa.[72] Birken wiederum dürfte »nach Martin Opitz gewiß der wirkungsmächtigste Literatur- und Kulturmanager des 17. Jahrhunderts im deutschsprachigen Raum gewesen sein«[73], und der umfangreiche Nachlass erscheint erst jetzt in eindrucksvollen Bänden, die auch die

sierung und des Dreißigjährigen Krieges«, in: A.-C. T. / Hartmut Lehmann, *Antike Weisheit und kulturelle Praxis. Hermetismus in der Frühen Neuzeit*, Göttingen 2001, S. 103–143, hier S. 106.

71 Vgl. zu ihm auch Kap. 3.

72 Am bekanntesten geblieben sind dabei seine unterhaltsam-dialogisch über zahlreiche Wissensgebiete informierenden *Frauenzimmer Gesprächsspiele*, hrsg. von Irmgard Böttcher, 8 Teile, Tübingen 1968/69.

73 Hartmut Laufhütte, Einleitung zu: *Der Briefwechsel zwischen Sigmund von Birken und Catharina Regina von Greiffenberg*, hrsg. von Hartmut Laufhütte in Zsarb. mit Dietrich Jöns und Ralf Schuster, Tl. 1: *Die Texte*, Tübingen 2005, S. XIII–XXXVI, hier S. XIV.

großenteils noch ungedruckte Lyrik dieses ›poeta doctus‹ enthalten.[74] Vorerst und nach wie vor sind deshalb hier nur die wirkungsmächtigsten Werke zu beachten, die sich mit dem Namen dieser *Pegnitz-Schäfer* verbinden. Das sind zunächst ihre Poetiken. Darin griffen sie Zesens Tendenz auf, gegen Opitz, der die Poesie aus der griechisch-heidnischen Tradition hergeleitet und die christliche Tradition (mit David und Salomon) nicht erwähnt hatte, geradezu umzukehren und die Poetik sowie die Poesie mehr und mehr in den Dienst des Christentums und damit der geistlichen Dichtung zu stellen. Deren zahlreiche Gattungen mit Bibel-, Passions- und Heiligendichtungen aller Art, mit der Predigt-, Postillen-, Gebets- und Andachtsliteratur sowie dem riesigen Komplex geistlicher Lyrik und Kirchenlieddichtung hatte Opitz in seiner Poetik keine Aufmerksamkeit geschenkt. Harsdörffer, der den Pegnesischen Blumenorden 1644/45 gründete, verfasste mit seinem *Poetischen Trichter* (3 Teile, 1647–53) eine »Poetik geistlicher Dichtung«[75], worin er das Gotteslob als höchstes Ziel der Poesie proklamierte. Auch der Rang des Deutschen als dem Hebräischen besonders nahe Ursprache wurde stärker als bei Zesen theologisch begründet, und die Suche nach Stammwörtern sowie die im Analogiendenken wurzelnde Überzeugung von der ›physischen‹ Beziehung zwischen Klang und Bedeutung hatten bis in die poetische Praxis der *Pegnitz-Schäfer* eine religiöse Dimension.

Bei Birken, der als Nachfolger des Vorsitzenden Harsdörffer dem Blumen-Orden die Passionsblume zum Sinn-

74 Als unentbehrliches Hilfsmittel für die Birken-Forschung erweist sich dabei die monumentale, mit einem detaillierten Forschungsbericht eingeleitete Studie von Hermann Stauffer, *Sigmund von Birken (1626–1681). Morphologie seines Werks*, 2 Bde., Tübingen 2007.

75 Jörg-Ulrich Fechner, »Harsdörffers *Poetischer Trichter* als Poetik geistlicher Dichtung«, in: Italo Michele Battafarano (Hrsg.), *Georg Philipp Harsdörffer. Ein deutscher Dichter und europäischer Gelehrter*, Bern [u. a.] 1991, S. 143–162.

bild erkor und der sich nach aus Geldnot abgebrochenem Theologiestudium dennoch mit geistlichen Schriften in den Dienst Gottes und seiner Kirche zu stellen versuchte, erreicht der weltanschauliche Gegensatz zur Opitzschen Poetik seinen Höhepunkt. In seiner *Teutschen Rede-bind und Dicht-Kunst* (1679) verwandelt Birken den Musentempel ganz in ein christliches Kirchenhaus. Die griechische Kunst »hat der Höllen Fürst / als jederzeit Gottes Affe« »von dem Profeten Mose und der Miriam abgesehen / und nachgedichtet.«[76] Die geistlichen Lieder, die auch Birken selbst (neben der zeitlebens von ihm gepflegten Schäferdichtung und der Gelegenheitspoesie) in großer Zahl verfasst hat, stehen an der Spitze der gesamten Gattungshierarchie.[77] Poesie ist damit Organ der Religion, und dem Poeten wird die »Dichtfähigkeit« aus dem himmlischen »Parnassus« selbst als »Geistes-Fluth« oder »Feuer-Flut des himlischen Geistes« zuteil, und von daher unterstützte und feierte Birken auch die Greiffenberg als »himlische Uranie«.[78]

Stärker humanistischen Werten und Traditionen verpflichtet blieb dabei das in die letzten Kriegsjahre zurückreichende Friedensprogramm der *Pegnitz-Schäfer*. Ihm lassen sich auch das *Pegnesische Schäfergedicht [...] von Strefon* [= Harsdörffer] *und Clajus* (1644) und die *Fortsetzung der Pegnitz-Schäferey [...] durch Floridan* [= Birken] *und Klajus* (1645) zuordnen. Formal übernehmen sie das – seinerseits schon aus europäischen Gattungstraditionen komponierte – Vorbild von Opitz' *Hercinie*: Sie vereinigen Prosa und Lyrik in drei Hauptteilen mit einem (auto)biographischen Eingang, einem panegyrischen Teil, verbun-

76 Sigmund von Birken, *Teutsche Rede-bind und Dicht-Kunst / oder Kurze Anweisung zur Teutschen Poesy / mit Geistlichen Exempeln*, Nürnberg 1679, reprogr. Nachdr. Hildesheim / New York 1973, S. 62 ff.

77 Ebd., S. 189 ff.

78 Vgl. Kap. 4.

den mit einem gewichtigen casuellen Anlass, und einem ausführlichen dritten Teil, der einen Liederwettstreit zwischen den Schäfern bietet. Und in diesem übertreffen die *Pegnitz-Schäfer* mit der Vielfalt der aufgegriffenen Gattungen und der spielerischen Virtuosität ihrer Vers- und Klangkunst den ›Vater der deutschen Dichtkunst‹ bei weitem. Eindrucksvoll wird das Hauptthema behandelt: der Dreißigjährige Krieg und seine Beendigung auch mithilfe der friedensstiftenden Wirkung der Poesie! Die Einleitung, in der sich Klaj als aus der Heimat Meißen vertriebener Glaubensflüchtling zu erkennen gibt, bietet anlässlich einer Wanderung der Hirten durch die kriegsbedrohte Umgebung des ganz »verschanzten« Nürnberg vielfach Gelegenheit, über die Verheerungen des Kriegs zu lamentieren. Höhepunkt ist der Auftritt der als geistesverwirrte Mutter personifizierten Germania, die in einem Lied den Bruderkrieg ihrer Söhne beklagt und die Poeten um Hilfe bittet. Vordergründig wechselt der Hauptteil abrupt das Thema: Die Schäfer treten als Sänger bei ›Gelegenheit‹ einer adligen Doppelhochzeit auf und rühmen dabei in einer Grotte auch die Ahnen der Hochzeitspaare. In Wahrheit aber nehmen sie diese ›occasio‹ einer doppelten Liebes-Verbindung zum Anlass, um die Liebe selbst als entscheidende Lebens-Macht zu beschwören. Dabei schöpfen sie aus dem ganzen Fundus der christlich-humanistischen Amor- und der (neu-)platonischen Eros-Tradition, um die Liebe als entscheidende, göttliche, kosmisch gegründete Gegen-Macht auch gegen den zerstörerischen Zeit-Geist ›ins Feld‹ zu führen:

St[refon].

Den lieben Gott hat Lieben hoch bewogen /
Daß er gewölbt die blauen Himmels Bogen
Und aufgeführt der runden Erden Zelt /
Auf welcher lebt der Mensch / die kleine Welt.

[...]

St. Der schöne Mensch / wie sol doch der nicht lieben?
Wie wird er nicht zum Lieben angetrieben?
Wie göttlich ist geschmückt der Seelen Haus
Die Liebe blitzt aus beyden Fenstern aus.

[...]

St. Gleichwie ein Liecht dem andern Liecht kann geben /
So hat die Lieb von Gegenliebe Leben /
Daß Menschen / Lufft / Glut / Bäume / Steine / Meer
Noch sind / das kömt von Gegenliebe her.[79]

Auch bei den Nürnbergern also dient die kosmische und latent pantheistische Liebesidee als entscheidendes Heil-Mittel gegen das Zerstörungswerk des Mars. Diese Liebeskraft zu erwecken fällt den Liedern im dritten Teil zu.

In Birkens *Fortsetzung* wird die Friedensarbeit mit poetischen Waffen konkretisiert. Nach erbitterten prosaischen und poetischen Klagen über den Krieg und Anklagen gegen das Kriegs-Handwerk als Merkmal schlimmster moralischer Verworfenheit erscheint Floridan und Klajus der mythologische Gott Pan mit seiner siebenrohrigen Flöte und wird als Sinnbild und Schutzpatron der *Pegnitz-Schäfer* eingeführt.[80] Pan schenkt den Schäfern die Flöte, und sie bitten ihn um Beistand im Krieg und seinen Friedenssegen, den er ihnen verspricht. Mit seiner Sentenz: »Die Tugend würket auch in Waffen // Mit Waffen muß man Frie-

79 Georg Philipp Harsdörffer und Johann Klaj, *Pegnesisches Schäfergedicht*, in: *Die Pegnitz-Schäfer. Nürnberger Barockdichtung*, hrsg. von Eberhard Mannack, Stuttgart 1968, S. 18–70, hier S. 49–51.

80 Ihn hat Harsdörffer in den *Frauenzimmer Gesprächsspielen* als Botschafter der Götter, seine Flöte als Sinnbild für seine weltschaffende Kraft und als musikalisch-poetisches Instrument zur Spiegelung, Auslegung und Deutung des ›Buchs der Natur‹ interpretiert (Harsdörffer, *Frauenzimmer Gesprächsspiele,* s. Anm. 72, Bd. 4 [1644], S. 59–64).

den schaffen«[81] verhilft er ihnen zu einem von konfessionellen Begründungsstrategien befreiten Begriff von Krieg als Ermöglichung tugendhafter Tapferkeit und persönlichen Heldentums. Das klingt befremdlich, ist aber wichtig, weil sie dadurch instand gesetzt werden, die in einer Höhle aufgestellten Ehrensäulen von 24 Kriegshelden aus dem Dreißigjährigen Krieg poetisch zu würdigen, und zwar nicht nur – wie bei Weckherlin – die protestantischen Kriegshelden, sondern auch die Helden des katholischen Lagers: darunter Tilly und Wallenstein. Die konkrete Friedensarbeit besteht hier also noch während der Kriegszeit in der poetischen Aussöhnung der gegnerischen Parteien, und dies als Vorbedingung eines haltbaren Friedens. Sie kann nur dann gelingen, wenn man die Schuldfrage ausklammert und eine würdige Form des Gedenkens einführt, welche die Kriegsgegner symbolisch in einem Raum unter dem individuellen Lob der Tapferkeit zu vereinigen erlaubt. Unter dem Leitspruch »Mit Nutzen erfreulich« setzen die Hirten dann im dritten Teil ihre kunstvollen fröhlichen Lieder als »Gegengifft« gegen das Regiment des Mars ein und wollen damit bereits jene Freude hervorrufen und antizipieren, die ein wirklicher Frieden zur Folge hat.

Johann Klaj, der als toleranter lutherischer Theologe dieses Konzept mittrug, der sich namenshalber den Klee zur eigenen Ordensblume wählte und sein Dichtertum als nachahmende Pansfeier begriff, ist eigentlich eine tragische Figur. Er war der sprachbegabteste Poet unter den Nürnbergern. Seine virtuose Klangmalerei verwirklichte sich auch in seinen sechs – formal aus den Schäfergedichten entwickelten – geistlichen *Redeoratorien* über biblische The-

81 Sigmund von Birken, *Fortsetzung Der Pegnitz-Schaefferey* [...] *Mit Beystimmung seiner andern Weidgenossen*, in: Georg Philipp Harsdörffer, Sigmund von Birken, Johann Klaj, *Pegnesisches Schäfergedicht 1644–1645*, hrsg. von Klaus Garber, Tübingen 1966, S. i^r–104, hier S. 41.

men (1644 ff.) und in seinen *Friedensdichtungen* (1649 f.)[82] und wurde zum Markenzeichen der »Nürnberger Manier«:

Im Lentzen da gläntzen die blümigen Auen /
die Auen / die bauen die perlenen Tauen /
die Nymphen in Sümpfen ihr Antlitz beschauen /
es schmiltzet der Schnee /
man segelt zur See /
bricht güldenen Klee[83]

Zugleich indes blieb Klaj auf bedrückende Weise dem Kriegserlebnis verhaftet, das sich in der ausufernden Kriegsmetaphorik fast aller seiner Werke zeigt. Auch die göttlich inspirierte Dichtkunst entspringt für ihn als eine fertig gerüstete kämpferische Pallas Athene dem göttlichen Haupt und führt die Soldaten mit kriegerisch-patriotischen Gesängen an, Christus ist in den *Redeoratorien* der große Kriegsheld, der das eigene Leiden und Sterben besiegt und der mit seinem englischen Heer einen siegreichen Feldzug gegen Hölle und Teufel führt. In den *Friedensdichtungen* rühmt er Gott als »besten Kriegszerbrecher«, der Friede muss in einem großen Dialoggedicht mit dem Titel »Kriegeskrieg/Friedenssieg« mit Mars um den Sieg kämpfen. Klaj nutzt seine großen Alexandrinergedichte, in denen er detailliert die Nürnberger Friedensfeierlichkeiten beschreibt und dazu einen hohen mythologischen Aufwand betreibt, auch wieder, um noch einmal die ganzen Schrecken des besiegten Krieges zu vergegenwärtigen. Auch in seinen kleineren Gedichten wie dem Weihnachtsgedicht *Liebesmacht* wagt die Sprechinstanz ihre Liebes-

82 Vgl. Johann Klaj, *Redeoratorien und Lobrede der Teutschen* Poeterey, hrsg. von Conrad Wiedemann, Tübingen 1965. Johann Klaj, *Friedensdichtungen und kleinere poetische Schriften*, hrsg. von Conrad Wiedemann, Tübingen 1968.

83 In: Die *Pegnitz-Schäfer. Nürnberger Barockdichtung* (s. Anm. 17), S. 165 f.

beziehung zum Erlöser nur im Bilde eines geistlichen ›Sieges‹ auszusagen: »Deine Flammen mich bekriegen // mich gewinnen / übersiegen.«[84] Als der Friede tatsächlich zu wirken begann, war Klajs Pans-Flöte verstummt.

Aber die humanistischen Liebesgesänge verstärkten sich nun in der friedlicheren zweiten Hälfte des 17. Jahrhunderts. Einen originell komponierten Übergangstext schuf der höfische Rechtsberater und freie Schriftsteller Kaspar Stieler (1632–1707). Er griff in seiner pseudonymen Gedichtsammlung *Die Geharnschte Venus oder Liebes-Lieder im Kriege gedichtet* (1660) im intertextuellen Verwirrspiel nicht nur auf die Liebespoesie der Römer, sondern auch der eigenen Zeitgenossen von Opitz, dessen aus der *Anthologia Graeca* übersetztes Epigramm *Die gewaffnete Venus* den Anlass bot,[85] über Fleming bis zu Zesen zurück (»Wir schärfen uns im Lieben [...] hat Opitz / Flemming doch und Rist erst so geschrieben«)[86] und verquickte Andeutungen über autobiographische ›Erlebnisse‹ sowohl als Offizier im Heer des Großen Kurfürsten Friedrich Wilhelm von Brandenburg (1654–57) als auch in einer privaten Liebesbeziehung mit derber Erotik und satirischer Ironie zu einem komplexen Zyklus. In ihm wird die Liebe in allen Facetten beleuchtet: als petrarkistisch zum Leiden führende *Verzweiffelte Liebe*, als antipetrarkistische Glücks- und sinnlich-erotische Lust-Bringerin im *Heuschober*, aber auch als neuplatonische Heils-Bringerin, als auf Tugend bedachte voreheliche Beziehung und höchste Lebens-Kraft in Todesnot. Sieben Mal werden diese Aspekte in jeweils zehn Gedicht-›Stationen‹ nach dem Prinzip des ›variatio delec-

84 Klaj, *Friedensdichtungen* (s. Anm. 82), S. [251].

85 Opitz, *Weltliche Poemata* II (Anm. 12), S. 391. Vgl. dazu Herbert Zeman, Kaspar Stielers *Die geharnschte Venus*. Aspekte literaturwissenschaftlicher Deutung, in: DVjs. 1974, S. 478–527, hier S. 484.

86 Kaspar Stieler, *Die Geharnschte Venus oder Liebes-Lieder im Kriege gedichtet*, Neudruck hrsg. von Ferdinand van Ingen, Stuttgart 1970, S. 122.

tat‹ durchlebt. Der Titel der Sammlung und ihr Titelkupfer, das eine eigentlich nur mit einem Helm (wie Pallas Athene) und sonst mit einem fliegenden Kleid ›bewaffnete‹, ein brennendes Herz in der Linken vorweisende Venus mit einer Standarte in einem Feldlager zeigt, erfüllt so die ›kriegerischen‹ Erwartungen nur partiell. Auch die *Vorrede* kündigt nicht mehr eine gegen Mars »ins Feld« ziehende Liebesgöttin an, sondern eine, die dem Filidor und seinen Freunden im Heerlager die Langeweile verkürzen und demonstrieren soll, »wie die Heertrompete nicht sogar alle Musen verjagen könne.«[87] In jedem Fall aber führt diese *Geharnschte Venus* ein Gefecht für die Berechtigung einer Liebe, die als *Königinn der Welt* zugleich wie auch schon bei Zesen auf ihrer sinnlichen Erfüllung besteht.

Damit intoniert sie auch schon das Hauptthema der ›galanten‹ Liebeslyrik. Der Breslauer Patrizier Christian Hoffmann von Hoffmannswaldau (1616–1679), ein gleichaltriger Berufskollege und Freund von Gryphius (aus gemeinsamer Leidener Studienzeit) huldigte nicht minder emphatisch der Venus in seiner auch Obszönität nicht scheuenden Liebeslyrik, die er zu Lebzeiten nicht zu publizieren wagte, sondern nur zum Teil handschriftlich zirkulieren ließ. Mit ihr avancierte er erst postum vor allem durch die beiden ersten Bände der von Benjamin Neukirch herausgegebenen Sammlung *Herrn von Hoffmannswaldau und andrer Deutschen auserlesene und bißher ungedruckte Gedichte* (1695 und 1697) zum berühmten und alsbald in der Aufklärung auch berüchtigten Begründer der galanten Poesie in Deutschland. Hoffmannswaldau hatte durch die Begegnung mit Gian Battista Marino (1569–1625) und dessen Nachfolgern gedankliche und stilistische Beweglichkeit mit dem Stil überraschender, verblümter, ungewöhnlicher Formulierungen als Zeichen dichterischer Virtuosität gelernt und vermochte mit beeindruckender Kunstfertigkeit

87 Stieler (s. Anm. 86), S. 7.

und sprachlicher Eleganz die aus dem Petrarkismus bekannten Topoi der Liebessprache zu variieren und zu steigern. Charakteristisch für ihn ist die Gattung des *Icons* bzw. *Abrisses*, *Gemäldes* oder *Entwurfs*, bei dem entweder abstrakte Begriffe oder konkrete Gegenstände, Verhaltensweisen oder Personen-Typen mit einer Vielzahl von oft überraschenden Metaphern oder Vergleichen veranschaulicht werden. So beginnt der zweite Band der Neukirchschen Sammlung mit einer *Lob-rede an das lieb-wertheste frauen-zimmer*, in der das weibliche Geschlecht als Inkarnation der Venus angebetet wird (»Wer will euch / liebste / nicht als einen Gott anbeten // Weil ihr das bildnis seyd / das Venus selbst geprägt.«)[88] Die galanten Körperteile der irdischen Venus werden sogleich als »waaren« charakterisiert (»Wer ist so kühn / der darff für eure augen treten // Wenn ihr die waaren habt der Schönheit ausgelegt?«). Diese »waaren« sind hier die Brüste, und sie werden in einer Endlos-Kette von Vergleichen inspiziert, betastet und gekostet:

Der sinnen schiff soll mich in solche länder führen /
  Wo auff der see voll milch nur liebes-winde wehn.
Die brüste sind mein zweck / die schönen marmel-ballen /
  Auf welchen Amor ihm [sich] ein lust-schloß hat gebaut;
Die durch das athem-spiel sich heben und auch fallen /
  Auf die der Sonne gold wolriechend ambra thaut.
Sie sind ein paradieß / in welchem äpffel reiffen /
  Nach derer süssen kost iedweder Adam lechst /
Zwey felsen / um die stets des Zephirs winde pfeiffen.
  Ein garten schöner frucht / wo die vergnügung wächst.
Ein über-irrdisch bild / dem alle opffern müssen.
  Ein ausgeputzt altar / für dem die welt sich beugt.
[usw.]

88 Vgl. Christian Hofmann [sic] von Hofmannswaldau, *Gedichte*, Ausw. und Nachw. von Manfred Windfuhr, Stuttgart 1969, S. 26–29, hier und im Folgenden S. 26.

Der apostrophierte Garten (auch als Metapher für den weiblichen Körper) eröffnet ein weiteres großes Spielfeld erotischer Gärtnerei, deren »blümelnder« Stil dem Marinismus seinen charakteristischen Namen verleiht. Und natürlich gehören zu diesem Bildfeld der ›Gärtner‹ als liebender – »Blumen brechender« oder »pflückender« – Galan. Und als »Paradies« und »gelobtes Land« ist der Garten ein Zielort poetischen Schreibbegehrens, vor dessen »ausgeputztem altar« sich Traditionsstränge geistlicher und weltlicher Liebesdichtung im Sinne Marinos vermengen.

Doch als Mode riefen diese Gedichte schon unter den Lesern und Herausgebern der Neukirchschen Sammlung alsbald Überdruss hervor. Sie begründen seinen zweifelhaften Ruhm, bilden aber nur einen Teil seiner historischen Leistung, die er nicht nur als »Gärtner«, sondern als gewiefter, wendiger und gelehrter poetischer Rechts-Anwalt der sinnlichen Liebe in einer prüden, von der konfessionellen Geistlichkeit streng überwachten Kultur-Landschaft Deutschlands erbrachte. Eine noch von ihm zusammengestellte Sammlung *Deutsche Vbersetzungen vnd Getichte* (1679/80) erschien erst nach seinem Tod mit der Grabrede Lohensteins. Hoffmannswaldau, der vom Ratsmitglied zum Bürgermeister Breslaus aufstieg, versammelte das gesamte Spektrum der Liebes-Stile (vor allem aus der Romania) und Liebestheorien von der neuplatonischen Sinnenverachtung (*Die Welt*[89]) bis zu einer pornographisch lesbaren »erotico-theology«[90] (vgl. das Echogedicht *Albanie*[91]). In seinen satirisch-erotischen *Poetischen Grab-Schriften* in Form von vierzeiligen Alexan-

89 Vgl. Hofmannswaldau [sic], *Gedichte* (s. Anm. 88), S. 103 ff.

90 Veronique Helmridge-Marsillian, »The philosophical implications of Hoffmannswaldau's *Albanie*«, in: *Daphnis* 19 (1990) S. 687–714, hier S. 713.

91 In: *Gedichte des Barock*, hrsg. von Ulrich Maché und Volker Meid, Stuttgart 1980, S. 275 f.

driner-Epigrammen nutzt er in der Nachfolge Martials (um 40 – 102 n. Chr.) die Epigramm-Form zur ironischen Würdigung berühmter Verstorbener vom Alten Testament bis zu Zeitgenossen, bei denen auch frivole und obszöne Pointen die von Opitz geforderte »spitzfindigkeit« der Gattung immer neu und überraschend zur Geltung bringen. So heißt es etwa in dem Gedächtnis auf *Messalina*, die mannstolle und männermordende Gattin des (dreißig Jahre älteren) Kaisers Claudius (»vergnügen« hier auch noch in der älteren Bedeutung von ›Genüge empfinden‹):

Die Brunst betaute stets mir meine geile schoß /
Kein Spiel war mir zu lang / und keine Lust zu groß.
Das buhlerische Rom belachte mein Beginnen /
Ermüden hat man mich doch nicht vergnügen können.[92]

Als Hoffmannswaldaus Hauptwerk gelten die vermutlich 1663/64 entstandenen *Heldenbriefe*, Episteln aus der von Ovid begründeten Gattung der ›Heroiden‹, in denen 14 historisch verbürgte Liebespaare adliger Herkunft sich jeweils einen 100 Alexandrinerverse umfassenden fingierten Brief schreiben. Laut Vorrede sollen die Briefwechsel die »ungeheuren Spiele« der Liebe in der Welt ohne moralischen Zeigefinger darstellen. Die historischen Fälle sollen plausibilisieren, was als reine Autorfiktion die Zensur nicht hätte passieren dürfen. Die Macht der Liebe überspringt zum Beispiel die Standesgrenzen, führt zum Mord des Ehemannes durch den Liebhaber, sprengt das geistliche Gelübde und nötigt den Papst zur Anerkennung einer Ehe zu dritt. Scharfsinnig und triebgesteuert zugleich ›movieren‹ sich die Liebespartner mit rhetorischer Raffinesse

92 Christian Hoffmann von Hoffmannswaldau, *Poetische Grab-Schriften*, in: C. H. v. H., *Deutsche Übersetzungen und Gedichte*, hrsg. und mit einem Nachw. vers. von Franz Heiduk, Tl. 2, Hildesheim [u. a.] 1984, S. [829]–[859], hier S. [842].

und in concettistischem Stil zur Erfüllung ihrer erotischen Wünsche. Und solches die gesellschaftliche Norm missachtende Liebesbegehren wird aus dem Natur- und Gottesrecht begründet:

Die Schuld so uns betrifft / besteht in Lust und lieben
Es hat ja die Natur nicht Straff auf diß gestellt /
Der Himmel ließ es frey die ersten Völcker üben;
Es war ein Zeitvertreib und Spiel der alten Welt;
Seyd fruchtbar hat zwar Gott in Marmel nicht gegraben /
Doch schrieb Er in das Bluth diß ParadiesGeboth /
Was will man bessern Grund von dieser Sache haben?
Die Taffel war der Mensch / der Schreiber aber Gott.[93]

In kühner Weise interpretiert Hoffmannswaldau entscheidende lutherische Dogmen zu Paradies, Sündenfall, Gottebenbildlichkeit und Seelen-Funken um (Letzterer ist der dem Menschen ins Blut gelegte Lebens-Funken als Lebens-Trieb, der sich beim Anblick körperlicher Schönheit entzündet).[94]

Solch theologischer Begründung der Erotik stehen auch Signale ihres Widerrufs entgegen. Dies schon in der Druckfassung der *Heldenbriefe* selbst, in der Hoffmannswaldau das Manuskript mit Rücksicht auf die Zensur grundlegend überarbeitet und die Brief-Kapitel so umgruppiert hat, dass die beiden letzten Brief-Paare und vor allem der neue Abschluss-Briefwechsel zwischen *Abelard und Heloise* den Triumph der geistlichen Liebe demonstrieren.[95] Solche

93 Christian Hoffmann von Hoffmannswaldau, *Helden-Briefe*, in: C.H.v.H., *Deutsche Übersetzungen und Gedichte*, (s. Anm. 92), S. [429–583], hier S. [495].

94 Vgl. Anselm Schubert, »Auf der Suche nach der menschlichen Natur. Zur erotischen Lyrik Hoffmannswaldaus«, in: *Daphnis* 25 (1996) S. 423–465, hier S. 433 ff.

95 Vgl. dazu Veronique Helmridge-Marsillian, The Heroism of Love in Hofmannswaldau's *Heldenbriefe*, Tübingen 1991, S. 59 f.

Widerrufe finden sich mitunter auf kleinstem Raum; so am prominentesten in der viel umrätselten Konfrontation der beiden bis in motivische und strukturelle Einzelheiten antithetisch (und zum Teil chiastisch) aufeinander bezogenen Gedichte *Die Wollust* und *Die Tugend* (aus den *Vermischten Gedichten*): »Die Wollust bleibet doch der Menschen höchstes Guth« – »Die Tugend bleibet doch der Menschen höchstes Gutt.«[96] Epikureisches Heidentum wird der (neu) stoisch-christlichen Moral kompromisslos konfrontiert – und Hoffmannswaldau hat sich ernsthaft sowohl für den Neustoizismus als auch den Neuepikureismus Gassendis interessiert. Der Form nach handelt es sich um eine Palinodie (griech., ›Gegengesang‹), also um einen Widerruf eines provozierenden oder verletzenden Gedichts durch denselben Autor bei weitestmöglicher Beibehaltung der formalen Elemente. Vielleicht nur unter dieser Voraussetzung konnte Hoffmannswaldau diese Provokation wagen. Aber vielleicht war diese Form auch nur ein Schutz, denn seine (damals den Lesern noch unbekannte) erotische Poesie entspringt ja dem Begründungszusammenhang des ersten Gedichts. Ob hier ein ironisches Spiel vorherrscht oder Wollust und Tugend nicht letztlich doch in einem – auch in den *Heldenbriefen* dominierenden – Ehekonzept aufgehoben werden, in dem sich beide erfüllen dürfen, ist kaum zu entscheiden. Mit letzterer Deutung ließen sich wiederum die – wenn auch ihrerseits zum Teil nicht unerotischen – *Geistlichen Oden* des Autors eher vereinbaren, in denen er die weltlichen Leidenschaften (nicht ohne ironisches Augenzwinkern) im Sinne der lutherischen Moraltheologie verurteilt.

Doch der Zeitbezug seiner erotischen Poesie legt die Deutung nahe, er wolle »den rechten Gebrauch der Welt lehren, einen liebevollen, einen freundlichen Umgang mit

96 Hofmannswaldau [sic], *Gedichte* (s. Anm. 88), S. 122 ff.

ihr«.[97] Gegen die seiner Zeit tief eingeprägte Melancholie setzte er seine *Ermahnung zur Vergnügung.*[98] Seine Erotica, die zumeist in den vierziger Jahren entstanden, sind eine dem Kriegselend entgegengesetzte Medizin. In einem Marinos *L'Adone* verpflichteten Hochzeitsgedicht *Die versöhnte Venus* (1647) schickt die Liebesgöttin Amor auf die Erde zurück, um ihren Einfluss gegenüber Mars in Deutschland neu und vital zur Geltung zu bringen. Zugleich zeigen sich in Hoffmannswaldaus Poesie Tendenzen zur Selbstermächtigung des Subjekts, das für sein ›Glück‹ selbst zu sorgen hat: »Auff O Seele! Du must lernen / [...] / Dir zu seyn dein eigen Licht!«[99] Damit hat dieser Autor dem Autonomiestreben der Aufklärung vorgearbeitet und ist doch wie kaum ein anderer deren Tugendrigorismus zum Opfer gefallen.

Ein ähnliches Schicksal widerfuhr dem als Autor des monumentalen *Arminius*-Romans und zahlreicher Dramen bekannteren Breslauer Syndicus und Präses Daniel Casper von Lohenstein (1635–1683). Doch auch sein umfangreiches lyrisches Werk verdient Beachtung: Seine von ihm selbst nicht publizierte galante Liebespoesie veröffentlichte ebenfalls Neukirch in den ersten Bänden seiner Anthologie, darunter die überaus erfindungsreiche, aus 56 je sechszeiligen Strophen bestehende Ode *Die vortrefflichkeit der küsse* und das große Preisgedicht auf die *Venus* mit 1888 Alexandrinerversen. Darin ersetzt die Liebesgöttin die kosmologische Funktion des neuplatonischen Eros und wird zum mythologischen Zeichen für die sinnliche Macht der Liebe, die sich am Schluss folgerichtig auf eine irdische Geliebte konzentriert, der nun im Namen der Ve-

97 Franz Heiduk, »Christian Hoffmann von Hoffmannswaldau«, in: *Deutsche Dichter des 17. Jahrhunderts* (s. Anm. 51), S. 473–496, hier S. 492.

98 Hofmannswaldau [sic], *Gedichte* (s. Anm. 88), S. 128 ff.

99 Ebd., S. 129.

nus im manieristischen Stil gehuldigt wird, und dieser Kult erscheint als Sakrament einer säkularen Liebes-Religion.[100]

Bedeutsamer ist der von Lohenstein selbst 1680 edierte stattliche Band *Blumen.* Der Titel, an sich ein Fachbegriff für rhetorische Stilfiguren, knüpft natürlich an das in der zweiten Hälfte des 17. Jahrhunderts reich gesäte Feld geistlicher und weltlicher poetischer *Blumen-Lesen* (auch des *Blumenordens*), aber auch an die »flores chymici« an; denn wie in Roman und Dramen hat Lohenstein auch hier die Darstellung entscheidender Phasen und Phänomene des hermetischen Weltbildes verborgen. Die erste Hälfte des Bandes umfasst im wesentlichen unter dem Titel *Himmel-Schlüssel* die geistliche Poesie mit einer interessanten Sonderkollektion von *Thränen*, der Mittelteil unter dem Sinnbild der *Rosen* die weltliche Liebespoesie in Gestalt einiger *Helden-Briefe*, umrahmt von Hochzeitsliedern, die alle die Macht der Triebe und die ihnen gegenüber häufige Ohnmacht der Vernunft illustrieren, der dritte Teil bietet unter dem Regiment der *Hyazinthen* bedeutende Grabgedichte, darunter auf den »großen Pan« Hoffmannswaldau und auf Gryphius, den Meister auch in allen okkulten Künsten.[101] In den Haupt- und Lehrgedichten der *Himmel-Schlüssel* geht es um Entstehung und Zusammenhang von Makro- und Mikrokosmos, um die Vereinigung des Göttlichen und Menschlichen, wofür Weihnachten als Symbol steht (»die Ewigkeit fängt an // Da / dass der Mensch aus Gott gebohren werden kann // Gott wird ein

100 Vgl. Charlotte Brancaforte, *Lohensteins Preisgedicht »Venus«. Kritischer Text und Untersuchung*, München 1974.

101 Daniel Casper von Lohenstein, *Die Höhe des Menschlichen Geistes über* das *Absterben Hn Andreae Gryphii, Des Glogauischen Fürstenthums Landes-Syndici*, in: D. C. v. L., *Lyrica.* Die Sammlung *Blumen* (1680) und *Erleuchteter Hoffmann* (1685) nebst einem Anhang: Gelegenheitsgedichte in separater Überlieferung, hrsg. u. mit e. Nachw. vers. von Gerhard Spellerberg, Tübingen 1992, S. [399]–[408].

Mensch gebohrn«)[102], in den *Rosen* um die Weiterwirkung der mitunter auch ›dornigen‹ Liebe als der sympathetischen Kraft in der großen wie kleinen Welt, in den *Hyazinthen* um die Auflösung des Körpers als Vorbedingung der ›Wiedergeburt‹ im Sinne einer möglichen, von der Alchimie her denkbaren Rückkehr ins Göttliche. Die *Blumen* durchmessen den gesamten Zeitraum von der innertrinitarischen Gotteszeugung und Kosmogonie über die Dauer des Menschenlebens bis zum Übergang in eine paradiesische ewige Existenz, für die das ›Sterben‹ zunächst des Gottessohnes, dann auch des Einzelnen die Voraussetzung ist.

Im Grabgedicht auf seinen Amtsvorgänger als Obersyndicus bot sich Lohenstein 1675 die Gelegenheit, sein hermetisch inspiriertes humanistisches Glaubensbekenntnis im Unterschied zum lutherischen Dogma zu explizieren. Gott hat der Seele des Menschen die Freiheit geschenkt, ihr eigener (Selbst-)Schöpfer zu sein, wobei sich seine Vernunft (nicht der Glaube) an den beiden göttlichen Büchern »bilden« soll, in denen »Gott selber abgemahlet« ist:

Der Seele / pflantzet Gott nur das Vermögen ein:
Daß sie durch eigne Müh ihr [sich] Werth und Gütte gäbe;
Und heißt des Menschen Geist selbst seinen Schöpfer seyn.
Damit der Mensch auch weiß / was er für Bilder stücken [sticken]
Sol in das ihm von Gott so schön gewebte Tuch;
So läßt er die Vernunft mit ihren Augen blicken
In Spiegel seines Wortt's / in der Natur ihr Buch.
In beiden aber steht Gott selber abgemahlet;
Nach dem sein Ebenbild der Mensch sich bilden sol.[103]

102 Daniel Casper von Lohenstein, *Wunder-Geburth Unsers Erlösers*, in D. C. v. L., *Lyrica* (s. Anm. 101), S. [27] – [54], hier S. [27].

103 Daniel Casper von Lohenstein, *Denckmaal Herren Andreae von Assigs und Siegersdorff / Breßlauischen Syndici*, in D. C. v. L., *Lyrica* (s. Anm. 101), S. [394]–[398], hier S. [395].

Hier, in der für Lohensteins Selbstverständnis zentralen Stelle, begegnet die für die *history of ideas* der Frühen Neuzeit so überaus folgenreiche Konstellation von Gottebenbildlichkeit und Naturnachahmung im Säkularisierungprozess: Mehr und mehr wird im Übergang zur Aufklärung die Natur selbst wie schon bei Rist und dann verstärkt bei Brockes als göttlicher Ordnungszusammenhang und ›Bild Gottes‹ zum Medium und Objekt menschlicher ›Bildung‹, zum wissenschaftlichen, religiösen und ästhetischen ›Spiegel‹ des Menschen als Mikrokosmos, der sich auf diesem Wege der Naturnachahmung und -betrachtung seiner Gottebenbildlichkeit versichert und damit aus den traditionellen Bindungen einer allein bibelorientierten Frömmigkeit emanzipiert.

Dass Hoffmannswaldau und Lohenstein im sprachlichen Kleid eines ›hochbarocken Manierismus‹ zugleich schon Ideen der Frühaufklärung vorarbeiteten, vermag über das Provozierende ihrer Erotica hinaus ihre Anziehungskraft auf die Gruppe der *Galanten* mitzuerklären. Diese diffuse Gruppierung, der sich auch der frühe Christian Thomasius (1655–1728) zurechnete, war eine schwer zu definierende, in sich und in ihren Zielen zum Teil widersprüchliche Reformbewegung um 1700.[104] Hauptsächlich wollten die Galanten den in Deutschland durch den rigiden und inzwischen erstarrten Konfessionalismus besonders ausgeprägten kulturellen Reformstau auf vielen Gebieten (auch im Bereich überholter humanistischer Gelehrsamkeitszöpfe) im Sinne eines praxisorientierten Verhaltens abbauen und griffen dazu auf europäische Vorbilder von den Pariser Salons bis zur ›Klugheits‹-Lehre Graciáns zurück, den auch schon Lohenstein übersetzt hatte. So bildete die ›Nachahmung‹ der Ausländer mit einer

104 Vgl. dazu Thomas Borgstedt / Andreas Solbach (Hrsg.), *Der galante Diskurs. Kommunikationsideal und Epochenschwelle*, Dresden 2001.

Hochschätzung der eigenen Kultur eine spannungsvolle, produktive Einheit. Sie verband sich mit einer Annäherung an elegantes höfisches Verhalten bei gleichzeitiger Distanz vom starren höfischen Zeremoniell und dem Versuch, dieses bürgerlichem Verhalten anzunähern. Für ihre Ziele waren die Galanten bereit, wissenschaftliche, weltanschauliche und poetische Grenzen auch mit Konfliktbereitschaft zu überschreiten.

In diesem Sinne eröffnete und rechtfertigte denn auch der Berliner Professor und Ansbachische Hofrat Benjamin Neukirch (1665–1729) die erste von ihm herausgegebene Sammlung mit *Herrn von Hoffmannswaldau und andrer Deutschen auserlesenen und bißher ungedruckten Gedichten* (1695). In seiner *Vorrede* bestimmte er den Begriff »galant« im ursprünglichen Sinne von italienisch-spanisch *gala* (›höfische Festkleidung‹) als die (zeitlos gültige) Fähigkeit zu elegantem höfisch-aristokratischen Verhalten, bei dem auch früher schon geistreiche erotische Poesie einen unanstößigen Unterhaltungswert besaß und nun wieder zur Hebung des Geschmacks erhalten soll. Der große Erfolg dieser Sammlung, der den vieler anderer Anthologien in den Schatten stellte, führte rasch zu weiteren Kollektionen unter diesem Serientitel, aber mit wechselnden Verlegern, Herausgebern und ganz unterschiedlichen Konzeptionen. Schon 1709 lag der »sechste Theil« vor, doch erst 1727 folgte noch ein Nachzügler, der mit dem Anspruch einer Anthologie und der Auswahl des Besten unter dem Geschmack Gottscheds von einem seiner Schüler herausgegeben wurde. Das anfänglich Innovative dieser großen Gedichtsammlungen, die im Unterschied zur Tradition ihre Rubriken mit der weltlich-erotischen Lyrik anstelle der geistlichen eröffneten, verlor sich allerdings relativ rasch, und es zogen immer mehr Gelegenheits- und auch geistliche Gedichte in die Sammlungen ein. Darin deutet sich schon an, dass die Bände eigentlich von Anfang an und gegen den ersten, im Titel plakativ behaupteten Augenschein die Ablösung von Stil und Geschmack des marinistischen Stilideals vorantrieben. So hatte Neukirch selbst schon in einem 1700 separat publizierten Hochzeitsgedicht seine Abkehr vom Marinismus proklamiert und zugleich damit auch den neuen, spannungsarmen, dem Ideal des Vernünftigen und Natürlichen verpflichteten Stil dokumentiert, der sich allgemein in der Frühaufklärung durchsetzte:[105]

Mein reim klingt vielen schon sehr matt und ohne krafft,
Warum? Ich tränck' ihn nicht in muscateller-safft;
Ich speis' ihn auch nicht mehr mit theuren amber-kuchen:
Denn er ist alt genug, die nahrung selbst zu suchen.

Dieses Gedicht wurde (vielleicht aus Geschäftsrücksichten) erst im sechsten Band der Sammlung veröffentlicht.[106] Immer mehr auch wurde das gemäßigte Stilideal von Opitz und Simon Dach als vorbildlich gepriesen.

Im letzten Band tauchte dann erstmals ein Autor mit zwei Gedichten auf, in dessen Geburtsjahr der erste Band der Neukirchschen Sammlung erschienen war und dessen poetische Leistung vor der Folie der dort versammelten Werke im Übergang der Epochen umso singulärer erstrahlt: Johann Christian Günther (1695–1723). Er ist nicht nur seiner Lebensdaten wegen der letzte große Dichter des Barock-Humanismus und zugleich bereits eine historische Übergangsfigur. Den Idealen des Humanismus verpflichtet, rhetorik- und poetik-orientierter *poeta doctus* und *poeta laureatus* (seit 1716), daher mit den traditionellen Liebesdiskursen und weltanschaulichen Traditionen vertraut, als »deutscher Ovid« der galanten ›scherzenden Muse‹ hul-

105 Vgl. Kap. 7.
106 *Benjamin Neukirchs Anthologie Herrn von Hoffmannswaldau und andrer Deutschen auserlesener und bißher ungedruckter Gedichte Sechster Theil.* Nach dem Drucke vom Jahre 1707 mit einer krit. Einl. und Lesarten, hrsg. von Erika A. Metzger und Michael M. Metzger, Tübingen 1988, S. 152–155, hier S. 152.

digend, auf Ruhm bedacht und (vergeblich) ein Amt als Hofdichter in Dresden anstrebend, schuf er doch – zumeist im Medium konventioneller Gelegenheitspoesie – ein lyrisches Werk, dessen sprachliche Kraft, Ausdrucksintensität und adressatenbezogene Individualität (weniger im Stil als in der Unkonventionalität, ja bisweilen schon Privatheit des Inhalts) den neuen Typ der Erlebnislyrik mit vorbereitet. Im Unterschied zu Hoffmannswaldau, dessen Flavien, Melinden, Clorinden oder Lesbien als typenhafte, deshalb austauschbare Kunstfiguren, säkularisierte ›Göttinnen‹ und dem erotischen Scherz ausgelieferte Abziehbilder der Venus erscheinen, sind die Adressatinnen von Günthers Liebespoesie – Flavia, Rosette oder Phillis – Kunstnamen für seine Geliebten, und seine besondere Herzensfreundin Leonore (Jachmann) wird als authentische Adressatin zahlreicher Liebesgedichte und Versbriefe bereits mit ihrem Eigennamen benannt.

Günthers zeitlebens ungesicherte Position, die häufigen Ortswechsel und beruflichen Niederlagen, der ständige Kampf mit der orthodoxen lutherischen Geistlichkeit, die unversöhnlich harte Haltung seines Vaters, eines frommen Armenarztes, der damit Günthers Existenzgründung als Arzt verhinderte, mehrfache schwere Krankheiten, Erfahrungen des Ablebens ihm nahestehender Personen lassen seine Gedichte – mehr noch als bei Fleming – zum Ort und Medium der Verarbeitung solcher persönlichen Erlebnisse werden. Von daher standen bei seiner Rezeption von Anfang an unter seinen rund 600 Gedichten nicht die Masse seiner Gelegenheitspoesie, seiner im Auftrag entstandenen geistlichen Gedichte und Satiren im Zentrum des Interesses, sondern vor allem seine Liebespoesie und seine Klagelieder.[107] – Nicht zuletzt wegen seiner krisengeschüttelten

107 Vgl. dazu Reiner Bölhoff, *Johann Christian Günther 1695–1975. Kommentierte Bibliographie, Schriftenverzeichnis, Rezeptions- und Forschungsgeschichte*, 3 Bde., Köln/Wien 1980–83.

Biographie strebte auch Günther wie Fleming eine auf Treue und Dauer angelegte, eheähnliche Liebesbeziehung als Ort seiner Selbstverwirklichung an; insofern sind seine Liebesgedichte – vor allem diejenigen an Leonore – großenteils Brautgedichte (vgl. z. B. *Schreiben an seine Leonore. Von Breslau, Anno 1719, den 22. Dezember*, hier die Strophen 1 und 2):

Ach Kind, ach liebstes Kind, was war das für Vergnügen!
Der Himmel geb' uns doch dergleichen Nächte viel
Und laß' uns so vertraut bis an das letzte Ziel
Mit Brust und Geist vermählt in Eintrachtsbanden liegen;
Denn außer jener Welt und ohne diese Lust
Ist doch wohl der Natur kein größrer Schatz bewußt.

Wir spielen unverstört mit Redlichkeit und Küssen,
Wir haben gleichen Sinn, wir wünschen einerlei,
Sind Sklaven süßer Macht, und niemand lebt so frei;
Wir schwatzen, daß uns auch die Worte mangeln müssen,
Wir schenken uns an uns und nähmen, könnt' es sein,
Als Seelen wahrer Treu' nur einen Körper ein.[108]

Günther war, wie man auch hier sieht, kein bedeutender Literaturreformer; der Alexandriner bleibt sein Hauptvers, und die Topik der Gelegenheitsdichtung gehört zu seinem Repertoire. Dennoch modifiziert er die Gattung, indem er die Topoi in eine situationsbezogene eigene Sprechweise überführt und damit individualisiert, psychologisiert und unter Zurücknahme des ›hohen‹ Pathos doch auf natürliche Weise emotionalisiert, wie dies auch dem galanten Stilideal entspricht. Zwar sind auch in diesem Beispiel noch (anti)petrarkistische Motive und neuplatonische Ideen (zwei Seelen in einem Körper) auszumachen, aber sie sind kein gelehrtes textuelles Spielmaterial mehr wie bei dem

108 Johann Christian Günther, Gedichte, Auswahl u. Nachw. von Manfred Windfuhr, Stuttgart 1975, S. 23–25, hier S. 23 f.

von Günther verehrten Fleming, sie dominieren den Text nicht mehr, sondern haben dienende Funktion bei der Charakterisierung eines individuellen Liebesverhältnisses, das sich einer autobiographischen Beziehung verdankt und in persuasiver Absicht auch wieder auf sie zielt.

Die Widrigkeiten, die dieser Verbindung entgegenstanden, und die Notwendigkeit der Trennung werteten die Poesie selbst zum entscheidenden medialen Erinnerungs- und Beschwörungsort der Liebesbeziehung auf. Günther nutzt dazu wie etwa in der *Abschiedsaria* aus dem Repertoire der Rhetorik imaginations- und affektsteigernde Vergegenwärtigungstechniken, Konkretionen, Versinnlichungen, Apostrophen und apostrophische Exklamationen (vgl. »Gedenk einmal, wie schön wir vor gelebt / und wie geheim wir unsre Lust genossen. [...] Erinnre dich zum öftern meiner Huld / Und nähre sie mit süßem Angedenken!«[109]). Das Gedicht fordert dazu auf, sich des gemeinsam Erlebten imaginativ zu erinnern und es im Gedächtnis zu bewahren, und es will selbst Medium dieser Erinnerung sein – auch für das Ich selbst: »Wohin ich geh, begleitet mich dein Bild, / Kein fremder Zug wird mir den Schatz entreißen«[110]. Darin liegt zugleich die Intimität des Sprechens, das die Adressatin auf ein nur ihr Bekanntes verweist, und zugleich das Erlebnishafte, weil hier bereits konkrete Augenblicks- und Ortsmerkmale die Imagination und Erinnerung leiten – wie auch in dem Abschiedsgedicht *An Leonore. Lüben, den 29. Oktober 1715*:

> Besuche fleißig alle Gänge,
> Wodurch ich dich bisher geführt,
> Vornehmlich wo der Birken Menge
> Das Ufer und die Wiesen ziert,
> Und dort 'naus, wo dein sachtes Küssen
> Mich oft im Grünen wecken müssen.[111]

109 Ebd., S. 13 f.
110 Ebd., S. 13.
111 Ebd., S. 15 f.

In den *Klageliedern* wird Hiob zur entscheidenden Identifikationsfigur für den Autor, dem das Dichten als Berufung und Beruf von einer poesiefeindlichen, patriarchalischen Umwelt verwehrt wurde. In dem berühmten Gedicht *Als er durch innerlichen Trost bei der Ungeduld gestärkt wurde* (1720; die Überschrift stammt möglicherweise nicht von Günther) führt die Leiderfahrung das Ich zu einer verzweifelten Absage an alle gesellschaftlichen Tugenden und Werte, an alle Institutionen wie die Kirche und Autoritäten, ja sogar an Gott selbst, dem der Vorwurf gilt, er habe sein Geschöpf wie Hiob nur »zur Marter auserlesen« und denke stets auf seinen »Fall«. Das Ich stellt rhetorisch die aufklärerische Frage der Theodizee und verflucht sogar die eigene Geburt (»O daß doch dort kein Fluch des Vaters Lust verbot, / O wär' doch seine Kraft auf kaltes Tuch geflossen!«[112]). Und erst in der letzten Strophe widerfährt dem Ich eine plötzliche, von einem Affektumschlag begleitete, aber hier poetisch inszenierte (und deshalb in der Forschung in ihrem Aussagewert umstrittene) ›Bekehrung‹: »Verflucht sei Stell' und Licht! – Ach, ewige Geduld, / Was war das für ein Ruck von deinem Liebesschlage!«[113] Wie bei Gryphius wird Jesus anstelle des zornigen ›Vaters‹ zur Rettungs- und Identifikationsfigur. Aber das Ich hat – darin vielleicht doch seine stoische Würde bewahrend – mit seinem Leben abgeschlossen. Es erhofft sich, wie die Schlusszeile bezeugt, das Erbarmen Jesu erst nach dem eigenen Tod: »Die Rettung ist allein mein Tod und dein Erbarmen.« So wird die Wucht der eigenen Leiderfahrung auch durch den Schluss nicht relativiert. Sie trifft eine unduldsame, intolerante Vater-Welt, an der Günther mindestens ebenso zerbrochen ist wie – so Goethes Urteil – an sich selbst (»Er wußte sich nicht zu zähmen, und so zer-

112 Ebd., S. 51.

113 Ebd. – Vgl. auch die reich kommentierte Ausgabe: Johann Christian Günther, *Werke*, hrsg. von Reiner Bölhoff, Frankfurt a. M. 1998.

rann ihm sein Leben wie sein Dichten«[114]). – Um 1720 steckte die Aufklärung in Deutschland erst in ihren Anfängen. Der Schluss von Günthers Klagelied zollt denn auch einem anderen Zeitgeist Tribut, der damals seinen Zenit erlebte: dem des Pietismus.

6. ›Geist-reicher Gesang‹ im Pietismus

Der Pietismus ist eine in Europa verbreitete, in Deutschland durch Philipp Jakob Spener (1635–1705; *Pia desideria*, 1675) begründete protestantische Frömmigkeitsbewegung, die ihre Reformvorstellungen teils innerhalb der Kirche, teils auch in separaten Gruppierungen (als Radikalpietismus) durchzusetzen suchte. Gegenüber der Orthodoxie betonte der Pietismus die Notwendigkeit einer ernsthaften, an der *imitatio Christi* orientierten Reform des inneren und äußeren Lebens und griff dazu auch auf Frömmigkeitsformen der mittelalterlichen Mystik sowie auf hermetische Vorstellungen im Gefolge Böhmes und der Barock-Mystik zurück. Der Pietismus wandelte aber die mystische Gotteserfahrung in eine an Selbstheiligung und Gruppenbildung orientierte, gefühlsbetonte Frömmigkeitspraxis um. In Letzterer spielte der Gesang eine herausragende Rolle; denn die pietistische Frömmigkeit war auf unmittelbare Vergegenwärtigung ihres Glaubenslebens in Versammlungen und Ritualen angewiesen, bei denen der Glaube in seiner charismatischen Dimension affektiv erfahren werden konnte. Noch im 19. Jahrhundert stellte Paul Pressel mehr als 100 Sänger dieser Bewegung (vorwiegend aus Preußen, Sachsen, Württemberg und Herrnhut

114 Johann Wolfgang Goethe, *Aus meinem Leben. Dichtung und Wahrheit*, hrsg. von Klaus-Detlef Müller, Frankfurt a. M. 1986, S. 290.

vor.[1] Am bekanntesten sind das zuerst 1704 in Halle erschienene *Geist-reiche Gesang-Buch* von Johann Anastasius Freylinghausen (1670–1739), der selbst 44 Kirchenlieder verfasste und seine Sammlung, die zunächst überwiegend einen Kanon lutherischer Lieder des 17. Jahrhunderts enthielt, 1714 bereits mit zahlreichen pietistischen Liedern anreicherte.[2] Neben Johann Porst (1668–1728) und Johann Jakob Rambach (1693–1735) machte sich vor allem Nikolaus Ludwig Graf von Zinzendorf (1700–1760) mit verschiedenen Liedersammlungen und zahlreichen eigenen Liedern um den pietistischen Gesang verdient.

Die Franckeschen Stiftungen (genannt nach ihrem Begründer August Hermann Francke, 1663–1727) übten mit ihren wöchentlichen Singestunden, an denen zweitausend Zöglinge teilnahmen, die neuen Lieder ein und exportierten sie von da aus in die Gemeinden. Wie zu Luthers Zeiten wurde das Kirchenlied erneut zum Propagator und Kommunikator einer religiösen Reformbewegung.[3] Die Lieder unterschieden sich in ihrer Schlichtheit und hohen, durch tanzmäßige (daktylische) Melodien gesteigerten Emotionalität von den ›objektiveren‹ und kunstvolleren Texten aus orthodoxer Feder und orientierten sich in der »herzrührenden Schreibart« an den Gemütszuständen der Frommen, deren unmittelbarer Empfindungsausdruck sie sein wollten. Damit förderten sie zunächst den Prozess der Individualisierung und Subjektivierung durch Introspektion und Selbstwahrnehmung und wurden zum Organ des pietistischen Ringens um ›Wiedergeburt‹ zur ›neuen Kreatur‹. Ferner förderten die Lieder die Gruppenbildung von

1 Paul Pressel (Hrsg.), *Die geistliche Dichtung von Luther bis Klopstock*, Stuttgart 1868.

2 *Geist-reiches Gesang-Buch* […] *Zur Erweckung heiliger Andacht und Erbauung in Glauben und gottseeligem Wesen*, hrsg. von Johann Anastasius Freylinghausen, Halle 1704. – *Neues Geist-reiches Gesang-Buch* […], hrsg. von J. A. F., Halle 1714.

3 Vgl. Kap. 2.

Gleichgesinnten und ihrem Heiligungsstreben und erzielten mit den Melodien tiefreichende psychophysische Wirkungen; das »Tanzmäßige« der Melodien verlieh dem Geist, Seele und Körper durchflutenden Gnadenstrom Ausdruck, der mit dem Wortschatz des Fließens und Strömens, der Glut und Hitze zugleich bedeutsame Motivfelder für die Inspiration bereithielt.[4]

Die Hochschätzung der charismatischen Dimension der Frömmigkeit, der Glaube an das unmittelbare Fortwirken des Heiligen Geistes macht die Inspiriertheit und damit den »Geist-Reichtum« zum besonderen Charakteristikum der pietistischen Lieder. Das gilt insbesondere für den Grafen Zinzendorf und die von ihm begründete Herrnhuter Brüdergemeine. Manche der Zinzendorfschen Lieder entstanden während des Gottesdienstes durch unmittelbare Eingebung im Gesang. Die hohe Bedeutung inspirativ gedichteter Lieder im Pietismus und deren ›herz‹ergreifende Wirkung hat für das Dichter- und Lyrikverständnis im Sturm und Drang eine große Rolle gespielt. Der junge Goethe hat die vom Gesang geprägten Versammlungen nach herrnhutischem Ritus im eigenen Elternhaus erlebt und beschrieben. In vorübergehenden Verruf gerieten die Herrnhuter allerdings durch ihren übertriebenen Blut- und Wundenkult in der Niederlassung auf dem Herrnhaag in Hessen (1743–1750). Die dort entstandenen Lieder wurden in die späteren Ausgaben des *Herrnhuter Gesangbuchs* (seit 1735) aufgenommen.[5] Dieses enthielt schließlich 650

4 Vgl. dazu *»Geist-reicher Gesang«. Halle und das pietistische Lied*, hrsg. von Gudrun Busch und Wolfgang Miersemann, Halle/Tübingen 1997.

5 *Herrnhuter Gesangbuch*. Christliches Gesang-Buch der Evangelischen Brüder-Gemeinen von 1735. Zum drittenmal aufgelegt und durchaus revidirt. Teil I: Mit einem Vorwort von E. Beyreuther und G. Meyer […]. Teil II: Anhang I–XII. Teil III: Zugabe. Mit einem Verfasserverzeichnis von G. Meyer-Hickel, Hildesheim / New York 1981.

Lieder allein aus der Feder Zinzendorfs, darunter originelle Gesänge von sprachschöpferischer Kraft.

Neben dem Grafen verdienen drei weitere pietistische Dichter Beachtung in der allgemeinen Lyrikgeschichte. Zunächst der Hallenser Christian Friedrich Richter (1676–1711), dessen 24 Lieder im *Geist-reichen Gesang-Buch* ein naturmystisch-alchimistisches Profil aufweisen. Am bekanntesten wurde *Es gläntzet der Christen inwendiges Leben*:

1. Es gläntzet der Christen inwendiges Leben /
Ob gleich sie von aussen die Sonne verbrannt /
Was ihnen der König des Himmels gegeben /
Ist keinem / als ihnen nur selber bekannt.
  Was niemand verspüret /
  Was niemand berühret /
Hat ihre erleuchtete Sinnen gezieret /
Und sie zu der göttlichen Würde geführet.

4. Doch innerlich sind sie auß göttlichem Stamme /
Die Gott durch sein mächtig Wort selber gezeugt /
Ein Funcke und Flämmlein auß göttlicher Flamme /
Die oben Jerusalem freundlich gesäugt.
  Die Engel sind Brüder /
  Die ihre Lob-Lieder
Mit ihnen gar freundlich und lieblich absingen /
Das muß denn gantz herrlich / gantz prächtig erklingen.[6]

Sodann Gottfried Arnold (1666–1714), der die von den Kirchen unterdrückten und verbannten Ketzer als die eigentlichen, vom Geist Gottes erfüllten Repräsentanten der christlichen Geist-Kirche rehabilitierte (*Unpartheiische*

6 Christian Friedrich Richter, »Zweyter Anhang aller Geistreichen Lieder des Autoris«, in: F. C. R., *Erbauliche Betrachtungen Vom Ursprung und Adel der Seelen [...]*, Halle 1718, S. 398 ff.

Kirchen- und Ketzer-Historie, 1699/1700–1703). Er wertete die unmittelbare Inspiriertheit durch die göttliche ›Weisheit‹ auf und erhob die individuelle Erfahrung im Gegensatz zur orthodoxen Wortverkündigung zum entscheidenden Organ der Gottesbeziehung. Als Radikalpietist vermittelte Arnold durch weitere Werke und Übersetzungen mystische und häretische Traditionen in die Frühaufklärung. Dies geschah auch in seiner eigenen, an barock-mystische und -humanistische Traditionen anknüpfenden Lyrik (*Göttliche Liebes-Funcken*, eine Sammlung von 169 geistlichen Liedern und Gedichten; 2., erw. Aufl. 1701; *Poetische Lob- und Liebes-Sprüche / von der Ewigen Weißheit / nach Anleitung Des Hohenlieds Salomonis* – eine eigenständige poetische Bearbeitung der Hohelied-Dichtung Sudermanns –, 1700; *Neue Göttliche Liebes-Funcken*, 1700). Für diese Dichtungen beanspruchte er einerseits die im Pietismus stets ›einfältig‹ wirkende Inspiration, andererseits verzierte er ihre Bildlichkeit mit der Gelehrsamkeit der humanistischen Tradition. Außerdem dichtete Arnold eine Reihe von Kirchenliedern, die er in von ihm veranstalteten Kirchenlied-Sammlungen publizierte. In der Hohelied-Dichtung fand er von der Allegorese zum symbolisierenden Wortsinn zurück und gestaltete die ›Wiedergeburt‹ als einen realen psychophysischen Vergottungsprozess der ›neuen Kreatur‹, »wenn der neuen menschheit kräffte / Leib und Seel und Geist durchgehn / da die Gottheit selber sitzt / Und im gantzen tempel-bau theilet aus die Geists-geschäffte.«[7] In seiner originellen Sophiendichtung, in der er die göttliche ›Weisheit‹ (in Anlehnung an die *sapientia Salomonis*) im Rekurs auf Jacob Böhme als weiblichen Teil der Gottheit verstand, prokla-

7 Gottfried Arnold, *Poetische Lob- und Liebes-Sprüche / von der Ewigen Weißheit / nach Anleitung Des Hohenlieds Salomonis* […], 1700, S. 39 (angebunden an: G. A., *Das Geheimnis der göttlichen Sophia*, Faks.-Neudr. der Ausgabe von Leipzig 1700. Mit einer Einf. von Walter Nigg, Stuttgart-Bad Cannstatt 1963).

mierte er in der *unio mystica* mit ihr zugleich die über die Romantik (Novalis) hinaus fruchtbare Idee der Androgynie.

Der dritte gewichtige deutschsprachige Lyriker des Pietismus – und der zugleich bedeutendste protestantische Kirchenlieddichter nach Luther und Paul Gerhardt – ist der aus reformiertem Bekenntnis stammende Gerhard Tersteegen (1697–1769). Sein *Geistliches Blumengärtlein inniger Seelen* (zuerst 1729) wuchs in sechs weiteren Auflagen zu Lebzeiten auf 606 Epigramme, 136 Beispiele epigrammatischer Bibeldichtung und 111 Kirchenlieder an. Der introvertierte Tersteegen, der sich auch als Übersetzer und Vermittler katholischer Mystik einen Namen machte und als begehrter charismatischer Prediger und Laienmediziner wider Willen ein extrovertiertes Leben führen musste, propagierte ebenfalls wie Arnold eine individuelle, selbstverantwortliche, den Konfessionalismus innerlich überwindende Frömmigkeit im Ideal der Nachfolge Jesu. Seine Epigramme haben im Unterschied zu denen der Barock-Mystiker in ihrer Einfachheit einen didaktischen Charakter, sind aber stilistisch aufwendig durchgeformt. Das ›Herz‹ ist für Tersteegen Zentrum des ›geistlichen‹ Menschen, während man im ›Kopf‹ zu sehr die Stimme des ›Versuchers‹ vernimmt:

Aus dem Kopf ins Herz.

Gott ist ein Herzens-Gott; drum, wenn du ihn willst finden,
So blende die Vernunft, sie wird ihn nie ergründen!
Senk dich aus deinem Kopf in's Herzens Grund hinein
Sanft, liebreich, wie ein Kind, so wird er dir gemein![8]

8 Gerhard Tersteegen, *Geistliches Blumengärtlein inniger Seelen mit der Frommen Lotterie und einem kurzen Lebenslauf des Verfassers.* 3. Auflage der neuen Ausgabe, Stuttgart [17]1988, S. 44.

Tersteegens Lieddichtung ist meisterhaft vieldeutige, für den Kirchengesang wie für den Privatgebrauch nutzbare Erfahrungslyrik, die mit gemäßigten Affekten sowie zentralen Motiven wie Liebe, Zärtlichkeit, Naivität, Herz, Kindlichkeit bereits zentrale Programmworte der Empfindsamkeit vorwegnimmt und damit die strukturelle Parallelität des Pietismus zur weltlichen Literaturgeschichte des 18. Jahrhunderts dokumentiert (im Folgenden Strophe 5 aus dem Lied *Die in Jesu eröffnete Liebe Gottes*):

Wie bist du mir so zart gewogen,
Und wie verlangt dein Herz nach mir!
Durch Liebe sanft und tief gezogen,
Neigt sich mein Alles auch zu dir.
Du traute Liebe, gutes Wesen,
Du hast mich, und ich dich erlesen.[9]

7. Anfänge der Aufklärung in Naturlyrik, Lehrdichtung und Anakreontik

Die Lyrik der Frühaufklärung erwuchs zum einen aus dem Widerstand gegen den als »Schwulst« empfundenen Stil des spätbarocken Manierismus. Autoren wie Friedrich Rudolph Ludwig Freiherr von Canitz (1654–1699; *Gedichte*, 1700)[1] und die beiden letzten bedeutenden Hofdichter Johann von Besser (1654–1729; *Schrifften*, 1711) und dessen Nachfolger am Dresdner Hof Johann Ulrich König (1688–1744; *Theatralische, Geistliche, Vermischte und Galante Gedichte*, 1713) boten im Rekurs auf Vorbil-

9 Ebd., S. 536.

1 Vgl. Friedrich Rudolph Ludwig Freiherr von Canitz, *Gedichte*, hrsg. von Jürgen Stenzel, Tübingen 1982. – Zum Epochenkontext vgl. Peter-André Alt, *Aufklärung. Lehrbuch Germanistik*, Stuttgart/Weimar ²2001.

der aus dem französischen Klassizismus (vor allem aus der *L'Art poétique* von Nicolas Boileau-Despréaux, 1674) vieldiskutierte, zum Teil auch in den Bänden der Neukirchschen Sammlung abgedruckte Beispiele für den Übergang zum neuen Ideal der vom ›Witz‹ kontrollierten Klarheit und Natürlichkeit des Stils. Zum anderen entstand die frühaufklärerische Poesie unmittelbar aus dem Interessenhorizont ihrer Zeit: aus dem erwachenden Diesseitsoptimismus nach dem Ende der Krisen des 17. Jahrhunderts, aus den revolutionären Erkenntnissen der neuzeitlichen Wissenschaft (*new science*), die mit der schockierenden Einsicht in die Pluralität der Welten zu einer radikalen Neuorientierung des Denkens über Gott, Welt und Mensch herausforderte und das alte kirchliche und scholastische Denkgebäude zu stürzen drohte. Ein zuvor nie dagewesenes Interesse an der Schöpfung und ihrer Erforschung bemächtigte sich auch der Literatur und führte in der Lyrik zu ausgedehnten Lektüren des ›Buchs der Natur‹.

Der diesbezüglich wichtigste Lyriker der Frühaufklärung ist der Hamburger Ratsherr Barthold Heinrich Brockes (1680–1747), der u. a. bei Christian Thomasius (1655–1728) in Halle Jurisprudenz studiert hat. Nach galanten Anfängen und der erfolgreichen Aufführung seines Passionsoratoriums *Der für die Sünde der Welt gemarterte und sterbende Jesus* (1712) wandte sich Brockes entschieden dem ›Buch der Natur‹ zu und schuf mit neun unter dem Titel *Irdisches Vergnügen in Gott* erschienenen Bänden im Umfang von 5675 Seiten (1721–48) sowie mit zahlreichen Gelegenheitsgedichten das umfangreichste lyrische Werk des 18. Jahrhunderts. Vor allem den ersten Bänden war großer Erfolg beschieden, weil Brockes mit dem von ihm erfundenen Typ des beschreibenden und belehrenden Naturgedichts den Geschmack und Interessenhorizont einer höfischen und städtischen Leserschaft ansprach. Brockes vermittelte in seinen großenteils umfangreichen Gedichten, die nur nach dem Anteil von Deskription oder Didaxe als Natur- oder Lehrgedichte klassifiziert werden können, die modernen Erkenntnisse über das nachkopernikanische Weltbild und versuchte, diesem den Schrecken zu nehmen, indem er aus der insgesamt erkennbaren Ordnung und teleologischen Strukturiertheit des Kosmos aposteriorisch auf die Existenz eines gütigen Schöpfers schloss. *Das Firmament* oder *Der gestirnte Himmel* erbrachten ebenso diesen aposteriorischen Gottesbeweis wie im folgenden *Die kleine Fliege*:

Neulich sah ich, mit Ergetzen,
Eine kleine Fliege sich,
Auf ein Erlen-Blättchen setzen,
Deren Form verwunderlich
Von den Fingern der Natur,
So an Farb', als an Figur,
Und an bunten Glantz gebildet.
Es war ihr klein Köpfgen grün,
Und ihr Cörperchen vergüldet,
Ihrer klaren Flügel Par,
Wenn die Sonne sie beschien,
Färbt' ein Roth fast wie Rubin,
Das, indem es wandelbar,
Auch zuweilen bläulich war.
Liebster GOtt! Wie kann doch hier
Sich so mancher Farben Zier
Auf so kleinem Platz vereinen,
Und mit solchem Glantz vermählen,
Daß sie wie Metallen scheinen!
Rief ich, mit vergnügter Seelen.
Wie so künstlich! fiel mir ein,
Müssen hier die kleinen Theile
In einander eingeschrenckt,
Durch einander hergelenckt,
Wunderbar verbunden seyn!

Zu dem Endzweck, dass der Schein
Unsrer Sonnen und ihr Licht,
Das so wunderbarlich schön,
Und von uns sonst nicht zu sehn,
Unserm forschenden Gesicht
Sichtbar werd', und unser Sinn,
Von derselben Pracht gerühret,
Durch den Glantz zuletzt dahin
Aufgezogen und geführet,
Woraus selbst der Sonnen Pracht
Erst entsprungen, der die Welt,
Wie erschaffen, so erhält,
Und so herrlich zubereitet.
Hast du also, kleine Fliege,
Da ich mich an dir vergnüge,
Selbst zur Gottheit mich geleitet.[2]

Brockes bewegte sich mit diesen Gedichten im Kontext einer auch von den Theologen der Zeit vielfach praktizierten Mode, der sog. Physikotheologie, und indem er unermüdlich in seinen Gedichten zum Lob Gottes aus der Natur aufforderte, blieb er im Rahmen des ersten Artikels des christlichen Glaubensbekenntnisses und wollte die gesamte Christologie und Trinitätslehre mitsamt den Glaubenslehren den Kirchen überlassen. Die strenge und streitbare Hamburger Orthodoxie verfolgte sein Werk gleichwohl mit Misstrauen, weil sie darin mit Recht die Verabsolutierung einer Naturfrömmigkeit mitsamt einer aus der Natur (und dem Naturrecht) abgeleiteten Moral und eine Verabschiedung der biblischen Grundlagen des christlichen Weltbildes bemerkte. Wie viele Zeitgenossen war Brockes angesichts der Unüberschaubarkeit verschiedener, mitein-

2 Vgl. Barthold Heinrich Brockes, *Irdisches Vergnügen in Gott. Naturlyrik und Lehrdichtung*, ausgew. und hrsg. von Hans-Georg Kemper, Stuttgart 1999, S. 23 f.

ander rivalisierender Weltanschauungen ein Eklektiker und vermittelte deshalb auch miteinander kaum vereinbare – empiristische und rationalistische sowie deistische und pantheistische – Weltbilder in seiner Lehrdichtung. Eine wichtige Stelle nimmt dabei die hermetische Tradition ein. Alchimistische Anschauungen finden sich insbesondere in seinen großen Lehrgedichten über die Elemente[3] und in seinen – den letzten Band des *Irdischen Vergnügens* füllenden – *Physikalischen und moralischen Gedanken über die drey Reiche der Natur*.

Seine kanonisch gewordenen Naturgedichte orientieren sich, der zeitgenössischen Poetik entsprechend, an der Malerei (nach der Horazschen Formel *ut pictura poesis*), an Beschreibungsverfahren, die Poetik und Rhetorik (mit der Lehre von der *ekphrasis*) bereitstellten, aber auch an Verfahren der empiristischen Erkenntnistheorie, wonach sinnliche Wahrnehmungen erst durch Induktion (mittels Vergleichen oder Negieren) auf ihre Korrektheit hin geprüft werden müssen. Diesen Prozess führt der Autor in seinen Naturbeschreibungen mit ihrer ausgefeilten Lautsymbolik selbst vor und gelangt dabei auch zu Widerspiegelungs- und Verdoppelungseffekten, in denen die angestrebte Genauigkeit in Dunkelheit umzuschlagen und das Gedicht sich gegenüber dem geschilderten Objekt als Text zu autonomisieren scheint.[4] – Brockes hatte zahlreiche poetische Nachahmer, darunter Daniel Wilhelm Triller (1695–1782; *Poetische Betrachtungen über verschiedene aus der Natur- und Sittenlehre hergenommene Materien*, 6 Bände, 1725–55) und Johann Just Ebeling (1715–1783; *Andächtige Betrachtungen aus dem Buche der Natur und Schrift*, 4 Teile, 1747), doch keiner erreichte seine Popularität und seine bis

3 Ebd., S. 108 ff.

4 Vgl. dazu Heinz Drügh, *Ästhetik der Beschreibung. Poetische und kulturelle Energie deskriptiver Texte (1700–2000)*, Tübingen 2006, S. 32–134.

zu Wieland und Matthias Claudius ausstrahlende Wirkung.

Das von Johann Christoph Gottsched (1700–1766) im Kontext aufklärerischer Erziehungsideale in seiner *Critischen Dichtkunst* (1730 ff.) allgemein propagierte Interesse, das *prodesse* der Literatur gegenüber dem *delectare* aufzuwerten, führte in seinen eigenen *Gedichten* (1736) zur Weiterentwicklung der vielgeschmähten Gattung der Gelegenheitsgedichte zu »Gelegenheits-Lehrgedichten«, in denen zu einem bestimmten Anlass allgemeine Themen philosophisch abgehandelt wurden. Ferner dominierten in der Frühaufklärung didaktische Gattungen wie die Versfabel, die Verssatire und das Epigramm, und sogar in die Odendichtung der Zeit hielt das lehrhafte Element Einzug. Von daher ist das Lehrgedicht neben der Naturpoesie die zweite typische Gattung frühaufklärerischer Poesie.[5] Der junge Gotthold Ephraim Lessing (1729–1781) hat seine Feder in allen diesen Gattungen erprobt, seine zehn *Lehrgedichte* aber unvollendet als *Fragmente* (1753) veröffentlicht.[6]

Diese standen unter dem Einfluss des bedeutendsten Lehrdichters der Frühaufklärung, des Schweizers Albrecht von Haller (1708–1777; *Versuch Schweizerischer Gedichten*, 1732; zehn rechtmäßig zu Lebzeiten erschienene Auflagen). Er inthronisierte die Poesie zum eigenständigen Organ subjektiver, durch Authentizität legitimierter Selbst- und Weltverständigung. Dichtung durfte eine Wahrheit sui generis beanspruchen, die dann freilich vom Autor selbst bzw. seiner Sprechinstanz und nicht mehr von einer vorgeordneten Bezugswissenschaft wie der Theologie oder Philosophie zu verantworten war. – Sein berühmtestes Gedicht *Die Alpen* schildert in einer dreiteiligen Darstellung von 49 je zehnzeiligen Alexandrinerstrophen

5 Vgl. dazu Christoph Siegrist, *Das Lehrgedicht der Aufklärung*, Stuttgart 1974.

6 Vgl. Gotthold Ephraim Lessing, *Sämtliche Gedichte*, hrsg. von Gunter E. Grimm, Stuttgart 1987, S. 199 ff.

zunächst das natürliche gesellschaftliche und private Leben der Alpenbewohner (Str. 5–17), dann die Alpenlandschaft als die Tageszeiten und Jahresrhythmus bestimmende Macht (Str. 18–32), schließlich das ›Erhabene‹ und zugleich ›Schöne‹ der vor Haller noch stets als schreckliches Reisehindernis erfahrenen Gebirgswelt. Zugleich übte er nachdrückliche Zivilisationskritik, die sich gegen den europäischen Absolutismus und das Stadtbürgertum richtete. Die Alpenbewohner sind »Schüler der Natur«, indem sie nicht aus dem ihnen verordneten Lebenszyklus ausbrechen, sondern sich ihm im Sinne eines einfachen, ›natürlichen‹ und damit gesunden Lebens maßvoll und mit stoischer Tugendhaftigkeit unterordnen: »Was Epictet getan und Seneca geschrieben, / Sieht man hier ungelehrt und ungezwungen üben.«[7] Im Unterschied zu Brockes hob Haller bei seiner ›Nachahmung der Natur‹ nur das sprechende Detail als Pars pro toto hervor und entsprach damit den Einsichten seiner gegen Gottsched opponierenden, bereits der Empfindsamkeit den Weg weisenden Schweizer Förderer Johann Jakob Bodmer (1698–1783) und Johann Jakob Breitinger (1701–1776; *Vertheidigung der Schweizerischen Muse Herrn D. A. Hallers*, 1744).

Eindrucksvoll führt Haller das Eigenrecht der Poesie in seinem in drei Bücher eingeteilten Lehrgedicht *Über den Ursprung des Übels* (1736) vor. Darin setzt er sich mit der berühmten *Theodizee* von Gottfried Wilhelm Leibniz auseinander. Die eindringliche Vergegenwärtigung des Übels in der Welt und unter den Menschen beantwortet er zunächst mit der Leibnizschen Rechtfertigung eines gleichwohl gütigen Gottes, um diese dann aber als unzulänglich zu erweisen und mit der verschärften Wiederholung der Frage nach dem Übel (»O Gott voll Gnad und Recht, darf ein Geschöpfe fragen: / Wie kann mit deiner Huld sich

7 Albrecht von Haller, *Die Alpen und andere Gedichte*, Ausw. und Nachw. von Adalbert Elschenbroich, Stuttgart 1965, S. 3–22, hier S. 6.

unsre Qual vertragen?«[8]) eine ›vernünftige‹ Rechtfertigung Gottes als gescheitert zu erweisen. So wechselt das Gedicht den Aussagemodus hin zu Gebet und Doxologie, um sich das Unerweisliche wenigstens glaubend und hoffend anzueignen und dabei in einer Art Anthropodizee den schwachen Menschen vor dem Deus absconditus zu rechtfertigen.

Besonders beeindruckt waren Kant und Schiller von Hallers *Unvollkommenem* [unvollendetem] *Gedicht über die Ewigkeit* (1736). Hier vollzieht sich der Übergang von der eher objektivierenden Lehrdichtung zur Gedankenlyrik als Tendenz zur Subjektivierung, Emotionalisierung und Prozessualisierung der lehrhaften Partien durch ein lyrisches Ich, das durchgängig als Erlebnis- und Reflexionszentrum des Gedichts fungiert. Dieses vollzieht – zumeist in der Form von beweglichen Madrigalversen und in häufig hypertrophen Bildern – die ›Kehrseite der Aufklärung‹ durch ein auf die Ewigkeit in ihren unvorstellbaren räumlichen und zeitlichen Dimensionen bezogenes, zutiefst pessimistisches, melancholisches Selbst- und Menschenbild, und das lyrische Ich imaginiert dabei das Weltende als Zusammensturz des Universums, den selbst Gott, der Garant der kosmischen Ordnung auch für Brockes, mit seinen »festen Kräften« nicht zu verhindern vermag (es ist, als beschreibe das Gedicht die Funktion der Schwarzen Löcher im Universum):

> Ja könnten nur bei dir die festen Kräfte sinken,
> So würde bald, mit aufgesperrtem Schlund,
> Ein allgemeines Nichts des Wesens ganzes Reich,
> Die Zeit und Ewigkeit zugleich,
> Als wie der Ozean ein Tröpfchen Wasser, trinken.[9]

8 Albrecht von Haller, *Über den Ursprung des Übels*, in: ebd., S. 53–74, hier S. 73.

9 Albrecht von Haller, *Unvollkommenes Gedicht über die Ewigkeit*, in: ebd., S. 75–79, hier S. 77 f.

Der dritte naturbeschreibende Poet neben Brockes und Haller ist Ewald Christian von Kleist (1715–1759). Er verdankt seinen spärlichen Nachruhm der Lehrode *Der Frühling* (1. Fassung 1749, 2. Fassung 1756)[10], mit der er an die von Brockes übersetzte pastorale Blankversdichtung *The Seasons* (1730) von James Thomson (1700–1748) anknüpfte.[11] Schon Kleist selbst annoncierte seine beiden schmalen, die Anakreontik, Idyllik und Lehrdichtung bevorzugenden Lyrikbände (*Gedichte*, 1756; *Neue Gedichte*, 1758) auf dem Titelblatt als Werke »vom Verfasser des Frühlings«. Seine melancholische Muse bedurfte der steten Anregung durch Freunde, um sein Hauptwerk (460 Hexameterverse mit einer Vorschlagsilbe) nach monatelangem Ringen zu vollenden. Dennoch hob Kleist in der Vorrede als entscheidende Errungenschaft seines Gedichts gegenüber der objektivierenden und lehrhaften Jahreszeitendarstellung Thomsons einen Erlebniszusammenhang hervor: *Der Frühling* zeige »eine Abbildung der Gestalt und Bewohner der Erde, wie sie sich an einem Tage ohngefähr in der Mitte des Frühlings des Verfassers Augen dargebothen«[12]. Der idyllischen und bukolischen Tradition entsprechend übt das lyrische Ich als fiktiver Spaziergänger bei der Betrachtung des bäuerlichen Lebens- und Arbeitsraums auch Zivilisationskritik und verschweigt nicht die destruktiven Kräfte der Natur. Diese wird nicht mehr nur wie überwiegend bei Brockes und Haller beobachtend beschrieben, sondern – bereits auf die Empfindsamkeit verweisend – in der Deskription empfunden, in der Empfindung ästhetisiert und subjektiviert und damit zum Stimmungsträger der psychischen Disposition der Sprechinstanz, und diese

10 Ewald Christian von Kleist, *Der Frühling* (1749/56), in: E. C. v. K., *Sämtliche Werke*, hrsg. von Jürgen Stenzel, Stuttgart 1971, S. 10–57.

11 *B. H. Brockes aus dem Englischen übersetzte Jahreszeiten des Herrn Thomson*, mit einer Einl. von Ida M. Kimber, New York / London 1972.

12 Kleist, *Der Frühling* (s. Anm. 10), S. 9.

wiederum avanciert zum poetischen Kohärenzpunkt der wahrgenommenen Naturerscheinungen: »[...] Und ihr, ihr lachenden Wiesen! / Ihr Labyrinthe der Bäche, bethaute Thäler voll Rosen! / Ich will die Wollust in mich mit eurem Balsamhauch ziehen / Und wenn Aurora euch weckt mit ihren Stralen sie trinken.«[13]

Die hier empfundene Wollust ist ein zur besungenen Jahreszeit passendes Leitmotiv der Lehrode, bietet aber auch die Brücke zu den Produkten der *musa iocosa* und Anakreontik in Kleists Dichtung. Mit ihnen hat er teil an einer zwischen 1740 und 1770 grassierenden Modeerscheinung der deutschen Lyrik.[14] Die in verschiedenen Kleinformen geübte »scherzende Muse« hat zwei Ursprünge: den Rückgriff auf Horaz (65 – 8 v. Chr.) und andere europäische erotische Traditionen bei dem Hamburger Hanseaten und Brockes-Editor Friedrich von Hagedorn (1708–1754) sowie auf Anakreon durch die sog. ›Zweite Hallische Dichterschule‹. Besonders bekannt wurde Hagedorn durch seinen stilistisch eleganten *Versuch in poetischen Fabeln und Erzehlungen* (1738 u. ö.), ferner durch seine *Sammlung Neuer Oden und Lieder* (1742; *Zweyter Theil* 1747), die *Oden und Lieder in fünf Büchern* (1747) sowie die *Moralischen Gedichte* (1750)[15]. Schon für die Zeitgenossen war Hagedorn ein Reformer der deutschen Dichtersprache und der Verkünder eines neuen Lebensgefühls, das er auch selbst als Weltmann und Mäzen, Genießer und geselliger Kumpan umzusetzen schien. Seine Lehre des Vergnügens an Natur, Geselligkeit und Freiheit geschah auf vergnügliche, die Didaxe des frühaufklärerischen Lehrgedichts überwindende Weise. In seinen zehn *Moralischen*

13 Ebd., S. 10.

14 Vgl. Herbert Zeman, *Die deutsche anakreontische Dichtung. Ein Versuch zur Erfassung ihrer ästhetischen und literarhistorischen Erscheinungsformen im 18. Jahrhundert*, Stuttgart 1972.

15 Vgl. die Auswahlausgabe: Friedrich von Hagedorn, *Gedichte*, hrsg. von Alfred Anger, Stuttgart 1968.

Gedichten entwarf er das Ideal des stoischen und epikureischen Weisen und suchte damit den Epikureismus seiner vorausgegangenen Lyriksammlungen auch moralisch zu rechtfertigen, nachdem er von der strengen Hamburger Geistlichkeit mehrfach vermahnt worden war. Das wichtigste Gut des Weisen ist danach die Freiheit, verstanden als innere und äußere Unabhängigkeit von Pflichten und eitlen Ehrbegierden: »Was in der Welt ist von so hohem Wehrt, / Als Freyheit ist, die jede Lust vermehrt?«[16] Freiheit gibt es allerdings nur, wie die Natur lehrt, in der Einhaltung der *mesotes*, des Mittelmaßes zwischen den Extremen. Darin deutet sich auch der Preis an, den dieser »deutsche Horaz« in seinen *Oden und Liedern* zu entrichten hatte: eine moralische Selbstzensur, die seinen poetischen Geschmack zunehmend prägte: »Was edle Seelen Wollust nennen, / Vermischt mit schnöden Lüsten nicht!«[17] Die ›Göttin Freude‹ temperierte sich für ihn eher zu einem optimistischen Lebensgefühl als zu einer epikureischen Lebenspraxis.

Auf Anakreon berief sich programmatisch Kleists Freund Johann Wilhelm Ludwig Gleim (1719–1803; *Versuch in Scherzhaften Liedern*, 1744; *Zweeter Theil*, 1745).[18] Scherz galt als der vergnügliche Bruder des ›Witzes‹ und stellte dessen »Erkenntnisvergnügen« ein »Affektvergnügen« an die Seite[19]; in diesem drückten sich Lebens- und Liebesfreude, Sehnsucht nach Einfachheit, Intimität, Natürlichkeit und zwangloser Geselligkeit sowie das Postulat einer Glückseligkeit schon auf Erden aus, wodurch auch die Anhänger des Anakreon in Gegensatz und zum Teil

16 Friedrich von Hagedorn, *Poetische Werke*. Drei Theile, Hamburg 1757, hier Theil 1, S. 11.

17 Ebd., Theil III, S. 141 f.

18 Vgl. die Auswahlausgabe: Johann Wilhelm Ludwig Gleim, *Gedichte*, hrsg. von Jürgen Stenzel, Stuttgart 1969.

19 Vgl. Matti Schüsseler, *Unbeschwert aufgeklärt. Scherzhafte Literatur im 18. Jahrhundert*, Tübingen 1990.

scharfe Auseinandersetzungen mit kirchlicher Orthodoxie und Pietismus gerieten. Doch nahmen sie bereits wie Hagedorn die unerbittlich vernünftige und ernsthafte Schulphilosophie der Frühaufklärung satirisch aufs Korn. Maßgeblich war dabei die Orientierung von Gleim und seinen Hallenser Studienfreunden Johann Peter Uz (1720–1796) und Johann Nikolaus Götz (1721–1781) an einem Corpus von 60 Nachahmungen spätbyzantinischer Oden, die man zur Zeit der Aufklärung noch dem aus Tejos stammenden ionischen Lyriker Anakreon (6. vorchristliches Jahrhundert) zuschrieb. Die anakreontische Ode ist unstrophisch, reimlos und besteht aus trochäischen oder jambischen Drei- und Vierhebern. Uz und Götz erarbeiteten eine Übersetzung dieser Oden, die Götz dann 1746 anonym herausgab. 1760 ließ Götz eine von ihm allein verantwortete überarbeitete Fassung folgen.[20] 1745 publizierte der Pfarrer Götz anonym seinen *Versuch eines Wormsers in Gedichten*, und als letzter des Dreigestirns folgte Uz mit seinen *Lyrischen Gedichten* (1749).

In ihrer Hochschätzung von Sinnlichkeit und Anmut der Poesie waren die drei Freunde von Alexander Gottlieb Baumgarten (1714–1762), dem bis 1740 in Halle lehrenden Begründer der Ästhetik, beeinflusst. Er hatte das Gedicht als »vollkommen sinnliche Rede« definiert und sensitive Vorstellungen als ihren Hauptbestandteil bezeichnet[21] Ein affekterregendes Gedicht war für ihn deshalb vollkommener als eines, das lediglich Einbildungen (»phantasmata«) hervorbringt. So war Ästhetik für ihn eine »Wissenschaft

20 Johann Nikolaus Götz, *Die Gedichte Anakreons und der Sappho Oden*. Faksimile-Druck nach der Ausgabe von 1760, mit einem Nachw. von Herbert Zeman, Stuttgart 1970.

21 Vgl. Alexander Gottlieb Baumgarten, *Meditationes philosophicae de nonnullis ad poema pertinentibus / Philosophische Betrachtungen über einige Bedingungen des Gedichtes* (1735), lat./dt., übers. und mit einer Einl. hrsg. von Heinz Paetzold, Hamburg 1983, S. 11 ff.

der sinnlichen Erkenntnis«[22], der Einsicht in die dunklen, sinnlichen Vorstellungen des Menschen, deren Medium auch die Poesie und deren Organ der Geschmack ist. Und alsbald gehörten auch die durch die Poesie vermittelten Empfindungen und Gemütsbewegungen zur Bewertung des Geschmacksurteils, welches nicht wie die Vernunft auf das Allgemeine, sondern stets auf das Einzelne und Individuelle zielt. Von daher versteht sich die Äußerung von Götz über die Oden des Anakreon: »Der Verstand bewundert sie zwar nicht, aber das Herz wallt ihnen entgegen.«[23] Dies wiederum macht verständlich, warum auch noch für die Theoretiker und Lyriker des Sturm und Drang – vor allem für den jungen Goethe – die Anakreontik als Experimentierfeld und Medium für ihre neue gefühlshafte Erlebnislyrik dienen konnte.

8. Sakralisierungstendenzen in der Empfindsamkeit

Die Lyrik der Empfindsamkeit ist – abgesehen vom fortdauernden anakreontischen ›Sündenfall‹ – fromm: bis hin zur Selbstheiligung und – darin liegt ihre Funktion – zur Sakralisierung zentraler Wertvorstellungen bürgerlicher Kultur und Weltanschauung. Mitbestimmend dafür sind die religiöse Sozialisation bedeutender Autoren[1], die Affinität zur Frömmigkeit des Pietismus[2] sowie die in der Frühaufklärung selbst entwickelten Formen einer natürlichen Religion und Schöpfungsfrömmigkeit. So ist auch die Literatur- und Lyriktheorie der Empfindsamkeit von poeto-theologischen Debatten bestimmt, die zu einer

22 Alexander Gottlieb Baumgarten, *Theoretische Ästhetik. Die grundlegenden Abschnitte aus der »Aesthetica«* (1750/58), lat./dt., übers. und hrsg. von Hans Rudolf Schweizer, Hamburg 1983, S. 2.

23 Götz (s. Anm. 20), Anhang, S. 2.

1 Vgl. Kap. 1.

2 Vgl. Kap. 6.

Sakralisierung der Poesie und zugleich zu einer (partiellen) Ästhetisierung der Theologie beigetragen haben. Die der Ästhetik eigene Wahrnehmungsweise der diskursiv uneinholbaren und reflexiv unüberbietbaren *cognitio sensitiva* ließ sich mit der Tradition der *visio Dei beatifica* verbinden[3], das Anschauen des Schönen mit dem platonischen Gedanken der ›Kalokagathie‹ (der Übereinstimmung des Schönen und Guten) und mit einer physikotheologisch-pantheistischen ›Schau‹ Gottes selbst im Medium seiner Natur. In der sinnlichen Wahrnehmung des Schöpfungs-Ordo vermittelten sich Ordnung und Schönheit der poetischen Form sowie der dadurch ausgelöste Glücks- und Genusscharakter ästhetischer Erfahrung, der sich im zugleich religiösen Gefühl der Ergriffenheit und Dankbarkeit bekundet. Die Ästhetik des Schönen kongruierte mit einer gemäßigten mittleren Affektlage, deren Ziel in Übereinstimmung mit der Ordnung in der Natur die Ruhe des Gemütes war. Doch spielte in der Debatte um die Rezeption (Pseudo-)Longins auch die Kategorie des Erhabenen eine wichtige Rolle. Dieses wurde nicht primär als Krise des Schönen und Geordneten gefasst, sondern als das Über-Schöne verstanden, das, indem es die Grenzen des Ästhetischen auch zum Erschreckenden hin überstieg, wiederum die Möglichkeit bot, das Religiöse, Heilige und Göttliche als Gegenstand der Dichtung poetologisch zu legitimieren. Dabei ging es auch um die Begründung der Poesie als eines authentischen Mediums unmittelbarer Erfahrung von ›realer Gegenwart‹ des Numinosen, wie sie in Barock-Mystik und Pietismus bereits gestaltet worden war: Die Poesie sollte ihre Gegenstände nicht nur darstellen, sondern die ästhetischen Erfahrungsweisen sollten sich in der Dichtung

3 Vgl. Thomas Rentsch, »Der Augenblick des Schönen. Visio beatifica und Geschichte der ästhetischen Idee«, in: *Poetische Autonomie? Zur Wechselwirkung von Dichtung und Philosophie in der Epoche Goethes und Hölderlins*, hrsg. von Helmut Bachmaier und T. R., Stuttgart 1987, S. 329–353, hier S. 330 f.

performativ ereignen und mitvollziehbar werden. Dazu bildeten sich bereits die Konturen einer Autor-Poetik heraus: Die Inspiriertheit des Dichters garantierte die Authentizität von Inhalt und Form des dadurch »heiligen« Werkes, während die angeborenen Empfindungen für Schönheit, Moral und Geschmack eine adäquate Rezeption sicherten. Dabei hatten Religiosität und Moralität des Werkes durchaus eine Ethik der Rezeption zum Ziel, die aus der Sympathie mit dem Autor und der ›Kalokagathie‹ des Werkes resultierte. Darstellung und Evokation entsprechender Empfindungen war darum das Hauptziel der – eben deshalb weitgehend religiös und moralisch geprägten – Poesie der Empfindsamkeit. Höhepunkt dieser Sakralisierung der Korrelation von Autor, Werk und Rezipient war die sie umspannende, von Klopstock entwickelte quasi-religiöse Ritualität.

Die Tugend war nach Shaftesbury (d. i. Anthony Ashley-Cooper, 3. Earl of Shaftesbury, 1671–1713) als Disposition und Neigung dem Menschen angeboren (*moral sense*), hing also nicht von göttlicher Offenbarung ab. Als »Liebe der Ordnung und Schönheit in der Gesellschaft« verstanden[4], bedurfte sie aber der ebenso vernünftigen wie einfühlsamen Entwicklung und Pflege, bei der die altruistischen (wohlwollenden, sympathetischen, geselligen) Gesinnungen beispielhaft und auch als Mittel zur eigenen Glückseligkeit gefördert werden sollten. Damit eröffnete Shaftesbury der Poesie bis hin zu Lenz und Schiller ein reiches Betätigungsfeld auf dem Gebiet der Ästhetik und Moral und stärkte zugleich ihre Autonomie als Wahrheitsinstanz, indem die Wahrheit dem Dichter als *second maker under Jove* im inspirativen Akt zuteil werden konnte.

4 Anthony Earl of Shaftesbury, *Untersuchung über die Tugend*, in: A. E. o. S., *Der gesellige Enthusiast. Philosophische Essays*, hrsg. von Karl-Heinz Schwabe, München 1990, S. 211–320, hier S. 256.

Dass wichtige Werke Shaftesburys von Johann Joachim Spalding (1714–1804), dem Hauptvertreter der sog. Neologie, also der Theologie der Aufklärung, ins Deutsche übersetzt wurden, zeigt bereits Shaftesburys Affinität zu einer ›vernünftigen Religion‹, die zugleich den *Werth der Gefühle im Christentum* (so eine Schrift Spaldings, 1761) anerkannte und Religion als vernünftig reguliertes, von Empfindungen der Glückseligkeit begleitetes Streben nach Selbstvervollkommnung durch altruistisches Handeln interpretierte. Die Neologen propagierten eine Empfindungs- bzw. »Herzens«-Sprache als dem Gefühlsausdruck und der moralischen Gesinnung auch in der Andacht angemessene Sprache, und diese entdeckten sie in der Bibel – vor allem im Alten Testament und in den Psalmen –, die sie als Poesie auffassten. Dabei stand die Inspiriertheit und Authentizität der biblischen Dichter – insonderheit Salomos und Davids – außer Frage, und von daher erfolgte dann (durch Johann Adolf Schlegel) der Angriff auf Batteux' einflussreiche Abhandlung *Les beaux arts réduits en un même principe* (zuerst 1745): Zumindest die Dichter religiöser Poesie ahmten ihre Empfindungen nicht nur nach, sondern empfanden sie unmittelbar und authentisch. Damit ereignete sich auf dem Gebiet der geistlichen Poesie der Durchbruch zu einem Verständnis von Lyrik als »Ausdruck« »wahrer Empfindungen«. Von der Hochschätzung der Bibelpoesie her standen die Neologen insbesondere der religiösen Dichtung ihrer Zeit aufgeschlossen gegenüber. So wurden Spalding und seine Gesinnungsgenossen (u. a. Johann Friedrich Wilhelm Jerusalem, August Friedrich Wilhelm Sack, Johann Salomo Semler) zu theologischen Wegbereitern der Empfindsamkeit mit engen persönlichen Kontakten zu deren bedeutenden Autoren, deren Ansehen und berufliches Fortkommen sie förderten.

Insbesondere unterstützten sie den Schweizer Literaturtheoretiker, Übersetzer und Bibeldichter Bodmer und dessen Freund Breitinger in ihrem »dreißigjährigen Krieg« (1740–70) gegen den Leipziger Aufklärer Gottsched um den Stellenwert der religiösen Poesie. Während Letzterer zur Durchsetzung des Rationalismus den Einfluss der Religion auf die Literatur zurückzudrängen suchte, interessierten sich die Schweizer umgekehrt hauptsächlich für die Lyrik und mehr noch für das griechisch-römische und biblisch-christliche Epos als Norm aller Poesie und Grundlage der poetischen Geschmacksbildung. Vor allem die religiöse Dichtung betrachteten sie als höchsten Ausdruck des Erhabenen und ›Wunderbaren‹ (für Breitinger waren »das Grosse, Wunderbare und Erhabene« weitgehend synonyme Phänomene[5]), während sie etwa die ›weltliche‹ Anakreontik radikal ablehnten. Für Bodmer stellt die göttliche Inspiration den christlichen Epos-Dichter John Milton (*Paradise lost*, 1667) an die Spitze der Poeten-Hierarchie.[6] Die Wirkung des erhabenen Werkes ist »ein gewisses Staunen, das aber mit einem tiefen Nachsinnen begleitet ist«, also eine »vernünftige Verwunderung«, an der ›Kopf‹ und ›Herz‹ gleichermaßen beteiligt sind.[7] Zwar implizierten das Erhabene und ›Wunderbare‹ eine Erweiterung des Fiktions- und Phantasiebegriffs und eine Aufwertung sprachlich vermittelter Emotionalität, doch blieb das literarische Werk um der tugendhaften und frommen Wirkung der »gemalten« Bilder willen unter der Kontrolle der Vernunft.

Erste Anhänger der Schweizer auf deutschem Boden wurden die beiden dem Hallenser Pietismus entstammenden Theologen Samuel Gotthold Lange (1711–1781) und

5 Johann Jakob Breitinger, *Critische Dichtkunst*. Faksimile-Druck nach der Ausgabe von 1740, mit einem Nachw. von Walter Bender, 2 Bde., Stuttgart 1966, Bd. 2, S. 434.

6 Johann Jakob Bodmer / Johann Jakob Breitinger, *Critische Briefe*, Zürich 1746, reprogr. Nachdr. Hildesheim 1969, S. 116 f.

7 Ebd., S. 96.

Immanuel Jakob Pyra (1715–1744). Letzterer hatte in seinem *Tempel der wahren Dichtkunst* (1737; 1170 Alexandrinerverse) im Gegensatz zu seinem Prätext, nämlich Alexander Popes (1688–1744) *The Temple of Fame* (1711), die Bibel selbst und als ganze zum Fundament und Vorbild für den gesamten Kanon der Poesie erhoben. Indem er die Heilige Schrift so als schöne Literatur ästhetisierte, sakralisierte er zugleich die an ihr orientierte christliche Dichtkunst unter Berufung auf den Inspirationstopos und schloss alle ›heidnische‹ Dichtung aus dem Tempel aus.[8] – Die von Pyra und Lange verfassten *Freundschaftlichen Lieder* (1. Auflage mit 19 Gedichten von Bodmer 1745 ediert, 2., auf 22 Gedichte erweiterte Ausgabe 1749 von Lange herausgegeben) stehen im Zeichen dieser ›Tempel‹-Poetik. Formal an Horaz orientiert, schwelgen diese weltabgewandten Oden in der Darstellung innerlicher Empfindungen, und in der Verklärung der »heiligsten Tage« der Dichterfreundschaft ereignet sich eine sakralisierende Aufwertung der eigenen Dichterexistenz im Laublinger Familienidyll (mitsamt Langes in den Liedern selbst zu Wort kommenden Ehefrau Doris) zum ›Himmel auf Erden‹. Hier werden die Anfänge einer Entwicklung sichtbar, in deren Verlauf sich das Wort »heilig« in Empfindsamkeit und Sturm und Drang geradezu inflationär »über das ganze Feld des Profanen« »ausbreitet«.[9] Mit den Kennzeichen einer Anerkennung und Aufwertung der Individualität des Freundes korrespondieren Merkmale der Erlebnislyrik in einigen dieser Oden, die bis zu einer narzisstisch genossenen Sakralisierung des Ich in der Freundschaft führen und dabei den im Pietismus auf den ›Freund‹ Christus appli-

8 Immanuel Jacob Pyra, *Der Tempel der Wahren Dichtkunst. Ein Gedicht in reimfreyen Versen*. Von einem Mitgliede der Deutschen Gesellschaft in Halle, Halle 1737.

9 Gerhard Kaiser, *Aufklärung, Empfindsamkeit, Sturm und Drang*, 3. überarb. Aufl. München 1979, S. 37.

zierten Empfindungs-Wortschatz säkularisierend auf den Dichter-Freund übertragen:

> Ich höre lauschend auf der Lieder Innhalt,
> Die Zärtlichkeit rührt meine Brust. Ich fühle
> Mich selbst. Die Sehnsucht zittert in den Saiten.
> Du denckest an mich.[10]

Einen anderen engagierten Mitstreiter holte sich Bodmer 1752 (als Nachfolger von Klopstock) ins eigene Zürcher Haus: den jungen Christoph Martin Wieland (1733–1813). Dieser hatte als Tübinger Student (1750–1752) bereits ein beachtliches poetisches Werk verfasst, darunter ein zur Widerlegung von Lukrez' *De rerum natura* gedachtes Lehrgedicht in Buchumfang *Die Natur der Dinge in sechs Büchern* (1752), das auch an Brockes anknüpfte und sich im Rückgriff auf hermetisches Gedankengut wie Haller mit Leibniz' *Theodizee* auseinandersetzte, ferner platonische Liebesgedichte an seine Cousine Sophie Gutermann, spätere La Roche, die der wechselseitigen Veredlung der Herzen dienen sollten. In der Schweiz, wo sich Wieland bis 1760 aufhielt (davon die beiden ersten Jahre im Hause Bodmers), setzte er die Literaturtheorie der Schweizer in einigen Werken bemerkenswert stilsicher um: in den neun *Briefen von Verstorbenen an hinterlassene Freunde* (in Hexametern 1753; nach dem Vorbild von Elisabeth Singer-Rowes *Friendship in Death in Twenty Letters from the Dead to the Living*), sowie in dem Bibelepos *Der gepryfte Abraham. Ein Gedicht in vier Gesängen*, in dem er Poesie als Bibelauslegung, Medium der Gottesverehrung und gefühlshafter Tugendübung betrachtete und die Religion damit letztlich

10 Immanuel Jacob Pyra / Samuel Gotthold Lange, *Thirsis und Damons Freundschaftliche Lieder*, hrsg. von S. G. L., 2., verm. Aufl., Halle [o. J.], in: I. J. P. / S. G. L., *Freundschaftliche Lieder*, Heilbronn 1885, reprogr. Nachdr. Nendeln (Liechtenstein) 1968, S. 1–167, hier S. 48.

ersetzte. 1755/56 schrieb er folgerichtig die *Empfindungen eines Christen* in Gestalt von 25 Prosagedichten als freie eigene Dichtung im Stil der Psalmen. Einleitend polemisierte er heftig gegen die Anakreontik und reklamierte den Inspirations- und Genie-Begriff für seine heilige Poesie. Im ersten Teil setzt das Ich das neologische Konzept einer Gottesverehrung aus der Natur in ›Betrachtungen‹ um, die im Appell an den Schönheitssinn sympathetische Affekte hervorrufen sollen. Der zweite Teil erweckt in der ästhetischen Betrachtung des Leidens Jesu edlere moralische Gefühle in gemischten Empfindungen von Trauer und Freude, wie sie vor allem aus Zinzendorfs Liedern bekannt sind: »In süßer Wehmut schwebet meine Seele um den Hügel deines Creuzes, und genießt den geheimnißvollen Anblick, der sie gänzlich in Schmerzen und Entzükung zerschmelzt.«[11] Tugenderziehung erscheint hier als Bildung des Herzens mittels poetischer Erregung religiöser Empfindungen.

Tugend und Frömmigkeit besang in vielen Proben auch der Freundschaftsbund der ›Bremer Beiträger‹. Dieser bestand aus einer Gruppe von Leipziger Studenten, die zunächst für Gottsched arbeiteten, sich dann aber entschieden auf die Seite der Schweizer schlugen. Sie gründeten unter strikter Wahrung des Inkognitos ein eigenes Publikationsorgan *Neue Beiträge zum Vergnügen des Verstandes und Witzes* (1744 ff.), das durch Zufall in Bremen erschien und der Gruppe den Namen gab. Es war die erste kollektiv verantwortete und rein literarische Zeitschrift in Deutschland, die – an das »Frauenzimmer« adressiert – neben bildsamen Prosa-Abhandlungen in buntem Wechsel poetische Beispiele aus vielen Gattungen bot. Prominentestes Mitglied der Gruppe war der Theologiestudent Friedrich Gottlieb Klopstock (1724–1803); der Veröffent-

11 Christoph Martin Wieland, *Empfindungen eines Christen*, in: C. M. W., *Wielands Werke*, Bd. 2: *Poetische Jugendwerke. Zweiter Teil*, hrsg. von Fritz Homeyer, Berlin 1910, S. 336–405, hier S. 367.

lichung der ersten drei Gesänge seines *Messias* im vierten Band der *Bremer Beiträge* 1748 sowie seinen Freundschaftsoden verdanken die Zeitschrift und ihre Verfasser hauptsächlich ihren Nachruhm in der Literaturgeschichte.

In ihrer Epoche selbst aber waren sie vor allem als Lyriker wichtige Statthalter des Zeitgeistes. Dazu zählt der Prediger, Kirchenlied-Reformer und kritische Batteux-Übersetzer Johann Adolf Schlegel (1721–1793) mit seinen *Vermischten Gedichten* (2 Bände, 1787/89; ›vermischt‹ aus neologisch inspirierten Kirchenliedern, Bibelpoesie, Lehr-, Gelegenheits- und Scherzgedichten), ferner der Pfarrer und Superintendent Nikolaus Dietrich Giseke (1724–1765; *Poetische Werke*, 1767). Versteckt in seinen *Oden und Liedern* bietet er einige bemerkenswert freimütige Liebesgedichte auf seine Frau und bereichert damit die frühneuzeitliche Ehelyrik mit erotischer Zärtlichkeit. – Johann Arnold Ebert (1723–1795), wegen einer Gelegenheits-Serenade auf *Das Vergnügen* bei der Hamburger Geistlichkeit in Ungnade gefallener Theologiestudent und späterer Professor an dem vom Neologen Jerusalem geleiteten Braunschweiger Collegium Carolinum, trug ebenfalls zur Ehelyrik bei (*Episteln und vermischte Gedichte*, 1789/95). Dem Neologen Jerusalem widmete Ebert 1751 seine wichtigste Leistung: die Übersetzung von Edward Youngs (1683–1765) berühmtem Opus magnum *The Complaint, or Night Thoughts on Life, Death and Immortality* (1742–46; eine vierbändige Übersetzung mit Kommentar 1760–69). Darin versuchte Ebert die 10 000 Blankverse des englischen Gottesmannes ganz im Sinne der Neologie zu interpretieren. – Das literarhistorische Verdienst des ebenfalls am Collegium Carolinum tätigen Poesieprofessors Friedrich Wilhelm Zachariae (1726–1777) besteht in der Aneignung des vor allem durch Alexander Pope populär gewordenen komischen Heldenepos (*The Rape of the Locke*, 1712 ff.). Zachariaes *Der Renommiste* (1744/1754) sollte sein bekanntestes Werk in dieser Gattung bleiben (sein gelungenstes, auch heute noch gut lesbares ist *Der Phaeton*). Seine polemisch-satirischen Talente und seine klein-epischen Darstellungstechniken übertrug Zachariae großenteils auch auf seine Lyrik im engeren Sinne. Hier gewinnen die empfindsamen Lehrgedichte *Die Tageszeiten* (1756) als »Jahreszeiten des Tages« in der Nachfolge von Kleists *Frühling* und *Der Tempel des Friedens* (in Abwandlung von Popes *The Temple of Fame*) als eine der schärfsten poetischen Abrechnungen mit dem »Religionseifer« des Christentums eigenes Profil. Eine Sammlung von *Oden und Liedern* erschien 1754 in seinen *Scherzhaften Epischen Poesien.* Sechs der anakreontischen Oden nahm der gestrenge Karl Wilhelm Ramler (1725–1798) in seine kanonische Anthologie *Lieder der Deutschen* (1766 ff.) auf.[12] – Zum engeren Kreis der Bremer Beiträger zählt auch der fleißige Übersetzer, Herausgeber, Prediger und geistliche Dichter Johann Andreas Cramer (1723–1788), der in seiner Zeit als Oberhofprediger in Kopenhagen (1754–71) eng mit Klopstock zusammenarbeitete und diesem durch seine vierbändige *Poetische Übersetzung der Psalmen mit Abhandlungen über dieselben* (1755–64) auf die »freirhythmische« Gestaltung der Psalmendichtung aufmerksam machte (obwohl er selbst die Psalmen als kirchenlied-analoge, gereimte und strophisch gegliederte Oden übersetzte). Das Interesse am Psalter bestimmt auch Cramers in drei Bände gegliederte Ausgabe *Sämmtlicher Gedichte* (1782/83), in denen er orthodoxe theologische Positionen vertritt. – Der Reichsfreiherr Johann Friedrich von Cronegk (1731–1758) stand den Bremer Beiträgern, die er mit Gelegenheitsgedichten bedachte, und ihrem literarischen Geschmack nahe. Bekannt wurde er durch seine inhaltlich stark von Young beeinflussten *Einsamkeiten in Sechs Gesängen* (1752/1758), eine

12 Karl Wilhelm Ramler (Hrsg.), *Lieder der Deutschen.* Faksimile-Druck nach der Ausgabe von 1766, mit einem Nachw. von Alfred Anger, Stuttgart 1965.

formal von der Horazschen Reflexionsode zur Lehrode erweiterte Dichtung, die sich des unstrophisch eingesetzten Alexandriner-Reimpaars bedient. Wie in den *Night Thoughts* gewinnt das »zärtliche Fühlen« auch als männliche Verhaltensdisposition einen ich-konstitutiven Wert und Selbstzweck: »Wenn Fühlen Schwachheit heißt, so ist die Schwachheit schön.«[13] Im Sinne des *moral sense* wird ein »zärtlich fühlend Herz« selbst schon als tugendhaft betrachtet (»Und edle Traurigkeit verbessert nur das Herz«[14]). Solch fühlende Tugendhaftigkeit erwirbt sich zugleich den Eingang in die Ewigkeit: Darin liegt die Nähe zur Religion, allerdings werden bei Cronegk die Orte der poetischen Meditation in der einsamen nächtlichen Natur selbst zum »heiligen« Weihe-Raum sakralisiert. In Hexametern schrieb Cronegk eine weitere Lehrode *Einsamkeiten in Zween Gesängen* (1757) mit prophetischen Tönen zu Beginn des Siebenjährigen Krieges. Im zweiten Band der von Uz postum edierten *Schriften* (1760/61) findet sich unter der Lyrik eine Vielzahl von Gattungen vom Lehrgedicht über das geistliche Lied bis zu anakreontischen Scherzen.

Als verehrter Senior-Freund der Bremer Beiträger galt Christian Fürchtegott Gellert (1715–1769), der als Leipziger Poesie-, Moral- und Philosophieprofessor die Empfindsamkeit mit wichtigen poetischen Exempeln und in verschiedenen Gattungen eingeführt hat. Seine in Versform gehaltenen *Fabeln und Erzählungen* (1746/48) gehören zu den meistgelesenen Büchern des 18. Jahrhunderts.[15] Die Fabel erlebte ohnehin als vergnügliches Gewand der Wahrheit zwischen 1740 und 1770 ihre Blütezeit. Nachdem Breitinger die Fabel 1740 als »lehrreiches Wunderbares« geradezu ins Zentrum der Poesie gestellt hatte, weil sie dem Alltag des

13 Johann Friedrich von Cronegk, *Schriften*, Bd. 1, Leipzig 1765, Bd. 2, 2., verb. Aufl. ebd. 1763 [sic], hier Bd. 2, S. 5.

14 Ebd., S. 28.

15 Christian Fürchtegott Gellert, *Fabeln und Erzählungen*, hrsg. von Karl-Heinz Fallbacher, Stuttgart 1986.

bürgerlichen Lebens ein vergnüglicher Spiegel und Lehrmeister sei,[16] legte Gellert in seinen poetologischen Überlegungen allen Ehrgeiz darauf, das »Wunderbare« vom Inhaltlichen auf die Erzählweise und den »Schmuck« der Fabel und damit auf ihre scherzend-pointierte Beschreibung mit empfindsamer Wirkung zu verlagern: Wunderbar war für ihn also eine Fabel, die in einer stilistisch sorgfältig durchgearbeiteten Form ungekünstelt und natürlich erschien.[17] Mit diesem Stil hat Gellert zugleich im Rückgriff auf die Fabeln und die – als Typ historisch neuen – scherzhaften Verserzählungen von Jean de La Fontaine (1621–1695; *Fables choisiers*, 1668; *Contes et Nouvelles en vers*, 1666 ff.) sowie Antoine Houdart de La Motte (1672–1731); *Fables Nouvelles … avec un discours sur la fable*, 1719) den Typ und den dazu passenden Stil einer empfindsamen Fabel entwickelt. Und auch er verwandte nicht mehr nur Tierfabeln oder Mischfabeln mit Tier- und Menschenpersonal, sondern auch reine Menschenfabeln, die sich formal kaum vom Erzählgedicht unterscheiden lassen. Doch gerade diese letzte Gruppe erwies sich bis in die Gegenwart, also etwa bis zu den auflagenstarken ›Menschenfabeln‹ von Eugen Roth (1895–1976; *Ein Mensch*) als äußerst erfolgreich:

Der junge Gelehrte

Ein junger Mensch, der viel studierte,
Und, wie die Eltern ganz wohl sahn,
Was Großes schon im Schilde führte,
Sprach einen Greis um solche Schriften an,

16 Johann Jakob Breitinger, *Critische Dichtkunst*, Faks.-Druck nach der Ausg. von 1740, mit einem Nachw. von Wolfgang Bender, 2 Bde., Stuttgart 1966, Bd. 1, S. 194 f.

17 Christian Fürchtegott Gellert, »Von denen Fabeln und deren Verfassern«, in: C. F. G., *Schriften zur Theorie und Geschichte der Fabel*, hist.-krit. Ausg., bearb. von Siegfried Scheibe, Tübingen 1966, S. 3–59, hier S. 45 ff.

Die stark und sinnreich denken lehrten,
Mit einem Wort, die zum Geschmack gehörten.
Der Alte ward von Herzen froh,
Und lobt ihm den Homer, den Plato, Cicero,
Und hundert mehr aus alt und neuer Zeit,
Die mit den heilgen Lorbeerkränzen
Der Dichtkunst und Wohlredenheit,
Umleuchtet von der Ewigkeit,
Den Jünglingen entgegenglänzen.
O! hub der junge Mensch mit stolzem Lächeln an:
Ich habe sie fast alle durchgelesen;
Allein – – Nun gut, sprach der gelehrte Mann,
Sind sie nach Seinem Sinn gewesen:
So muß er sie noch zweimal lesen;
Doch sind sie ihm nicht gut genug gewesen:
So sag Ers ja den Klugen nicht,
Denn sonst erraten sie, woran es ihm gebricht,
Und heißen Ihn die Zeitung lesen.[18]

Im Gegensatz zu dem einzigartigen publizistischen Erfolg der *Fabeln und Erzählungen* sind Gellerts umfangreiche vier Alexandriner-Lehrgedichte *Der Menschenfreund* (1743), *Reichthum und Ehre*, *Der Christ* und *Der Stolz* (1754) sowie die beiden Lehroden *Die Freundschaft* und *Der Ruhm* (1769 zusammen mit den Lehrgedichten unter dem Titel *Moralische Gedichte* vereint) nahezu unbekannt geblieben. In ihnen entwirft Gellert nichts weniger als das Tugendideal der Empfindsamkeit, und zwar in der Spannung von aufklärerischem Autonomiestreben und Rückbindung an die christliche Tradition sowie im Gleichgewicht von ›Kopf‹ und ›Herz‹. Der eigenen Seligkeit und Vollkommenheit dient am besten, wer sich der Menschenliebe befleißigt: »Ihm wird des andern Wohl sein eignes

18 Gellert, *Fabeln und Erzählungen* (s. Anm. 15), S. 144 f.

Himmelreich«.[19] So kann sich der *moral sense* im Sinne einer geordneten Liebe entwickeln. Dies zeigen die langen Gedichte an vielen anschaulichen Beispielen einer natürlichen Moral. Das bedeutendste und mit 402 Versen längste Gedicht *Der Christ* (1754) entwirft das neologische Idealbild des empfindsamen Frommen, der die Anschauungen des Christentums mit dem ›Kopf‹ und dem ›Herzen‹ aufnimmt (»Ist seine Lehr ein Werk, das den Verstand nur übt? [...] Nein, edler wird sein Herz«[20]). – Mit seinen 1757 erschienenen 52 *Geistlichen Oden und Liedern* avancierte Gellert schnell zu einem verbreiteten, auch in die katholischen Gesangbücher aufgenommenen Klassiker des aufklärerischen Kirchenlieds (und noch heute finden sich zwölf seiner Lieder im Evangelischen Gesangbuch, darunter *Dies ist der Tag, den Gott gemacht*; *Jesus lebt, mit ihm auch ich!*; *Wenn ich, o Schöpfer! Deine Macht*). In der Vorrede unterschied er ›Lehroden‹ von ›Oden für das Herz‹, doch lassen sich seine Lieder, die alle Rubriken des Gesangbuchs berühren, ohne selbst thematisch gegliedert zu sein, diesen Kategorien nicht zuordnen. Vielmehr dominiert die Lehre über die Emotion, selbst in seinem bekanntesten Lied:

Wenn ich, o Schöpfer! Deine Macht,
Die Weisheit deiner Wege,
Die Liebe, die für alle wacht,
Anbetend überlege:
So weis ich, von Bewundrung voll,
Nicht, wie ich dich erheben soll,
Mein Gott, mein Herr und Vater![21]

19 Christian Fürchegott Gellert, *Moralische Gedichte*, in: C. F. G., *Sämmtliche Schrifften*, 10 Tle. in 5 Bdn., Tl. 1 und 2, Leipzig 1769, reprogr. Nachdr. Hildesheim 1968; Tl. 2, S. 3–68, hier S. 3.

20 Ebd., S. 33.

21 Christian Fürchtegott Gellert, *Geistliche Oden und Lieder*, in: ebd., S. 80–230, hier S. 145.

Mit ihrem lehrhaften Charakter und der Hervorhebung des ›Ich‹ als betrachtender Instanz erfüllen die Lieder die Absicht Gellerts, »Weisheit und Tugend unter den Menschen auszubreiten und die Ehre des Stifters unserer Religion zu verherrlichen«.[22] Dabei wollte er dezidiert für den verfeinerten Geschmack seiner Zeit dichten und gab damit indirekt den Anstoß zu den auch von Klopstock aufgegriffenen, von Herder getadelten Bestrebungen, die älteren Lieder des Gesangbuchs für das Empfinden der eigenen Zeit umzudichten. Mit der Hervorhebung des Ich als betrachtender, angefochtener, aber in der Verherrlichung Gottes auch der eigenen Seligkeit sich versichernder Instanz entäußert sich die Religiosität der Lieder hin zu einer Selbstvergewisserung und Aufwertung des modernen Individuums.

Dieser Vorgang zeigt sich auch beim bedeutendsten Lyriker der Empfindsamkeit, bei Friedrich Gottlieb Klopstock (1724–1803). Seine Dichterkarriere begann 1748 mit der Veröffentlichung der ersten drei Hexameter-Gesänge seines *Messias*, mit dem er der heidnischen Epik Homers den Rang ablaufen und das christliche Epos Miltons überbieten wollte. Seine poetische Leistung erschien den Zeitgenossen als genial, und fortan verquickte sich das Interesse für das Werk auf neuzeitliche Weise mit der Teilnahme an dem Schicksal seines Autors. Dieser übernahm die Rolle eines Dichter-Priesters und ließ die Öffentlichkeit auch nicht ungern an seinem ›privaten‹ Schicksal teilnehmen, mit dem ein Teil seiner Poesie auch eng verbunden ist: Ein Überblick über sein lyrisches Schaffen lässt sich daher an den Stationen seiner Biographie verorten.

Für Klopstock stand die religiöse Dichtung im Zentrum seines Wirkens, und er konnte sie als Lebensaufgabe wahrnehmen, weil sich begeisterte Adepten um sein irdisches

22 Ebd., S. 83. – Vgl. auch C. F. Gellert, *Geistliche Oden und Lieder*, Herisau 1981.

Wohlergehen sorgten. Bodmer lud ihn 1749 in sein Haus nach Zürich ein (und in der ersten Begeisterung entstanden hier die Oden *An Bodmer* und *Der Zürchersee*), doch kam es schon 1750 zum Bruch zwischen den beiden ungleichen Charakteren. Der unseraphisch-lebenslustige Klopstock folgte 1751 der Einladung an den Kopenhagener Hof auf eine Sinekure, die ihm die Fertigstellung des *Messias* ermöglichen sollte.

Die offenbar unerwiderte Liebe zu seiner Cousine Marie Sophie Schmidt thematisierte er in seinen zunehmend elegischen Fanny-Oden (*Die künftige Geliebte*, 1747; *Petrarka und Laura*; *An Fanny*; *Bardale*; *Der Abschied*, alle 1748)[23] und ließ es zu, dass Giseke sie veröffentlichte, um die Cousine damit (vergeblich) zu beeinflussen. Auf dem Weg nach Kopenhagen lernte er dann 1751 Meta Moller kennen, die ›Cidli‹ seiner Oden (u. a. *Die Furcht der Geliebten*; *An Sie*; *Ihr Schlummer*; *An Cidli*, alle 1752; *Gegenwart der Abwesenden*; *Das Rosenband*, beide 1753). Zwischen beiden entspann sich nachgerade ein Brief-Roman, und dieser fand sein ›happy end‹ mit der Hochzeit 1754 in Hamburg. Das »häusliche Glück« endete indessen mit Metas Tod im Kindbett bereits 1758. Die Freunde erwarteten in dieser Situation eine heroische Haltung vom *Messias*-Dichter, der die neologische Frömmigkeit des ›sey glücklich‹ gerade jetzt bewähren sollte. Tatsächlich entstanden in dieser Zeit Klopstocks große religiöse Hymnen, in denen er den berühmten Übergang in die sog. ›freien Rhythmen‹ vollzog. – Nach einem zweijährigen Aufenthalt in Deutschland (1762–64) wandte er sich der deutschen Geschichte und ihrer Mythologie zu. Dabei entstanden lyrische Zeugnisse seines Bardenkultes. Er, der als *Lehrling der Griechen* (1747) und damit in der humanistischen Tra-

23 Die meisten der hier genannten Oden enthält der Auswahlband: Friedrich Gottlieb Klopstock, *Oden*, Ausw. und Nachw. von Karl Ludwig Schneider, Stuttgart 1980.

dition begonnen hatte, lernte nun auch in Kopenhagen die nordische Mythenwelt kennen, und sie begeisterte ihn so, dass er sogar die griechische Mythologie seiner früheren Gedichte mit der nordischen vertauschte. So wurde z. B. aus der Ode *Auf meine Freunde* (1747) zwanzig Jahre später *Der Wingolf*. Daneben schuf der Dichter neue Bardenpoeme. In *Der Hügel, und der Hain* (1767) ließ er in einem Sängerwettstreit die Germanen über die Griechen siegen. Mit dieser Bardenmode begeisterte er vor allem den Göttinger Hain (vgl. Kap. 10), während er damit bei Herder und Goethe auf Ablehnung stieß.

1770 nach Hamburg zurückgekehrt, erlebte er in den nachfolgenden Jahren und damit in der Hoch-Zeit des Sturm und Drang den Zenith seines öffentlichen Ansehens: 1771 erschien seine erste authentische Odensammlung, 1773 vollendete er den *Messias*, im selben Jahr sammelten seine begeisterten Adepten tausende von Subskriptionen für Klopstocks *Deutsche Gelehrtenrepublik*, die nach ihrem Erscheinen (1774) allerdings aufgrund ihrer unverständlich-altväterlichen Diktion allgemeine Enttäuschung hervorrief und seinen Ruf nachhaltig lädierte. Nur das Ereignis der Französischen Revolution hat dann den resignierten »Dichter-Pensionär« der dänischen Krone in der Freien Reichsstadt Hamburg noch einmal zu poetischem Enthusiasmus entflammt: 47 Oden – und damit den Hauptteil seines Spätwerks – widmete er diesem Ereignis und seinen europäischen Folgen.

Bereits 1781 hatte Klopstock in seiner Ode *An Freund und Feind* den Kern seiner poetischen Mission und zugleich sein Vermächtnis formuliert:

> Die Erhebung der Sprache,
> Ihr gewählterer Schall,
> Bewegterer, edlerer Gang,
> Darstellung, die innerste Kraft der Dichtkunst;

Und sie, und sie, die Religion,
Heilig sie und erhaben,
Furchtbar und lieblich, und groß, und hehr,
Von Gott gesandt,

Haben mein Maal errichtet [...][24]

Klopstock gelangen – wie er selbst hier andeutet – auf dem Gebiet der Lyrik im Wesentlichen drei Innovationen. Zunächst die Erweiterung und virtuose Handhabung der Versmaße und Strophenformen im Deutschen. Nach frühem Rückgriff auf antike Vers- und Strophenformen und deren meisterhafter Handhabung in seinen Oden erfand er allein zwischen 1764 und 1767 etwa 60 eigene neue Vers- und Strophenformen, deren Versfuß-Strukturen er in komplizierten verstheoretischen Schriften auf ihre Wirkung hin zu bestimmen versuchte. *Die Sommernacht* (1766), eine seiner schönsten Oden (neben *Die frühen Gräber*, 1764), schrieb er in einer solchen neu erfundenen Strophenform aus einer variierenden Kombination von Drittem Päon (vv–v) und Anapäst (vv–):

Wenn der Schimmer von dem Monde nun herab
In die Wälder sich ergießt, und Gerüche
Mit den Düften von der Linde
In den Kühlungen wehn;

So umschatten mich Gedanken an das Grab
Der Geliebten, und ich seh in dem Walde
Nur es dämmern, und es weht mir
Von der Blüthe nicht her.

24 *Klopstocks Oden*. Mit Unterstützung des Klopstockvereins zu Quedlinburg hrsg. von Franz Muncker und Jaro Pawel, 2 Bde., Stuttgart 1889, hier Bd. 2, S. 28.

Ich genoß einst, o ihr Todten, es mit euch!
Wie umwehten uns der Duft und die Kühlung,
Wie verschönt warst von dem Monde,
Du o schöne Natur![25]

Die sog. freien Rhythmen als zweite Neuerung, die auch *An Freund und Feind* fundieren, wirken wie eine konsequente Fortsetzung dieser Experimente, vermutlich aber geht die Erfindung aus der Beschäftigung mit der Psalmendichtung hervor. Jedenfalls verwendet Klopstock sie erstmals in den fünf religiösen Hymnen *Dem Allgegenwärtigen*, *Das Anschaun Gottes*, *Die Frühlingsfeyer*, *Der Erbarmer* und *Die Glückseligkeit Aller* (1758/59 in Cramers *Nordischem Aufseher*). Seither sind die freien Rhythmen gattungsgeschichtlich zum festen Merkmal der Hymnen geworden (obwohl Klopstock bei der Bezeichnung »Oden« blieb). Drittes Merkmal seiner Lyrik ist die »Erhebung der Sprache«, die Erneuerung von Sprache und Stil mit kühnen Neologismen, ungewöhnlichen Pluralia, Substantivierungen des Adjektivs, Wortballungen, Inversionen und starken Kontrasten, um die Poesie deutlich von der Prosa abzuheben.

Darin deutet sich bereits an, dass er sein Dichten und – soweit er konnte – die Rezeption seines Werkes als Kulthandlung zu auratisieren versuchte. Den Inspirationstopos hatte er zu Beginn des *Messias* für sich reklamiert, Dichten erfolgte in den »Stunden der Weihe« (so der Titel einer Ode, 1748), in denen auch die traditionelle Regelpoetik (und deren organisierendes System, die Rhetorik) zunächst außer Kraft gesetzt wird, obwohl Klopstock die nachträgliche Überarbeitung unumgänglich erscheint (*Entdeckung und Erfindung*, 1771). Höchster Inhalt und Zweck der Po-

25 Friedrich Gottlieb Klopstock, *Oden* (s. Anm. 23), S. 76. Vgl. dazu Hans Heinrich Hellmuth, *Metrische Erfindung und metrische Theorie bei Klopstock*, München 1973, S. 190 ff.

esie ist die Reizung zur »Tugend der Religion« als Mittel menschlicher Glückseligkeit. Diese neologische Position vertritt Klopstock auch in seinen theoretischen Schriften. In seinen gefühlsgewaltigen und gedankenmächtigen religiösen Oden und Hymnen hat er das theologische (nicht rhetorische) Ziel des *movere* nach eigener Überzeugung am besten erreicht. Um dieses *movere* willen lag ihm eigentlich mehr am mündlichen Vortrag seiner Dichtung – an ihrer Inszenierung als Sprech-Handlung mit dem Effekt unmittelbarer Bewegtheit der Teilnehmenden durch das ›Tremendum‹ des im Inspirationsakt eingefangenen und nun im Sprechakt sich unmittelbar offenbarenden Numinosen – als an deren Lektüre (so hat er auch seinen Texten die Fiktion mündlicher Rede eingeschrieben). Jede Ode war für Klopstock eine kostbare individuelle Offenbarung, die er deshalb auch separat publizierte. In der späten eigenen Sammlung der *Oden* verzichtete er auf eine übergreifende Gliederung. Auch hier sollte jeder Text zum eigenen Recht kommen. Der elitäre Gestus, die originelle, schwer verständliche Sprache, das Empfindungs-Pathos, mit dem er das Erhabene und Heilige in seinen Versen feierte, schufen bei seinen Adepten das Bewusstsein von Auserwählten, die seine Offenbarungen verstanden. Das sind Strukturmerkmale eines religiösen Kultus, der sich dann bei der Klopstock-Verehrung im Göttinger Hain eine quasi-religiöse Gemeindeform gab.

Aber Klopstocks Oden sind auch als Texte in Form und Inhalt durch Ritualisierung bestimmt. Das Ritual unterwirft ein exorbitantes Bedeutungsgeschehen einer bestimmten Struktur, nach der es sich wiederholen kann. Darin ähnelt es dem religiösen Kultus und erzeugt zugleich seine rituelle Rezipierbarkeit. Die dominanten formalen und inhaltlichen Merkmale der Ritualisierung sind Repetition, Variation und Gradation (auch in der Metrik). Schon in seinen frühen Freundschafts-Oden (*Auf meine Freunde*, 1747; *Der Zürchersee*, 1750) stellt Klopstock die Freundschaft im ästhetischen Vollzug der formalen und inhaltlichen Wiederholungen, Abwandlungen und Steigerungen des Gedichts als sakrale Gemeinschaft selbst her. In seiner berühmtesten Hymne *Die Frühlingsfeyer*[26] vollzieht sich die Suche nach Orientierung und Selbstbestimmung des Ich im Medium der religiösen Erfahrung ebenfalls in einer von der Bibelsprache geprägten rituellen Durchformung, und in ihr gelingt die Versprachlichung der Exorbitanz-Erfahrung des göttlichen Gewitters dann auch als individuelle Denk- und Affektleistung des Ich, welches damit zugleich demonstriert, dass die »beste Art, über Gott zu denken« (so Klopstocks Aufsatz von 1758), der Poesie vorbehalten ist. So bleibt Klopstock einerseits – auch mit seinen rund 100 Kirchenliedern – ganz der christlichen Religion verpflichtet. Indem er seine Dichtung aber gegenüber der bislang dienenden Funktion der Poesie im Protestantismus zum vorgeordneten Medium des christlichen Kultus erhebt, etabliert er sie auch zum eigentlichen Organ religiöser Verehrung, Weltdeutung, Heilsaneignung, Selbstversicherung, und damit heiligt sie auch sich selbst. Hier freilich lagen Möglichkeiten, seine Position radikalisierend zu beerben und die Poesie zur Verkünderin einer eigenen, nicht mehr christlichen Religiosität zu erheben. Und dies geschah bereits im Sturm und Drang.

9. Genie-Religion im Sturm und Drang

Für die Autoren des Sturm und Drang rückte die Lyrik an die Spitze der Gattungshierarchie. Dies weniger aus gattungsimmanenten als vielmehr aus theologischen, geschichtsphilosophischen und anthropologischen Gründen. Johann Georg Hamann (1730–1788) hatte, um die Wahr-

26 Klopstock, *Die Frühlingsfeyer* (1759/71) in: *Oden* (s. Anm. 23), S. 59–67.

heit der biblischen Offenbarung gegenüber den Eingriffen der Vernunft zu ›retten‹, Gott in seiner *Aesthetica in nuce* (1762) als absoluten Autor und Poeten verstanden, der seine Wahrheit den ersten Menschen in einer ihnen verständlichen bilderreichen Sprache vermittelt habe, wie sie im Alten Testament – insbesondere in den Erzählungen des Schöpfungsberichts – noch fassbar sei. In diesem Sinne war »Poesie« »die Muttersprache des menschlichen Geschlechts«.[1] Dies führte zu einer außerordentlichen Hochschätzung der Bibel als Poesie und der Entwicklung einer am Inspirationsgedanken orientierten Autor- und Genie-Ästhetik nach dem Modell des göttlichen Autors.

Vor allem der Zürcher Bodmer-Schüler und Diakon Johann Kaspar Lavater (1741–1801), der zunächst als begeisterter Patriot in der Nachahmung Gleims (*Preußische Kriegslieder in den Feldzügen 1756 und 1757 von einem Grenadier*, 1758) *Schweizerlieder* (1767 ff.) veröffentlicht hatte, verfasste neben mehreren hundert Kirchenliedern (u. a. *Christliche Lieder*, 1771, 1776, 1780 u. ö.) zahlreiche Beiträge zur Bibeldichtung von poetischen Psalmenübersetzungen über voluminöse Versepen in der Nachfolge Klopstocks bis zu selbst erdachten, aber dem Erlöser in den Mund gelegten *Worten Jesu, zusammengeschrieben von einem christlichen Dichter* (1792). Die Kühnheit einer solchen, an Kuhlmann[2] erinnernden Fortsetzung der Offenbarungswahrheit erklärt sich aus der von Hamann übernommenen Überzeugung von der göttlichen Inspiriertheit der Bibel, die insofern in ihrem einfachen Stil und ihrem zugleich prophetischen Charakter auch systemkritisches Vorbild aller an ihr orientierten Dichtung ist. So wie die Bibel inspiriert Gott alle Dichter religiöser Poesie, die deshalb mit ihrer Dichtung auch die Offenbarung ›fortset-

1 Johann Georg Hamann, *Aesthetica in nuce*, in: J. G. H., *Sokratische Denkwürdigkeiten. Aesthetica in nuce*, mit einem Komm. hrsg. von Sven-Aage Jørgensen, Stuttgart 1993, S. 76–147, hier S. 81.

2 Vgl. Kap. 4.

zen‹ können. So wie sich Gottes immer noch Wunder wirkender Geist in Bibel und ›Buch der Natur‹ offenbart und wie aus dem Sichtbaren des Buchstabens und der Schöpfung auf den unsichtbar darin anwesenden Geist geschlossen werden kann (eine Denkvoraussetzung für sein Großprojekt der *Physiognomischen Fragmente*, 4 Bände, 1775–78), so erschließt sich der Geist jedes Autors aus der Erscheinungsform seines Werkes. In Analogie zur Bibel gelangt bei Lavater ferner der enge Zusammenhang von Poesie und Prophetie in den Blick (»Begeisterte sind Poeten und Propheten«[3]). Von daher erlaubt er sich in seinem theologischen Hauptwerk das, was der Titel besagt: *Aussichten in die Ewigkeit* (4 Bände, 1768–78). Inspiration wird folgerichtig für Lavater auch zum entscheidenden »Wesensmerkmal des Genies«[4]. Der Autor ist dabei nicht passives Sprachrohr des Numinosen. Vielmehr ist für Lavater »jede Acceleration, Exaltation, Concentration unserer geistigen und physischen Kräfte« »ein Anfang dessen, was man *Wunder* zu nennen pflegt«[5], und je mehr ein Mensch der divinatorischen Kräfte aus dem göttlichen Ursprung teilhaftig wird, desto mehr gewinnt er daraus individuelles Profil als Prophet oder originäres und daher kreatives Genie:

> Nenn's und beschreib's, wie du willst und kannst – allemal bleibt das gewiß – das Ungelernte, Unentlehnte, Unlernbare, Unentlehnbare, innig Eigenthümliche, Unnachahmliche, Göttliche – ist Genie – das Inspirationsmässige ist Genie – hieß bey allen Nationen, zu allen

3 Johann Kaspar Lavater, *Anacharsis*, in: J. K. L., *Ausgewählte Schriften*, hrsg. von Johann Kaspar Orelli, 8 Tle., Zürich 1841–44, Tl. 2, S. 131–157, hier S. 146.

4 Johann Kaspar Lavater, *Fragment meines Glaubensbekenntnisses oder Grundideen meiner Religion*, in: ebd., Tl. 2, S. 264–278, hier S. 270.

5 Johann Kaspar Lavater, *Fragen und Briefe weiser und guter Menschen*, in: ebd., Tl. 1, S. 237–331, hier S. 307.

Zeiten Genie – und wird's heißen, so lange Menschen denken und empfinden und reden.[6]

Dieses auch auf Authentizität gegründete Genie-Verständnis verschafft sich in zwei Lyrikbänden Lavaters Ausdruck (*Poesieen*, 1781), in denen – orientiert am Vorbild Klopstocks – das heftige »Schmachten« nach »Gottes Gewissheit« einen schon für Goethes Geschmack allzu intimen und privaten Charakter besitzt.

Auch für Johann Gottfried Herders (1744–1803) ›Ursprungsdenken‹[7] spielen die Anregungen aus Hamanns ›geistlicher‹ Poetik eine fundierende Rolle. Dessen Plädoyer für eine Neuorientierung der Dichtung an den (religiösen) Ursprüngen und Quellen der Offenbarung stimmte Herder zu und hat die Merkmale seines Poesieverständnisses auch aus dem biblischen Schöpfungsbericht (*Älteste Urkunde des Menschengeschlechts*, 1774/76) bzw. aus dem *Geist der Ebräischen Poesie* (1782) als vorbildlicher Naturpoesie erhoben. Zugleich durchbrach Herder jedoch Hamanns Offenbarungszentriertheit, wonach Gott der einzige originale Autor seiner ›Bücher‹ und alle späteren Autoren nur deren ›Übersetzer‹ und poetische Exegeten blieben, durch ein gewandeltes Geschichts- sowie Naturverständnis und Menschenbild: Gott offenbart sich in der gesamten, sich ständig wandelnden Natur und Geschichte als entscheidendem Feld menschlicher Selbstorientierung. Von daher hat das Gedächtnis in Herders Poetik und Ästhetik eine fundierende Funktion. Über dieses sucht er zu den sinnlichen Ursprüngen der Sprache und Poesie zu ge-

6 Johann Caspar [sic] Lavater, *Physiognomische Fragmente zur Beförderung der Menschenkenntnis und Menschenliebe*. Eine Auswahl mit 101 Abbildungen, hrsg. von Christoph Siegrist, Stuttgart 1984, S. 294 f.

7 Vgl. Gerhard Sauder, »Herders Gedanken über lyrische Sprache und Dichtkunst«, in: *Herder Jahrbuch / Herder Yearbook* 6 (2002) S. 97–114, hier S. 102.

langen, und von daher erklärt sich sein Interesse an den alten Zeugnissen der Poesie in den verschiedensten Ländern und Kulturen, die er als eine Art poetisches Gedächtnis der Menschheit verstand. Zugleich braucht jede Zeit ihren originalen eigenen »Dollmetscher der Natur in all' ihren Zungen«[8], ein Genie also, dessen Werke gleichsam die Essenz seiner Zeit und Kultur zur lebendigen Anschauung bringen, wie dies die genialen ›Volksdichter‹ Homer, Ossian und Shakespeare mit kühner Einbildungskraft jeweils für ihre Epochen geleistet haben. Diese Dichter sind zugleich Schöpfer ihrer Werke, und in diesen ist ihr Geist noch lebendig und erschließt sich im hermeneutischen Akt paraphrasierender, das ›Hören‹ ermöglichender Lektüre und Auslegung.

Die Gottebenbildlichkeit ist jene habituelle Disposition, die Gott allen Menschen verliehen hat und die in besonders ›begnadeten‹ und ›begabten‹, phantasiereichen und gefühlvollen Individuen zu dem Vermögen führt, »den Gott im Menschen zu singen« und »sich selbst zum Gotte zu schaffen«[9]. Diese Möglichkeit schien dem wie Rousseau zivilisationskritischen Herder aber im Zeitalter der Aufklärung und in ihrem Prozess unaufhaltsamer Verwissenschaftlichung (auch der Sprache) sowie Mechanisierung und Partialisierung der Lebensprozesse gefährdet. Der Rückblick auf die Anfänge der Menschheit zeigte den Wert der Mythologie und einer aus ihr erwachsenen bilderreichen, emotionalen Sprache für ein von den Sinnen ausgehendes Welterfassen (*Journal meiner Reise im Jahr 1769*;

8 Johann Gottfried Herder, *Shakespear*, in: J. G. H. / Johann Wolfgang Goethe / Paolo Frisi / Justus Möser, *Von deutscher Art und Kunst. Einige fliegende Blätter*, hrsg. von Hans Dietrich Irmscher, Stuttgart 1967, S. 63–91, hier S. 77.

9 Johann Gottfried Herder, *Dithyrambische Rhapsodie über die Rhapsodie kabbalistischer Prose*, in: J. G. H., *Frühe Schriften* 1764–1772, hrsg. von Ulrich Gaier, Frankfurt a. M. 1985 (Werke in 10 Bänden, Bd. 1), S. 30–39, hier S. 34.

Abhandlung über den Ursprung der Sprache, 1770). Der Mensch, der in Analogie zur Menschheitsgeschichte in seiner Kindheit und Jugend noch eine solche mythologische Weltaneignung vollzieht, vermag sich in seinem Denken grundsätzlich nicht von der sinnlichen Basis seiner Selbst- und Welterfahrung zu lösen (*Vom Erkennen und Empfinden der menschlichen Seele*, 1774/78). Deshalb haben Mythologie und Poesie auch im Zeitalter der Aufklärung noch ihre Berechtigung und können dazu beitragen, die Risse und Brüche in Weltbild und Lebensvollzug zu kitten. In den Anfängen vermutete Herder vor aller artikulierten Sprache eine Art Gesang als ›Ur-Poesie‹. Von daher galt ihm die Ode als das »erstgeborne Kind der Empfindung, der Ursprung der Dichtkunst, und der Keim ihres Lebens«[10], und sie repräsentierte zugleich als Inbegriff für die anderen Formen lyrischer Dichtung (Lied, Psalmen, Hymnen) die »Idee einer ursprünglichen Poesie«[11]. Die lyrische Dichtkunst entwickelte sich »aus Not und Bedürfnis« im Dienst der Religion, wie auch die Lieder im Alten Testament zeigen (*Versuch einer Geschichte der lyrischen Dichtkunst*, 1764).

Neben der *Ebräischen Poesie* griff Herder zur Verdeutlichung seines Lyrikverständnisses auch auf James Macphersons (1736–1796) *The Works of Ossian, the Son of Fingal* (1765 ff.) zurück und entwickelte an dieser von ihm und vielen Zeitgenossen für authentisch gehaltenen, in Wahrheit weitgehend gefälschten Sammlung von ins Englische übersetzten gälischen Liedern aus der frühen nachchristlichen Zeit seine ›Ossian‹-Poetik (*Auszug aus einem Briefwechsel über Oßian und die Lieder alter Völker*, 1773). Die Lieder standen danach im Mittelpunkt eines nationalen

10 Johann Gottfried Herder, *Von der Ode* (Dispositionen, Entwürfe, Fragmente), in: ebd., S. 57–99, hier S. 78.

11 Ralf Simon, *Das Gedächtnis der Interpretation. Gedächtnistheorie als Fundament für Hermeneutik, Ästhetik und Interpretation bei Johann Gottfried Herder*, Hamburg 1998, S. 329.

Kultus, den sie identitätsstiftend vergegenwärtigten und auch mittels einer ausgeprägten Form als Mitausdruck des Inhalts für das kulturelle Gedächtnis aufbewahrten. Sie waren Ausdruckskunst, und zwar zugleich Ausdruck der Empfindungen des Autors, seiner Zeit, Kultur, Nation und der umgebenden Natur. Da das alte gälische Volk noch unzivilisiert war, wurden seine Lieder »lebendiger, freier, sinnlicher, lyrisch handelnder«, auch »tanzmäßiger«, melodischer und »kraft«-voller als die erkünstelten, d. h. mittels der Kunstregeln von Rhetorik und Poetik erstellten poetischen Gebilde der »Letternkultur« späterer Zeiten.[12] Zum »Lebendigen« gehören auch das »Dramatische« des Inhalts sowie die »Sprünge und kühnen Würfe« von Gedankengang und Komposition[13]. Diese verweisen auf die Unmittelbarkeit und Authentizität der Lieder und auch auf das *impromptu* ihrer Entstehung, aus dem (als Zeichen eines unmittelbaren Erlebens und Verarbeitens von Situationen und Begebenheiten) die besondere ›Kraft‹ dieser Lieder erwächst.

Ein weiteres Hauptmerkmal dieser aus einer oralen Tradition stammenden Gesänge ist für Herder insbesondere ihr »Ton«, d. h. ihre akustische Dimension, als entscheidender ›Energieträger‹ zwischen den Seelenregungen des Autors und seiner Rezipienten. Herders Genie-Ästhetik orientiert sich weitgehend an der Oralität. So wie ihm der Text eines Dramas nur als Surrogat der eigentlichen lebendigen Aufführung erscheint, so erreicht ein Lied eben nicht in seinem Text, sondern in seinem Gesang, der den Text zum Verschwinden bringt, seine »herz-rührende« Wirkung. Da die »Letternkultur« aber nicht aufzuhalten war, versuchte Herder auch dem Text der Lieder durch akustische Signale vom Metrum über Rhythmus und Lautstruk-

12 Johann Gottfried Herder, *Auszug aus einem Briefwechsel über Oßian und die Lieder alter Völker*, in: Herder/Goethe/Frisi/Möser (s. Anm. 8) S. 5–62, hier S. 12 f.

13 Ebd., S. 39.

tur bis zu Motivik und Komposition eine orale Struktur einzuschreiben, die vom Rezipienten bis heute ein ›lautes Lesen‹ von Lyrik verlangt.

Solche alten ›Volkslieder‹ fand Herder auch in Thomas Percys (1729–1811) Sammlung *Reliques of Ancient English Poetry* (1765), aber mit seinen beiden eigenen Volksliedsammlungen (*Alte Volkslieder*; unpubliziert, 1774; *Volkslieder*, 1778/79) erfuhr er schmerzlich, wie schwierig es – nicht zuletzt mangels brauchbaren Materials dieser meist nur mündlich überlieferten Gesänge – war, ein »deutscher Percy« zu werden.[14] Zudem hatte der Spätaufklärer Friedrich Nicolai (1733–1811) mit seiner tatsächlich authentischen Sammlung minderwertiger Lieder (*Eyn feyner kleyner Almanach*, 1776) Herders mit solchen Gesängen verbundene *impromptu*-Poetik verspottet und damit die aufklärerische Theorie vom Lied als Kunstprodukt verteidigt.[15] Herder änderte daraufhin sein Konzept einer Kollektion von nationalen Volksliedern: In der von ihm stark überarbeiteten und erweiterten Sammlung von 1778/79 sollte man nun *Stimmen der Menschheit* vernehmen, und in ihnen wollte er zugleich eine Kollektion von »Tönen« vorlegen, in denen er glaubte, »zugleich die ästhetische Gesamtheit der menschenmöglichen Gefühle, Empfindungen und Leidenschaften« zu besitzen und damit »eine Art Thesaurus anthropologischer Grundbefindlichkeiten, die dem Menschen des 18. Jahrhunderts verloren gegangen seien, ihm aber im emphatisch verstandenen Volksliederpro-

14 Johann Gottfried Herder, *Volkslieder*, 1778/79, in: J. G. H., *Volkslieder, Übertragungen, Dichtungen*, hrsg. von Ulrich Gaier, Frankfurt a. M. 1990 (*Werke in 10 Bänden*, Bd. 3), S. 69–430, hier S. 226.

15 Friedrich Nicolai, *Eyn feyner kleyner Almanach*. Erster Jahrgang 1777, reprogr. Nachdr. in: F. N., *Gesammelte Werke*, hrsg. von Bernhard Fabian und Marie-Luise Spieckermann, Bd. 4, Hildesheim / Zürich / New York 1985, S. 1–176. – F. N., *Eyn feyner kleyner Almanach*. Zweyter Jargang [sic] 1778, reprogr. Nachdr. in: ebd. [neu paginiert], S. III–XVI, 1–156.

jekt wieder zurückgegeben werden können.«[16] So wurde Herder vom exegetischen Sammler noch zum originellen poietischen Dichter seiner Volksliedsammlung.[17]

Doch nicht nur seine poetischen Bearbeitungen (›Nachdichtungen‹) und Übersetzungen, sondern auch sein eigenes umfangreiches dichterisches Werk weisen Herder als beachtliches lyrisches Talent aus. Mehr als 350 Gedichte hat er zu Lebzeiten in verschiedenen Publikationsorganen veröffentlicht, davon knapp 100 bis zu seinem Eintreffen in Weimar (1776), weitere 180 Gedichte aus der Sturm-und-Drang-Zeit blieben zu Lebzeiten unpubliziert. Sein Versuch, alle Gattungen aus der ›Fülle des Herzens‹ »lyrisch« zu befruchten und zugleich ›sentimentalisch‹ zu reflektieren, zeitigte eine gewisse Sorglosigkeit im Umgang mit den angestammten Gattungen und führte insbesondere im Bereich der Gedankenlyrik und der von ihm selbst propagierten Mythopoesie (*Der Genius der Zukunft*; *St. Johans Nachtstraum*) zu originellen Beiträgen.[18] Bereits in der Rigaer Zeit unternahm er eindrucksvolle poetische Versuche zur Selbstsuche und -begründung als gottgleiches Genie (*Selbstgespräch*; *Zweites Selbstgespräch*). Auf der Suche nach seinem »Keim« und »Grund« überfällt das Ich der Wunsch, sich wie Gott in einem ›Sprech-Akt‹ selbst erzeugen zu können (»O spräch ich ›*Sei!*‹ und meine ganze Welt / erstünde mir, *dem Gott* [...]«[19]). Und über der Frage, welcher »Herkul« ihm die »Felsen« vor seinem Innern »entwälzt«, stellt das Ich sich die entscheidende – von Goethe erst ein Dezennium später im *Prometheus* aufge-

16 Simon (s. Anm. 11), S. 4.

17 Vgl. Franz Josef Deiters, »Das Volk als Autor? Der Ursprung einer kulturgeschichtlichen Fiktion im Werk Johann Gottfried Herders«, in: *Autorschaft. Positionen und Revisionen*, hrsg. von Heinrich Detering, Stuttgart/Weimar 2002, S. 181–201.

18 Diese und die folgenden Gedichte in: Herder, *Volkslieder, Übertragungen, Dichtungen* (vgl. Anm. 14), S. 773 ff.

19 Ebd., S. 781.

worfene – Epochenfrage: »Und kann ich selbst nicht – selbst mir Herkul sein?«[20] Triumphierend fasst der Zweizeiler eines Fragments die durch Herder inaugurierte poetische Selbstermächtigung und -vergottung des Genies als eines autonomen Schöpfers seiner poetischen Welt zusammen:

> *Mich* sing ich! Welt und Gott ein All – in mir! –
> Selbst bin ich Lied, und Welt und Phöbus mir![21]

Solch eindrucksvolle frühe poetische Einlösung des zum Teil erst später theoretisch entwickelten Genie- und Lyrikverständnisses mag miterklären, warum Herder den lyrischen Zeugnissen des jungen Johann Wolfgang Goethe (1749–1832) den gebührenden Respekt versagt hat. Tatsächlich hat Goethe, der bedeutendste, aber den Zeitgenossen noch weithin unbekannte Lyriker des Sturm und Drang, erst nach seiner Begegnung mit Herder in Straßburg (1770/71) zur eigenen neuen lyrischen Sprache gefunden. Zuvor war er ein Suchender. In seiner Leipziger Studienzeit (1765–68) hat sich Goethe konsequent die lyrischen Moden und Stilrichtungen aus Frühaufklärung und Empfindsamkeit angeeignet und in seine Sammlungen (*Annette*, 1767; *Neue Lieder in Melodien gesetzt von Bernhard Theodor Breitkopf*, 1769) aufgenommen: Beispiele der »scherzenden Muse« und der Anakreontik (*Das Schreyen, An Annetten*), empfindsame Verserzählungen im Stil seines Lehrers Gellert (*Triumpf der Tugend*), Idyllen nach dem Vorbild Salomon Geßners (1730–1788; *Idyllen*, 1756) und Oden im Stil Klopstocks (*Oden an meinen Freund*), ja Goethe begann sogar, mit diesen poetischen Richtungen und Gattungen zu spielen und sie in einzelnen

20 Ebd.
21 Ebd., S. 786.

Gedichten effektvoll ineinander zu blenden (*Die Nacht*; *An den Mond*).[22]

Doch erst seit seinem Straßburger Aufenthalt fand er mit seiner Sesenheimer Lyrik zu dem für die Lyrikgeschichte so folgenreichen Typ des Erlebnisgedichts (*Kleine Blumen, kleine Blätter*, *Mir schlug das Herz*, *Mayfest*, 1771). Hier sind Reste anakreontischer Motivik bereits so mit der »Herzens«-Sprache durchmischt, dass sie ihre gesellschaftliche Konventionalität einbüßen und in dem gedrängten exklamativen Duktus, der diesen Gedichten eignet, eine neue, unmittelbare Ausdrucksqualität gewinnen. In den beiden letzteren Gedichten[23] wird die nordisch-»ossianisch« eingefärbte Natur im Sinne der Herderschen Vorstellung von der Aktualität sinnlicher und damit mythologischer Wahrnehmung remythisiert, d. h. animalisiert und anthropomorphisiert. In den Totalitätseindrücken erscheint die Natur als unabgeleitete, eigenschöpferische Kraft. Herders Ansichten von der Naturpoesie, vom »Nothdrange des Inhalts, der Empfindungen«, vom »Dramatischen in den alten Liedern«, vom »lyrisch Handelnden« sowie den »Sprüngen und »Würfen« der Volkspoesie haben sich in der balladesken Struktur von *Mir schlug das Herz* ausgewirkt. Die einfache Strophenform, die unreinen Reime, die ausgesuchte Lautstruktur sollen die Unmittelbarkeit, das *impromptu* dieser Lieder zum Ausdruck bringen. *Mir schlug das Herz* und *Mayfest* wirken, als seien sie im Augenblick (als Gegensatz zur gelehrt ›gemachten‹ ›Lettern‹-Poesie) entstanden. Als Erlebniszentrum agiert ein lyrisches Ich, das »Götter«-Kraft in sich fühlt und sich seiner Einzigartigkeit im Fortschreiten des Gedichts be-

22 Vgl. Johann Wolfgang Goethe, *Gedichte 1756–1799*, hrsg. von Karl Eibl, Frankfurt a. M. 1988 (*Sämtliche Werke, Briefe, Tagebücher und Gespräche*, 40 Bde., hrsg. von Dieter Borchmeyer [u. a.], Bd. I,1), S. 27 ff. – Vgl. auch *Goethes Gedichte in zeitlicher Folge*, hrsg. von Heinz Nicolai, Frankfurt a. M. [5]1986, S. 19 ff.

23 Goethe, *Gedichte 1756–1799* (s. Anm. 22), S. 128 ff.

wusst wird. So wird *Mayfest* auch erst mit Beginn des zweiten Teils (Str. 6) aus einem Naturhymnus zu einem Liebeslied, das sich einem individuellen ›Mädchen‹ zuwendet, doch bleibt diese Liebe in die kosmische All-Sympathie eingebunden. Zugleich setzt dies Lied wie später die Hymne *Ganymed* die Hamannsche und Herdersche Theorie über den Ursprung der Sprache um, erinnert an ihn im enthusiastischen Jauchzen über das morgendliche Erglänzen der Sonne und damit im intertextuellen Verweis auf die Urszene der Sprachentstehung (dargestellt vor allem in der *Ältesten Urkunde des Menschengeschlechts*). – Erlebnisgedichte sind demnach auf eine prätendierte vorausliegende ›Gelegenheit‹ bezogene, diese aber durch die Sprechinstanz im Gedicht erst zu einem Erlebnis von allgemeinem Symbolgehalt ausgestaltende »Augenblicks-Offenbarungen des Ganzen«[24], sie suggerieren damit zugleich Unmittelbarkeit, Spontaneität und Authentizität der Sprechinstanz, die nach damaligem Verständnis noch den Autor repräsentiert.

Das Verständnis des Autors und Künstlers als eines göttlich inspirierten und enthusiastisch ergriffenen Genies entwickeln auch die theologischen sowie kunst- und literaturtheoretischen Schriften des jungen Goethe (*Brief des Pastors zu *** an den neuen Pastor zu ****, *Zwo wichtige, bisher unerörterte biblische Fragen*, 1773; *Von deutscher Baukunst*, 1773; *Nach Falkonet und über Falkonet*, 1775; *Zum Schäkespears Tag*, 1771).[25]

In seinen großen freirhythmischen und mythopoetischen Frankfurter Hymnen hat Goethe die Selbstermächtigung des Genies zum gottgleichen Schöpfer auf die lyrische Spitze getrieben. Als ›Ensemble‹ eröffnen sie die vermutlich von ihm selbst für Charlotte von Stein zusam-

24 Karl Eibl, »Kommentar«, in: Goethe, *Gedichte 1756–1799* (s. Anm. 22), S. 727–1266, hier S. 731.

25 Alle Aufsätze in: *Der junge Goethe*, neu bearb. Ausg. in 5 Bdn., hrsg. von Hanna Fischer-Lamberg, Berlin 1966–68, unveränd. Neuausg. Berlin / New York 1999.

mengestellte ›Erste Weimarer Gedichtsammlung‹ (ein Heft mit 28 Gedichten von Goethes Hand, 1778): *Mahomets Gesang*; *Wandrers Sturmlied*; *Künstlers Morgenlied*; *An Schwager Kronos*; *Prometheus*; *Ganymed*[26]. Das erste Gedicht ist doppeldeutig lesbar als eine Hymne *des* damals geächteten Propheten Mohammed, der im Medium eines sich vom Gebirgsbach zum Fluss entwickelnden und schließlich »freudebrausend« in den »Ozean« ergießenden Stroms eine zugleich von hermetisch-alchimistischem Gedankengut durchzogene pantheistische Naturreligion verkündet, sowie zugleich als Hymne *auf* Mohammed, die im Strom als anthropomorphisiertem »Makroanthropos« das Genie im Bild des geisterfüllten Propheten verherrlicht. *Wandrers Sturmlied* vollzieht im Rückgriff auf sowohl griechische wie biblische, aber auch hermetische Kontexte die Selbstvergottung des Genies im ›geist‹-erfüllten Aufschwung des Musenanrufs, bei dem das Ich sogar wie der Geist Gottes am Schöpfungsbeginn auf dem Wasser schwebt (»Ihr umschwebt mich und ich schwebe / Über Wasser über Erde / Göttergleich«[27]). Doch verausgabt das Ich damit auch seine Lebenskraft, und die Schlussverse kehren – den Verlust der Exaltation in atemlosem Stammeln oder ›Lallen‹ andeutend – abrupt zur Perspektive der irdischen »Hütte« (auch als Symbol der Leiblichkeit und schützenden Kontraktion) zurück, in der das Ich sich vor der göttlichen Übermacht des inspirativen ›Strömens‹ als Erfahrung äußerster Expansion zu bergen hofft.

Die prekäre Ambivalenz, ja Interdependenz von Selbstvergottung und Selbstvernichtung gestaltet eindrucksvoll *An Schwager Kronos*: Auf einer symbolisch ineinander gespiegelten Tages- und Lebensreise treibt das Ich Kronos, den Gott der Zeit, als Kutscher durch die Stationen des eigenen Lebens, es genießt auf dessen Höhepunkt trium-

26 Vgl. Goethe, *Gedichte* 1756–1799 (s. Anm. 22), S. 193–205.
27 Ebd., S. 196.

phierend den pantheistischen All-Anblick und die Liebe und inszeniert dann den rauschhaften Tod blasphemisch als triumphale Höllenfahrt:

> Töne Schwager dein Horn
> Raßle den schallenden Trab
> Daß der Orkus vernehme: ein Fürst kommt,
> Drunten von ihren Sitzen
> Sich die Gewaltigen lüften.[28]

Damit usurpiert das Gedicht zugleich das Motiv von Christi Höllenfahrt, das Goethe als Knabe selbst bedichtet und das Klopstock im 1773 erschienenen letzten Band des *Messias* gestaltet hat. Der Untertitel der Hymne *In der Postchaise d 10 Oktbr 1774* verweist auf die historische ›Gelegenheit‹, nämlich die Rückkehr von einer gemeinsamen Reise mit Klopstock! Das Ich besiegt und annulliert hier nun als ›Selbsterlöser‹ die Schrecken und eigentlich auch die Funktion der Hölle und damit den ganzen weltanschaulichen Kontext, in dem Klopstocks *Messias* und Weltbild verankert ist. Die dienende Stellung der Poesie gegenüber der Religion und Offenbarung, an der Klopstock festhielt, wird hier ein weiteres Mal emphatisch verabschiedet und durch die Selbstsakralisierung des genialen Individuums ersetzt. Wörtliche Anspielungen auf das Scheitern der Selbstvergottung Fausts (im *Urfaust*) verweisen indessen auch in diesem Gedicht auf die Kehrseite solch luziferischer Verlockung des »eritis sicut Deus«.

Diese adamitische Ur-Sünde wiederholt auch die von Zeitgenossen als Skandalon empfundene poetische Gerichtsrede und Anti-Hymne *Prometheus*. Dieser – im Sinne Shaftesburys ein »Widerspruch gegen die Allmacht«[29] –

28 Ebd., S. 203.
29 Anthony Earl of Shaftesbury, *Die Moralisten. Eine philosophische Rhapsodie oder Unterredungen über Gegenstände der Natur und Moral*, in: Shaftesbury (s. Kap. 8, Anm. 4) S. 41–209, hier S. 57 f.

verspottet und entmachtet die göttliche Vater-Welt, spricht sich als »Sohn Gottes« aus der mythologischen Befangenheit los und eignet sich als Kulturträger die Potenz des Schöpfers selbst zu: »Hast du's nicht alles selbst vollendet / Heilig glühend Herz / [...] / Hier sitz ich, forme Menschen / Nach meinem Bilde / Ein Geschlecht das mir gleich sei«[30]. In der Figur des Prometheus findet Goethe ein Symbol für das unüberbietbare individuelle Ziel aufklärerischen Autonomiestrebens, zeigt aber implizit bereits, dass sich der Sprecher nur über das ›Dekonstruierte‹ und Nichtidentische erkennen und konstituieren kann und damit auf dieses doch angewiesen bleibt. Die hier vollzogene ›Verselbstung‹ bedarf – das zeigt auch die Nähe zu Goethes Luzifer-Mythos – der ›Entselbstigung‹, wie sie im *Ganymed* gestaltet ist. Doch ist der poeto-theologische Einspruch gegen die Vaterwelt nötig, damit sich die Kultur autonomisieren und *Prometheus* damit zugleich auch ein Künstlergedicht werden kann!

Nach Freisprechung aus der ›Unmündigkeit‹ der Väterwelt darf *Ganymed* das ›neue Evangelium‹ der pantheistischen Naturreligiosität verkünden, als deren unhintergehbares, authentisches Medium sich dezidiert die Geniedichtung etabliert. Und indem *Ganymed* im Erlebnis der Natur seine ›Himmelfahrt‹ erstrebt, wird in der Anspielung auf die Himmelfahrt des christlichen Erlösers deutlich, wie sehr sie hier durch den – im Medium der Poesie vollzogenen – Prozess der Selbsterlösung im ›Buch der Natur‹ ersetzt worden ist. Das ist ein weiterer Beleg dafür, wie durch die in den Hymnen des jungen Goethe kulminierenden Usurpationen christlicher Religiosität und religiöser Inspiration der frühneuzeitliche Säkularisierungsprozess zu einem literaturgeschichtlichen Höhepunkt gelangt, in dem sich die Poesie mit der Selbstheiligung von

30 Johann Wolfgang Goethe, *Gedichte 1756–1799* (s. Anm. 22), S. 203 f.

Autor und Werk ihre konfrontative Unabhängigkeit von der christlichen Religion erwirbt.

Jakob Michael Reinhold Lenz (1751–1792), Sohn eines pietistischen Pfarrers und zum Theologiestudium bestimmt, Freund Goethes, Herders und vor allem Lavaters, hat sein theologisches Hauptwerk *Meinungen eines Laien* (1775) als »Grundstein meiner ganzen Poesie, aller meiner Wahrheit, all meines Gefühls, der aber freilich nicht muß gesehen werden«[31], bezeichnet. Die theologische Grundierung bestimmt insbesondere sein verstreut erschienenes, bisher kaum beachtetes lyrisches Werk im Umfang von mehr als 100 Gedichten. Die frühe Poesie – darunter Gelegenheitsdichtung, kleinere Bibelepen und das Lehrgedicht *Die Landplagen* (1500 Hexameterverse, 1769) – ist bestimmt von orthodoxen Positionen, gesteigert durch pietistischen Tugendrigorismus sowie Nachahmung Klopstockscher Empfindungen und Stilmerkmale. Wie Goethe hat Lenz sich am Ende seiner Studienzeit (in Königsberg) alle geläufigen lyrischen Traditionen und Formensprachen von Aufklärung und Empfindsamkeit angeeignet und beginnt wie dieser sein Spiel mit ihnen. Ein Beispiel dafür ist das aus Motiven und Stilformen der Kleinepik, des komischen Versepos und idyllischer Verserzählung – verbunden mit Liedeinlagen – gemischte ›Gesellschaftsepyllion‹ *Belinde und der Tod* (1770), in dem ein enthusiasmiertes Ich seine Geliebte Belinde mit Hilfe von Liebesgöttern vor dem Tode retten kann, dann aber – aus dem Schlaf erwachend – sich »hypochondrisch« eingestehen muss, dass Belinde den reichen »Stax« »aus Geitz« lieben muss.[32] –

31 Zit. in: Uwe Hayer, *Das Genie und die Transzendenz. Untersuchungen zur konzeptionellen Einheit theologischer und ästhetischer Reflexion bei J. M. R. Lenz*, Frankfurt a. M. 1995, S. 12.

32 Jakob Michael Reinhold Lenz, *Belinde und der Tod: Carrikatur einer Prosopopee*. Faksimile der Handschrift und Transliteration, mit einem Nachw. von Verena Tammann-Bertholet und Adolf Seebaß, Basel 1988.

Sein erstes Erlebnis- und Liebesgedicht *Ausfluß des Herzens. Eine esoterische Ode* (1772)[33] schreibt Lenz unbeeinflusst von Goethe ganz im Rückgriff auf die Motivik (neu)-platonischer Liebe, Klopstockscher Oden (*Die künftige Geliebte*; *An Gott*) sowie aus dem – voreheliche Erotik und Sexualität als schwere Sünde verdammenden – Erfahrungshorizont seiner pietistischen Sozialisation. Das Ich ringt in einem poetischen Gebet an Gott um die Reinheit seiner Empfindungen für »ein Mädchen«, um die »Krafft Tugend zu üben« und im Bild des Mädchens zugleich das Bild Gottes zu verehren. In mehreren theoretischen Schriften hat Lenz solchen Tugendrigorismus bekräftigt und im Sinne Lavaters die *imitatio Christi* – nicht zuletzt bei der vorehelichen Keuschheit – eingefordert.[34] Von daher wundert es nicht, dass er in weiteren Liebesgedichten – Petrarca neuplatonisch beerbend (vgl. auch sein Erzählgedicht *Petrarch*[35]) – um die meist unnahbare und unerreichbare Geliebte geradezu eine keusche Liebes-Religion inszeniert, die in ihrer schlichten Herzenssprache an Tersteegen erinnert und darin das pietistische Säkularisat erkennen lässt:

33 Jakob Michael Reinhold Lenz, *Gedichte*, in: Gert Vonhoff, *Subjektkonstitution in der Lyrik von J. M. R. Lenz. Mit einer Auswahl neu herausgegebener Gedichte*, Frankfurt a. M. [u. a.] 1990, S. 206/208.

34 Jakob Michael Reinhold Lenz, *[Catechismus]*, in: Christoph Weiß (Hrsg.), »J. M. R. Lenz' Catechismus«, in: *Lenz-Jahrbuch* 4 (1994) S. 31–67, hier S. 41. – Lenz, *[Meine Lebensregeln]*, in: Lenz, *Werke und Briefe in drei Bänden*, hrsg. von Sigrid Damm, Leipzig 1987, Bd. 2: *Lustspiele nach dem Plautus. Prosadichtungen. Theoretische Schriften*, S. 487–499, hier S. 489. – Lenz, *Versuch über das erste Principium der Moral*, in: Lenz, *Werke*, hrsg. von Friedrich Voit, Stuttgart 1992, S. 429–446, hier S. 435.

35 Jakob Michael Reinhold Lenz, *Petrarch. Ein Gedicht aus seinen Liedern gezogen*, in: Lenz, *Werke und Briefe in drei Bänden*, hrsg. von Sigrid Damm, Leipzig 1987, Bd. 3: *Gedichte. Briefe*, S. 124–136.

An ihrem Blicke nur zu hangen
Verlang ich, weiter nichts,
Und von dem Reichtum ihres Lichts
Ein Fünkchen in mein Herz zu fangen.[36]

Am ausgeprägtesten erscheint dieser Religionskult in den Gedichten auf Goethes Schwester Cornelia Schlosser, die zur anbetungswürdigen Mittlerin des Göttlichen avanciert. – Intertextuell komplex sind Lenz' Liebesgedichte auf Goethes Geliebte Friederike Brion, weil er dessen Sesenheimer Gedichte als Prätexte für die eigenen – das Scheitern seiner Hoffnungen eingestehenden – Poeme an Friederike heranzieht (vgl. *Wo bist Du itzt, mein unvergeßlich Mädchen*; *Ach bist du fort?*[37] Vgl. dazu auch die Ballade *Die Liebe auf dem Lande*[38]).

Lenz' konfliktträchtige Beziehung zu Goethe, die 1776 zum endgültigen Bruch in Weimar führte, spiegelt sich auch in einer Reihe von Gedichten, in denen sich Lenz kritisch und ironisch mit dem Geniekult auseinandersetzt. Er leugnet keineswegs die Existenz von Genies wie Shakespeare, Herder oder Goethe, und er partizipiert auch am Hochgefühl der Genie-Religion (»Frey wie der Wind / Götter wir sind«; aus *Lied zum teutschen Tanz*[39]), aber es überwiegen dabei doch ironische Distanz und Skepsis, vor allem bei der Applikation auf sich selbst (vgl. *Aus einem Neujahrswunsch aus dem Stegereif. Aufs Jahr 1776*; *Schauervolle und süß tönende Abschiedsode*, 1776[40]), und der Schluss der Ode *Die Demuth* (um 1774) widerruft geradezu aus pietistischem Geist jede Form hybrider Selbstver-

36 Ebd., S. 169.
37 Zit. in: Vonhoff (s. Anm. 33), S. 194 f.
38 Jakob Michael Reinhold Lenz, *Die Liebe auf dem Lande*, in: Lenz, *Werke und Briefe* (vgl. Anm. 34), Bd. 2, S. 97 ff.
39 Zit. in: Vonhoff (s. Anm. 33), S. 228.
40 Ebd., S. 200 ff. – Lenz, *Werke und Briefe* (vgl. Anm. 34), Bd. 2, S. 176 ff.

gottung und führt die ›Genie-Religion‹ auf den Kern der christlichen Religiosität, auf Lavaters Ur-Genie Christus, zurück. In *Eduard Allwills erstem geistlichen Lied* (1776) indessen klagt das Ich das Lebensgefühl des Sturm und Drang für sich ein und nimmt in hellsichtiger Verzweiflung das eigene Ende vorweg:

Nein ich schreye – Vater! Retter!
Dieses Herz will ausgefüllt
Will gesättigt seyn, zerschmetter
Lieber sonst dein Ebenbild.[41]

10. Göttinger Hain und Grenzgänger des Sturm und Drang

›Göttinger Hain‹ ist die Bezeichnung für eine Gruppe von Studenten, die sich aus einer zunächst losen Zusammenarbeit an dem von Heinrich Christian Boie (1744–1806) herausgegebenen *Göttinger Musenalmanach* (1770 ff.) von 1772 an zu einem bis 1775 dauernden festen Freundschaftsbund mit eigenem Statut und ritualisierten Formen gemeinsamer Treffen und Lesungen eigener Werke entwickelte. Der Musenalmanach war eine neue, aus Frankreich importierte Publikationsform, die vor allem der Lyrik neue Chancen bot und alsbald viele Nachahmer in Deutschland auf den Plan rief. Der Göttinger Almanach wurde mehr und mehr zum Organ der Dichtungen der Sturm-und-Drang-Generation und der Hainbündler selbst (mit dem Höhepunkt des *Göttinger Musenalmanach auf das Jahr 1774*)[1]. Die Mitglieder des Bundes orientierten

41 Zit. in: Vonhoff (s. Anm. 33), S. 218.

1 Heinrich Christian Boie (Hrsg.), *Göttinger Musenalmanach auf das Jahr 1774*, Göttingen 1774, reprogr. Nachdr. Darmstadt 1980. – Vgl. den Auswahlband: *Der Göttinger Hain*, hrsg. von Alfred Kelletat, Stuttgart 1979.

sich am Vorbild der ›Bremer Beiträger‹[2], zu denen sie auch Kontakt suchten. Sie griffen deren Themenspektrum auf und suchten es gattungsreich weiterzupflegen. Ihr Selbst- und Sendungsbewusstsein beruhte nicht auf einer Begeisterung über die eigene Genialität, sondern ihr Herz geriet für Werte in Wallung, die sie im ›Kampf mit der Welt‹ zu propagieren suchten. Deshalb waren sie ›Genies zur Tugend‹ und verehrten folgerichtig *das* Genie der Empfindsamkeit: Friedrich Gottlieb Klopstock! Doch gingen sie im Anschluss an ihn auch in einigen Aspekten über die wohltemperierte Affektklaviatur der Empfindsamkeit hinaus: in einem unbedingten, begeisterten Patriotismus, in zum Teil provozierender Gesellschaftskritik und ›Antityrannendichtung‹, auch in einer Favorisierung der ›Fülle des Herzens‹ im Blick auf Freundschaft, Liebe und Natur. Von daher waren sie zugleich empfänglich für die Autor- und Gefühlsästhetik von Lavater, Herder und Goethe, zu denen sie ebenfalls freundschaftlichen Kontakt aufnahmen. Und sie teilten deren Ideale von Authentizität, ›Einfalt‹ und ›Volkspoesie‹. Insofern stehen die ›Bündischen‹ in Distanz und Nähe zur Kerngruppe des Sturm und Drang.

Das stärkste dichterische Talent des Göttinger Hain war der Pfarrersohn und Theologiestudent Ludwig Christoph Heinrich Hölty (1748–1776). Er entwickelte früh ein eigenes poetisches Profil. Dazu zählte zunächst seine Beschäftigung mit der komischen Romanze (bekannt vor allem *Adelstan und Röschen*; *Die Nonne*)[3], doch gab er die Beschäftigung mit dieser Gattung angesichts eines gesteigerten Selbstanspruchs (und der Konkurrenz zu Gottfried August Bürger) bereits 1773 wieder auf. Seit 1771 gehörte

2 Vgl. Kap. 8.

3 Vgl. Ludwig Christoph Heinrich Hölty, *Gesammelte Werke und Briefe. Kritische Studienausgabe*, hrsg. von Walter Hettche, Göttingen 1998, S. 67 ff., 167 ff. – Alle im Folgenden genannten Gedichte sind in dieser Ausgabe verzeichnet.

er zum Dichterkreis um Boie. Zusammen mit dem Ulmer Pfarrersohn und Theologiestudenten Johann Martin Miller (1750–1814), dessen lyrischer Begabung das anakreontische, »biedermännisch« gezügelte Liebes- und Gesellschaftslied besonders behagte und routiniert, formgerecht, aber auch oberflächlich aus der Feder floss (*Gedichte*, 1783), beherrschte Hölty, der insgesamt 134 Gedichte schrieb, mit seinen empfindsamen Oden und Elegien die Zusammenkünfte des Zirkels bis etwa 1773. Er feierte auch den Gründungstag des Bundes am 12. September 1772 im Dorf Weende bei Göttingen, der den Teilnehmern wie ein Erweckungserlebnis vorkam, mit der Ode *Der Bund* (»Die Geister unsrer Väter schweben / Lichthell und lispelnd um unsre Saiten!«[4]). Hölty beteiligte sich ebenfalls an den durch Klopstocks Bardenkult und Vaterlandbegeisterung sowie Herders Volkslied-Projekt ausgelösten Versuchen, ältere deutsche Poesie wie den Minnesang wieder zu Ehren zu bringen. Mit dem Dutzend archaisierender *Minnelieder*, die er 1773 schrieb, glaubte er, eine alte ›Volkslied‹-Tradition wiederbeleben zu können!

Vor allem der »ländlichen Poesie« und der »süßen melancholischen Schwärmerei« in Ode und Elegie galt Höltys besondere Vorliebe, und hier fand er zum eigenen Ton. Die erste Begegnung mit seiner unerreichbaren Jugendliebe durchzieht als elegische Erinnerung eine Reihe seiner Oden, die auf diese Weise Erlebnischarakter gewinnen (*An die Apfelbäume, wo ich Julien erblickte*; *Die Liebe*; *Der Kuß*). Doch weist die Mehrzahl seiner stets an vorgefundene Strophen- und Versformen gebundenen Liebesgedichte einen fiktiven Charakter als Traum- und Phantasiegebilde auf (*Das Traumbild*; *An die Phantasie*; *An ein Ideal*; *Der Traum*), und wie Lenz trägt auch Hölty dabei das Problem einer Vereinbarkeit von platonischer Liebe und erotischem Begehren aus (*An die platonische Liebe*; *An einen Blumen-*

4 Ebd., S. 105.

garten; *Die Liebe*). Höltys besondere Leistung ist die Übertragung der kunstvollen Klopstockschen Ode in die einfachere, dem Volkslied-Ideal angenäherte melancholisch-ländliche Form, wie sie in der folgenden Ode *Die Maynacht* (im Vergleich zu Klopstocks *Die Sommernacht*)[5] erkennbar ist (Hölty verwendet dabei die vierte asklepiadeische Strophenform):

Wenn der silberne Mond durch die Gesträuche blickt,
Und sein schlummerndes Licht über den Rasen geußt,
  Und die Nachtigall flötet,
    Wandl' ich traurig von Busch zu Busch.

Selig preis' ich dich dann, flötende Nachtigall,
Weil dein Weibchen mit dir wohnet in einem Nest,
  Ihrem singenden Gatten
    Tausend trauliche Küsse giebt.

Überschattet von Laub, girret ein Taubenpaar
Sein Entzücken mir vor; aber ich wende mich,
  Suche dunkle Gesträuche,
    Und die einsame Thräne rinnt.

Wann, o lächelndes Bild, welches wie Morgenroth
Durch die Seele mir strahlt, find' ich auf Erden dich?
  Und die einsame Thräne
    Bebt mir heißer die Wang herab.[6]

Die Elegie, ohnehin Modegattung der Empfindsamkeit, deren »Ton« vielfach auch seine Oden durchzieht, ist Höltys melancholischer Disposition besonders gemäß. Von der »Weltschmerz«-Literatur angeregt und von Thomas Grays (1716–1771) *Elegy Written in a Country Church-*

5 Vgl. Kap. 8.
6 Hölty, *Gesammelte Werke und Briefe* (s. Anm. 3), S. 187.

yard (1742/51) insbesondere inspiriert, schrieb der »Trauerer« die *Elegie auf einen Dorfkirchhof* (1771). Die Imagination der Sprechinstanz öffnet gleichsam einige der Gräber, erweckt die Toten zu erinnertem Leben und konfrontiert sie dann wieder mit den »grauen Leichensteinen«, um so die Trauer zu intensivieren. Und die Elegie endet mit der gemischten Empfindung des *joy of grief*: »Winkt, ihr Gräber, / Mir oft süße Schwermuth!«[7] Vielen Gedichten gab Hölty den Titel »Elegie« (*auf eine Rose*; *auf eine Nachtigall*; *auf einen Stadtkirchhof*; *auf ein Landmädchen*), und dabei konnte er die Gefahr einer Evokation typisierter Requisiten und emotionaler Stereotypien nicht vermeiden. »Hölty«, schrieb Boie im März 1776 an Bürger, »ist itzt im Kreisen«: »Er muß aus der Welt heraus, die er schon erschöpft hat, und weg von der einen Saite, die nun ganz abgegriffen ist.«[8] Doch im selben Jahr starb der inzwischen Vereinsamte, der seinen Tod früh vorausgeahnt hatte (*Ihr Freunde hänget, wann ich gestorben bin*).

Im Oktober 1772 immatrikulierten sich die beiden pietistisch erzogenen Grafen Christian (1748–1821) und Friedrich Leopold zu Stolberg (1750–1819) zum Jurastudium in Göttingen und wurden noch im selben Jahr Mitglieder des Bundes. Mit ihnen, die Klopstock als Freund der Familie persönlich kannten, intensivierte sich die Verehrung des *Messias*-Dichters zum Kult. Die Grafen eröffneten den Mitgliedern den persönlichen Kontakt zu ihm und überbrachten im April 1773 ein Buch *Für Klopstock* nach Hamburg, das 91 Gedichte der Hainbündler enthielt. Die Mitglieder gaben sich Barden-Namen und nannten ihren Bund im Sommer 1773 ›Göttinger Hain‹ (nach Klopstocks

7 Ebd., S. 52.

8 Gottfried August Bürger, *Briefe von und an Gottfried August Bürger. Ein Beitrag zur Literaturgeschichte seiner Zeit. Aus dem Nachlasse Bürger's und anderen, meist handschriftlichen Quellen*, hrsg. von Adolf Strodtmann, 4 Bde., Berlin 1874, Bd. 1, S. 288.

Ode *Der Hügel, und der Hain*). Klopstock ließ sich solche Huldigung gern gefallen, empfing mehrere Mitglieder, übermittelte Beiträge für den Musenalmanach auf 1774 und suchte den Zirkel auch erfolgreich für seine Interessen – vor allem für die Subskription der *Deutschen Gelehrtenrepublik* – einzuspannen, ja zur Begeisterung seiner Göttinger Jünger, die seine Geburtstage feierlich begingen, ließ er sich sogar als Mitglied in den Bund aufnehmen (1774) und gab vor, große Pläne mit ihnen zu verfolgen, die sich indessen nicht konkretisierten. Mittlerweile – bereits mit dem Weggang der Brüder Stolberg von Göttingen im September 1773 – begann der Bund zu erodieren. Mit seiner Auflösung nach dem Weggang der meisten Mitglieder aus Göttingen 1775 erlosch dann faktisch auch die Beziehung zu Klopstock.

Dem Ruf von zwei Autoren hat die Mitgliedschaft im Bunde eher geschadet: Friedrich Leopold Graf zu Stolberg und Johann Heinrich Voß (1751–1826). Beide waren zusammen mit dem unbedeutenden, lautstarken Johann Friedrich Hahn (1753–1779) die Propagatoren der seit Juni 1773 auf den Sitzungen der Hainbündler vorherrschenden kämpferischen Vaterlands-, Freiheits- und Antityrannengesänge, die Hölty zum Verstummen brachten. Bei Stolberg führte politischer Konservatismus zur patriotischen Begeisterung (*Die Freiheit*, 1770; *Die Ruhe*, 1772; *Mein Vaterland*, 1774) und zur Sehnsucht, für das Vaterland mit dem »Schwert« das »junge Blut« opfern zu wollen (*Lied eines deutschen Knaben*, 1774)[9], bei dem aus ärmsten Verhältnissen stammenden Voß schwang unerbittlicher Hass auf die Adelskaste die blutdürstige Feder (*Bundsgesang*, 1772; *Deutschland. An Friedrich Leopold Graf zu Stolberg*,

9 Friedrich Leopold Graf zu Stolberg Stolberg, *Gedichte*, in: August Sauer (Hrsg.), *Der Göttinger Dichterbund*, Tl. 3: *Friedrich Leopold Graf zu Stolberg. Matthias Claudius*, Stuttgart [o. J.], S. 31–191, hier S. 33 ff.

1772; *Trinklied für Freie*, 1774)[10]. Doch solch säbelrasselnde Poeme stempelten diese Autoren als *poetae minores* ab. Ihre weitere Entwicklung wurde kaum noch zur Kenntnis genommen.

Dabei haben beide nach 1775 noch ein großes Œuvre geschaffen. Stolberg wurde der vielseitigste, alle Gattungen erprobende Dichter und Übersetzer (u. a. von *Ilias* und *Ossian*) aus der Gruppe des Göttinger Hain. In verschiedenen Traktaten vertrat er die Inspirationstheorie von Lavater und Goethe, mit denen er eng befreundet war (*Über die Fülle des Herzens*, 1777; *Über die Begeistrung*, 1782)[11], in seiner Naturpoesie verherrlichte er insbesondere seine Heimat, das Land an Nord- und Ostsee, und in seinen »An Voß« adressierten *Jamben* (1782), einer Sammlung von Verssatiren, übte er aus tugendhafter Gesinnung heftige Kirchen- und Monarchiekritik.[12]

Voß wiederum entwickelte sich mit bahnbrechenden Übersetzungen aus dem Griechischen zum »deutschen Homer« und schuf im experimentellen Rückgriff auf Theokrit (um 300–260 v. Chr.) und Vergil (70–19 v. Chr.) eine ganze Reihe in Stil und Inhalt variationsreicher Idyllen, die von scharfer Sozial- und Adelskritik im theokritischen Stil (*Die Leibeigenschaft*, 1776) über ironisch gebrochene Lobpreisungen des Landlebens (*Die Kirschenpflückerin*, 1780)[13] bis zu ausladenden Verklärungen bürgerlicher Natur in ho-

10 Johann Heinrich Voß, *Oden und Elegien*, in: August Sauer (Hrsg.), *Der Göttinger Dichterbund*, Tl. 1: *Johann Heinrich Voß*, Berlin/Stuttgart [o. J.], S. 165–223, hier S. 178 ff. – J. H. Voß, *Oden und Lieder*, in: ebd., S. 225–324, hier S. 239 ff.

11 Vgl. Friedrich Leopold Graf zu Stolberg, *Über die Fülle des Herzens. Frühe Prosa*, hrsg. von Jürgen Behrens, Stuttgart 1970, S. 3 ff., 32 ff.

12 Friedrich Leopold Graf zu Stolberg Stolberg, *Jamben*, in: *Gesammelte Werke der Brüder Christian und Friedrich Leopold Grafen zu Stolberg*, 20 Bde., Hamburg 1821 ff., Bd. 3: *Jamben*, 1821, S. 1–87.

13 Johann Heinrich Voß, *Idyllen und Gedichte*, hrsg. von Eva D. Becker, Stuttgart 1984, S. 5 ff., 29 ff.

merischen, von Stilelementen des komischen Versepos belebten Idyllen reicht (*Luise*; *Der siebzigste Geburtstag*), in denen Voß dem Bürgertum nachdrücklich das Adelsdiplom erteilt.[14] Bis ins Alter schrieb er zahlreiche – oft gedanken- und formstrenge – Gedichte, die er zuvor in dem von ihm edierten *Voßschen* oder *Hamburger Musenalmanach* (1776–1798) veröffentlichte, aber immer wieder auch in zum Teil mehrbändigen Gedichtsammlungen publizierte (u. a. 1786, 1802).

In deutlicher Distanz zum Göttinger Hain hielt sich der Pfarrersohn Gottfried August Bürger (1747–1794), der nach gescheitertem Theologiestudium in Halle 1768 zum Jurastudium nach Göttingen kam und die Universität bereits 1772 verließ, um das mühselige Amt eines Gerichtsamtmanns in Gelliehausen bei Göttingen anzutreten. Zerwürfnisse im Amt und private Katastrophen (u. a. eine ›Ehe zu dritt‹) haben dieses große poetische Talent zeitweise gelähmt, und Schillers vernichtende Rezension (*Über Bürgers Gedichte*, 1789) hat ihn um einen Teil seines verdienten Nachruhms gebracht. Aus einer schon der Klassik verpflichteten Position tadelte Schiller gerade Bürgers Stärken: seine Volkstümlichkeit, seinen im autobiographischen Fundament der Poesie erkennbaren Individualismus, seine gelegentlichen Exaltationen und erotischen Pikanterien. In Bürgers Erotica begegnen Motive und Formensprache der »scherzenden Muse«, doch dominiert von Anfang an eine augenzwinkernde, naiv anmutende Direktheit, die ohne ›witzige‹ Verschleierung und im Volkston die ›Lust am Liebchen‹ (so ein Lied von 1769 in der populären ›Chevy-Chase-Strophe‹) artikuliert: »Wie selig, wer sein Liebchen hat, / Wie selig lebt der Mann! / Er lebt, wie in der Kaiserstadt / Kein Graf und Fürst es kann.«[15] Bürger

14 Ebd., S. 34 ff. (*Der siebzigste Geburtstag*). – *Luise* in: *Der Göttinger Dichterbund* (s. Anm. 9), S. 1–68.

15 Gottfried August Bürger, *Gedichte*, hrsg. von Gunter E. Grimm, Stuttgart 1997, S. 9.

versuchte sich ebenfalls in der Reaktivierung des Minnesangs (*Die Minne*, 1772) und begrüßte Herders *Ossian*-Aufsatz als Bestärkung eigener poetischer Intentionen, die er mehrfach theoretisch erörterte (so in den Vorreden zu seinen beiden Gedichtausgaben von 1778 und 1789, ferner im *Herzensausguß über Volks-Poesie* und im Aufsatz *Von der Popularität der Poesie*). – Züge leidenschaftlicher Individualität erhielt seine Liebespoesie insbesondere durch seine Liebe zu ›Molly‹, der jüngeren Schwester seiner Frau. Diese offen als ›Naturrecht‹ eingeklagte Liebe überforderte freilich das Moralempfinden seiner Zeitgenossen, und am Drastischen des Ausdrucks von Schmerz und Sinnlichkeit nahm Schiller heftigen Anstoß (*Elegie. Als Molly sich losreißen wollte*, 35 Strophen):

Denn wie soll, wie kann ich's zähmen,
Dieses hochempörte Herz?
Wie den letzten Trost ihm nehmen,
Auszuschreien seinen Schmerz?
Schreien, aus muß ich ihn schreien!
Herr, mein Gott, du wirst es mir,
Du auch, Molly, wirst verzeihen!
Denn zu schrecklich tobt er hier.[16]

Sein Bestes hat Bürger in der Erneuerung der Ballade geleistet, die er als zentrale Gattung der Volkspoesie verstand. Den ersten Anstoß gab die im Sturm und Drang gesammelte und verschriftlichte Volksballade, die sich vielfach mit dem Zeitungslied und dem Bänkelsang[17] berührte. Letzterer ließ sich wiederum nur in ironischer Form in die ›Hochliteratur‹ überführen. Dies geschah in den ›komischen Romanzen‹ bei Gleim (1756) und bei Hölty. Im Ge-

16 Gottfried August Bürger, *Sämtliche Werke*, hrsg. von Günter und Hiltrud Häntzschel, München/Wien 1987, S. 106.

17 Vgl. Wolfgang Braungart (Hrsg.), *Bänkelsang. Texte – Bilder – Kommentare*, Stuttgart 1985.

gensatz zu Letzterem wollte Bürger aber mit seiner berühmten, gattungskonstitutiven *Lenore* (1773)[18] keine ›komische‹ und damit Distanz ermöglichende, sondern eine rührende und damit identifikatorische (Schauer-)Romanze schreiben, weshalb er neben Bibel, Kirchenlied und Märchen auf die Volksballade zurückgriff. Die Originalität und Aktualität dieser ersten deutschen Kunstballade beruht aber in der eindringlichen Gestaltung eines höchst aktuellen Stoffes aus dem Siebenjährigen Krieg, nach dessen Beendigung Lenore ihren Geliebten zurückerwartet. Und es macht die Größe dieser ›totenmagischen‹ Ballade aus, dass sie mit Lenores Zweifeln an den althergebrachten christlichen Trostgründen der Mutter, mit ihrer Einforderung des Rechts auf Verwirklichung ihrer Liebe als eines naturgesetzlichen und von Gott gewährten Rechts im Diesseits, mit der Wunscherfüllung im Gespensterritt und dem tödlichen und gleichwohl im Blick auf ihre Erlösung offenen Ende ein wahrhaft sinnenhaftes und herzrührendes Spektakel entwirft. Und zugleich thematisiert die Ballade ein Grundproblem der Aufklärung, nämlich die Theodizee. Das ›Lyrisch Handelnde‹, das Bürger durchweg zum Grundzug seiner Balladen ausgestaltet, verbindet epische Fiktionalität mit dem entscheidenden dramatischen Finale am Grab. Damit sind Elemente aller drei Gattungen vertreten. Noch eindrucksvoller ist Bürgers Ballade *Des Pfarrers Tochter von Taubenhain*[19], ein fulminantes ›Bürgerliches Trauerspiel‹ in Versen, welches das für die Aufklärung bedeutsame Thema des Kindsmords kunst- und effektvoll mit ebenfalls offenem Ende thematisiert, und dieses fordert den Leser in seiner Ungerechtigkeit zum Widerspruch gegen die alte Rechtsordnung heraus.

Vom Erfolg seiner Balladen berauscht, hat Bürger Ele-

18 Gottfried August Bürger, *Lenore*, in: G. A. B., *Gedichte* (s. Anm. 15), S. 49 ff.

19 Ebd., S. 94 ff.

mente des Balladenstils auf viele andere Exempel seines lyrischen Werkes übertragen und so mitunter zu deren unfreiwilliger Komik beigetragen. Eindrucksvoll sind dagegen noch einige seiner gesellschaftskritischen Gedichte (z.B. *Der Bauer / An seinen Durchlauchtigen Tyrannen*; *Für Wen, du gutes deutsches Volk / Behängt man dich mit Waffen?*; *Der Edelmann und der Bauer*; *Mittel gegen den Hochmut der Großen*). Doch finden sich auch leichtsinnige, verharmlosende Gegenbeispiele (*Veit Ehrenwort*, wo ein Vergewaltiger vor Gericht freigesprochen wird). Bürger hat schon 1778 im *Zwiegespräch* mit seinen poetischen ›Kindern‹ eine selektive Rezeption als unvermeidlich erachtet. Den schlechten Produkten, so hoffte er, werde man um der »gesunden Brüder willen« »verzeihen«.[20]

Unter die Grenzgänger des Sturm und Drang ist auch die einzige namhafte Lyrikerin des Zeitraums zu rechnen: Anna Louisa Karsch (1722–1791, genannt ›die Karschin‹). Aus armseligen Unterschichtverhältnissen stammend, arbeitete sie sich als poetische Autodidaktin und Sängerin von Friedrichs Siegen im Siebenjährigen Krieg – von Aufklärern und Stürmern und Drängern als ›Naturkind‹ bewundert – zu einem Stegreif-Wunder in Berliner Salons empor. Mit solchen Auftritten, in denen sie Herders *impromptu*-Poetik umzusetzen schien, erwarb sie ihren Lebensunterhalt. Ihre Freunde – allen voran Gleim, in den sie sich, wie ein umfangreicher Briefwechsel und zahlreiche *Brief-Gedichte* bezeugen, unglücklich verliebte[21] – verhalfen ihr zu einer finanziell erfolgreichen Ausgabe ihrer *Auserlesenen Gedichte* (1764).[22] Auch mit dem jungen Goethe,

20 Bürger, *Sämtliche Werke* (s. Anm. 14), S. 717.

21 Vgl. Anna Louisa Karschin, *Gedichte und Lebenszeugnisse*, hrsg. von Alfred Anger, Stuttgart 1987, S. 85 ff.

22 Anna Louisa Karsch, *Auserlesene Gedichte*. Faksimile-Druck nach der Ausgabe von 1764, mit einem Nachw. von Alfred Anger, Stuttgart 1966.

der sich für ihre Spontankunst interessierte, kam es zu kurzem Kontakt (1778). Doch dann stand die ›deutsche Sappho‹ verlassen zwischen den Fronten: Den Aufklärern fehlte die ›Feile‹ bei ihren Stegreif-Geburten, die Stürmer und Dränger empfanden diese als zu hausbacken.

Inszenierte Naivität kennzeichnet das Image des Pfarrersohns Matthias Claudius (1740–1815). Nach dem Theologiestudium in Jena – aus dieser Zeit stammt seine erste Sammlung von anakreontisch-idyllischen *Tändeleyen und Erzählungen* (1763, 1764) als Nachahmungen von Heinrich Wilhelm von Gerstenbergs (1737–1823) *Tändeleyen* (1759) – und einigen Redakteursjahren in Hamburg (1768–71) verbrachte er sein weiteres Leben als freier Schriftsteller (Herausgeber des *Wandsbecker Bothen* 1771–75) und Übersetzer fast ausschließlich in Wandsbeck bei Hamburg. Seine Feuilletonbeiträge zum *Wandsbecker Bothen* edierte er unter dem Titel *Asmus omnia sua secum portans* zusammen mit weiteren Dichtungen und Schriften in insgesamt acht Teilen (1775–1812). Vor allem in den ersten vier Bänden pflegte er einen »naiven launigten Ton«[23] und hob noch 1798 im *Valet für meine Leser* hervor, er habe »als einfältiger Bote, nichts Großes bringen wollen, sondern nur etwas Kleines, das den Gelehrten zu wenig und zu geringe ist.«[24] Mit seiner aus biblisch-erbaulichen Traditionen gespeisten ›Einfalt‹ in Inhalt und Stil vermochte er auch kompromisslos Zeitkritik zu üben. Die Bände sind raffinierte Kompositionen aus Prosa und Poesie, die sich wechselseitig ›erhellen‹. Dieser Kontext ist bei den rund 180 Gedichten, die der »Bothe« zwischen 1763 und 1815 geschrieben hat, stets mit zu berücksichtigen. Im ersten Gedicht (*Mein Neujahrslied*) bot Claudius sogleich eine eigene Standortbestimmung gegenüber den Avantgardisten des

23 Matthias Claudius, *Botengänge. Briefe an Freunde*, 2., veränd. Aufl. hrsg. von Hans Jessen, Berlin 1965, S. 70.

24 Matthias Claudius, *Ausgewählte Werke*, hrsg. von Walter Münz, Stuttgart 1990, S. 302.

Sturm und Drang und des Göttinger Hain. Durch ein Epiphanieerlebnis in einer gesanghaften Offenbarung Bragas wird dem Sprecher Rolle und religiös-moralische Funktion der alten Barden angetragen, doch stuft er nicht ohne ironischen Unterton die Verwandtschaft zu den Kraft-Genies bescheiden nur als zweiten Grades ein:

> Ihr Kraftgesang soll *himmelan*
> Mit Ungestüm sich reißen! –
> Und du, Wandsbecker Leiermann,
> Sollst Freund und Vetter heißen![25]

Claudius hat die Lyrikgeschichte in verschiedenen Rubriken bereichert. So in den zunächst für den eigenen Hausgebrauch bestimmten *Ehe- und Familien-Gedichten*. In ihnen wird die unbeachtliche Alltagswelt in herausgehobenen Momenten und ›Gelegenheiten‹ sakralisiert (*Als er sein Weib und 's Kind an ihrer Brust schlafend fand*; *Motetto, als der erste Zahn durch war*). Seine zahlreichen ›Bauerlieder‹ bewahren trotz idyllisierender Tendenzen den Blick für die Alltagsrealität, ebenso das Loblied auf *Wandsbeck, eine Art von Romanze*. Durch Herder angeregt, hat sich Claudius umfassende religionsgeschichtliche und hermetische Kenntnisse angeeignet. Seine Beiträge zur Naturlyrik, die auch von Brockes beeinflusst sind, bezeugen dies teils offenkundig wie in dem *Morgenlied eines Bauermanns, mit Anmerkungen von meinem Vetter darin er mich zum besten hat*[26], wo jeder Vers mit Anmerkungen

25 Ebd., S. 19 f.

26 Matthias Claudius, *Sämtliche Werke*. Nach dem Text der Erstausgaben (Asmus 1775–1812) und den Originaldrucken (Nachlese) samt den 10 Bildtafeln von Chodowiecki und den übrigen Illustrationen der Erstausgaben. Verantwortlich für die Textredaktion: Jost Perfahl. Mit Nachwort und Bibliographie von Rolf Siebke, Anmerkungen von Hansjörg Plaschek sowie einer Zeittafel, 7., unveränd. Aufl. München/Darmstadt 1989, S. 104–107.

aus der philosophiegeschichtlichen und hermetischen Tradition belegt wird, teils indirekt durch die Annahme okkulter kosmischer Kräfte.

Als deren besonderen Boten betrachtete er den Mond, an den er ›launige‹ Briefe adressierte, der ein Hauptmotiv seiner Naturlyrik ist (*Wiegenlied, bei Mondschein zu singen*) und der auch sein berühmtestes Gedicht *Abendlied* (1778 gedichtet, 1783 publiziert) eröffnet: »Der Mond ist aufgegangen«.[27] Das Erscheinen des Himmelsboten sakralisiert die Landschaft zum Ort ununterscheidbar religiöser *und* ästhetischer Gottesverehrung. Trotz aller Verweise auf Krankheit und Tod stehen Abend und Nacht im Zeichen der Ordnung, des »Traulichen« und »Holden«. Indes ist die Natur lediglich ›Spur‹ zu Gott, der nur im »Geist« erkannt werden kann. Folgerichtig wendet sich das Lied nach dem Abweis der *superbia* des aufklärerischen Menschen im Gebet zu Gott selbst (»Gott, laß uns dein Heil schauen«). Doch im Auswandern in eine durch Schöpfungsfrömmigkeit mitinitiierte natürliche Theologie liegt das tendenziell Säkularisierende dieses die Gesangbücher aller Konfessionen erobernden geistlichen Liedes, das Herder zugleich nicht ohne Grund und um die beiden Schlussstrophen gekürzt in seine Sammlung der *Volkslieder* aufnahm.

Mit ›barocker‹ Wucht hatte Claudius den ersten Band seines *Asmus* mit einem Bild von ›Freund Hain‹ eröffnet und damit sein ganzes Werk unter das Vermächtnis des ›Memento mori‹ gestellt. So bereichert auch ein bedeutender Teil seiner Gedichte die in Deutschland seltene Gattung der Todeslyrik (*Bei dem Grabe meines Vaters*; *An – als ihm die – starb*; *Bei ihrem Grabe*; *Sterben und Auferstehn*; *Bei dem Grabe Anselmos*; *Christiane*; *Der Tod / Die Liebe*; *Das Mädchen / Der Tod*). In ihnen vermittelt der Lakonismus ›einfältigen‹ Sprechens eine eindringliche Unerbittlichkeit der Todeserfahrung:

27 Claudius, *Ausgewählte Werke* (s. Anm. 24), S. 137 f.

Der Tod

Ach, es ist so dunkel in des Todes Kammer,
Tönt so traurig, wenn er sich bewegt
Und nun aufhebt seinen schweren Hammer
Und die Stunde schlägt.[28]

Der Trost (hier im nachfolgenden Epigramm *Die Liebe*) soll die Bitternis dieser Erfahrung gerade nicht relativieren oder aufheben. Dass der göttliche »Sämann« seine Ernte durch die Sense des »Knochenmannes« einholt, gehört für den *Wandsbecker Bothen* zu den auch durch die Poesie nicht zu beschönigenden Rätseln, die höher sind als alle Vernunft.

Mit Christian Friedrich Daniel Schubart (1739–1791) richtet sich der Blick auf die Kleinstaatlichkeit und konfessionelle Enge Süddeutschlands, an denen dieser verbummelte (Theologie-)Student, rebellische Lebenskünstler, Klaviervirtuose, Liedermacher, Klopstock-Rezitator und Entertainer mit seinem persönlichen und politischen Freiheitsdrang gescheitert ist. Mit seiner im Wirtshaus diktierten Wochenschrift *Deutsche Chronik* (Augsburg/Ulm 1774 ff.) schuf er sich ein vielbeachtetes Forum in ganz Deutschland und zugleich viele Feinde vor Ort. Denn im Feuilleton begrüßte er die Werke von Aufklärung und Sturm und Drang großenteils emphatisch und publizierte auch seine eigenen fürsten- und kirchenkritischen Artikel und Gedichte, in denen er die Potentaten als »Lastersklaven auf dem Thron« attackierte: »Ich sah die Stolzen vor dem Tode beben, / Die sonsten jeder Furcht gelacht, / Und Fürsten winseln weibisch um ihr Leben, / Die Götter sich zu sein gedacht.«[29]

28 Ebd., S. 290.

29 Christian Friedrich Daniel Schubart (Hrsg.), *Deutsche Chronik, Jahrgang 1774–1777*, Faksimile-Druck, mit einem Nachw. hrsg. von Hans Krauss, Heidelberg 1975, Bd. 4, S. 571.

Durch solches Treiben provoziert, lockte ihn Herzog Karl Eugen von Württemberg (1728–1793) im Januar 1777 auf sein Territorium und setzte ihn widerrechtlich und ohne Prozess für zehn Jahre auf der Festung Hohenasperg gefangen. Dort wurde er bei zunächst strenger Isolationshaft zur Besserung seines Charakters einer brutalen »Zuchthauspädagogik«[30] unterworfen, durch die er sich aber auch pietistisches und hermetisches Gedankengut aneignen konnte. Die Publikation seines bekanntesten, 1779/80 verfassten politischen Anklage-Gedichts *Die Fürstengruft*[31] im *Frankfurter Musen-Almanach* (1781) trug zur Verlängerung seiner Haft bei. Als gebrochener und kranker Mann wirkte Schubart nach seiner Entlassung noch kurze Zeit als Hofdichter und Theaterdirektor in Stuttgart.

1785/86 erschien eine zweibändige Ausgabe seiner *Sämtlichen Gedichte*, an deren Einnahmen sich auch der Herzog bereicherte. In je drei Bücher eingeteilt, enthält der erste Band 104 ›geistliche‹, der zweite 110 ›vermischte Gedichte‹. Texte aus früheren Sammlungen sind hier in zum Teil überarbeiteter Form kompositorisch neu integriert. Das gilt z. B. für die *Todesgesänge* (1767), die als *Sterbelieder* das dritte Buch des ersten Bandes bilden. Die beiden vorangehenden Bücher sind in der Kerkerhaft entstanden und enthalten Beiträge zu allen Gattungen geistlicher Poesie und den wichtigsten Rubriken des Kirchengesangs. Meist jedoch sind sie bezogen auf das verzweiflungsvolle Schicksal des Häftlings und lesen sich – bislang kaum erforscht – als facettenreiche Dokumente einer geistlichen

30 Jürgen Schröder, »Facit iracundia versum. Ch. F. D. Schubarts *Die Fürstengruft*«, in: Walter Hinck (Hrsg.), *Geschichte im Gedicht. Texte und Interpretationen. Protestlied, Bänkelsang, Ballade, Chronik*, Frankfurt a. M. 1979, S. 59–73, hier S. 63.

31 Christian Friedrich Daniel Schubart, *Die Fürstengruft*, in: C. F. D. S., *Gedichte. Aus der »Deutschen Chronik«*, hrsg. von Ulrich Karthaus, Stuttgart 1978, S. 40–43.

Erlebnislyrik. Die drei Bücher der *Vermischten Gedichte* enthalten kein erkennbares Gliederungsprinzip, wohl aber eingestreute thematische Gruppen: Volks- und Bauernlieder, von denen sich einige auch dem Erlebnisgedicht nähern (*Lied eines SchwabenMädgens*; *Der Bauer im Winter*; *Jerg*; *Schwäbisches Bauernlied*; *An Lieschen. Ein Baurenlied*; *Schlittenlied*)[32], Liebes- und Freundschafts-, Natur- und Klagelieder, Fabeln und Verserzählungen sowie Gelegenheits- und Lehrgedichte (vor allem über religiöse und moralische Themen). Das erste Buch eröffnet konventionsgemäß mit Huldigungsgedichten auf Herzog Karl Eugen und schließt kontrapunktisch mit einem 33-strophigen *Preis der Einfalt*. Diese erweist sich als Leitfaden einer in den voranstehenden Gedichten erkennbaren Kritik an Schubarts Peiniger Karl Eugen, und das Ideal der Einfalt bestimmt auch noch den Tenor der Kritik am Herrscherstolz der ›Fürstengruft‹ (im Folgenden Str. 1):

> Da liegen sie, die stolzen Fürstentrümmer,
> Ehmals die Gözen ihrer Welt!
> Da liegen sie, vom fürchterlichen Schimmer
> Des blassen Tags erhellt![33]

Persönlicher Zorn objektiviert sich hier in einer religiösen Sprache zu einem eminent politischen Gedicht mit dem Ziel eines pietistisch gestrengen poetischen Strafgerichts über die toten Fürsten und ihr feudalabsolutistisches System. Worunter der Autor leidet, wird hier bereits – durch das eigene Schicksal beglaubigt, aber der Geschichte weit vorauseilend – in die ›Gruft‹ versetzt.

In einem Gedicht an Friedrich Schiller (1759–1805), der

32 Die zitierten Lieder finden sich auch in der in Anm. 31 zitierten Ausgabe. Vgl. ferner Christian Friedrich Daniel Schubart, *Sämtliche Lieder*, vorgelegt von Helmut Schick, mit einem Beitrag zu den Texten von Johann Nikolaus Schneider, München 2000.

33 Schubart, *Die Fürstengruft* (s. Anm. 31), S. 40.

ihn 1781 besucht hatte, gab Schubart sein theosophisches Vermächtnis weiter: »Dass er hörte des Weltalls Symphonie, / Beginnend im tausendstimmigen Einklang der Liebe, / Endend im allstimmigen Einklang der Liebe!«[34] Schiller hat am Ende seiner Studienzeit (1773–80) auf der Hohen Karlsschule, dem Prestigeobjekt von Herzog Karl Eugen, der ihn zum Medizinstudium gepresst hatte, diese Liebesphilosophie in seiner *Theosophie des Julius* formuliert und 1786 im Rahmen eines Romanfragments (*Philosophische Briefe*) als zentrales Dokument seiner Jugendphilosophie publiziert. Diese mit aufklärerischen Gedanken von der Selbstvervollkommnung bis zur »Gottgleichheit« aus dem Philosophieunterricht der Karlsschule angereicherte Liebestheorie ist auch Grundlage und Experimentierfeld zahlreicher Gedichte des jungen Schiller. Liebe ist »das schönste Phänomen in der beseelten Schöpfung, der allmächtige Magnet in der Geisterwelt, die Quelle der Andacht und der erhabensten Tugend«[35], wie dies das Gedicht *Die Freundschaft* in der *Theosophie des Julius* illustriert:

War's nicht diß allmächtige Getriebe,
Das zum ew'gen Jubelbund der Liebe
  Unsre Herzen aneinander zwang?
Raphael, an *deinem* Arm – o Wonne!
Wag auch ich zur grosen Geistersonne
  Freudigmutig den Vollendungsgang.[36]

34 Christian Friedrich Daniel Schubart, *Vermischte Gedichte*, in: C. F. D. S., *Gesammelte Schriften und Schicksale*, 8 Bde., Stuttgart 1839/40, Bd. 4, 1839, S. 11–356, hier S. 63.

35 Friedrich Schiller, *Philosophische Briefe*, in: F. S., *Sämtliche Werke*, Bd. 5: *Erzählungen / Theoretische Schriften*, hrsg. von Gerhard Fricke und Herbert G. Göpfert, 5., durchges. Aufl. München 1975, S. 336–358, hier S. 348.

36 *Schillers Werke. Nationalausgabe*, Bd. 1: *Gedichte in der Reihenfolge ihres Erscheinens 1776–1799*, hrsg. von Julius Petersen und Friedrich Beißner, Weimar 1992, S. 110.

Der Neuplatonismus dieser als Analogon zu Newtons Gravitationsgesetz gedachten magisch-magnetischen Geisterkraft führte den jungen Schiller zu verschiedenen Versuchen einer poetischen Ideenschau im Kontext einer Inspirationspoetik, und dies sowohl im erhabenen Duktus der Hallerschen Gedankenlyrik als auch im pathetischen Gewand der Klopstockschen Dichtersprache (*Der Abend*; *Der Eroberer*). Daraus entwickelte Schiller allmählich die dann für seine klassische Gedankenlyrik charakteristische Form eines »Denkens in Bildern«.[37]

Schillers *Anthologie auf das Jahr 1782*[38] enthält mit 48 eigenen Gedichten nicht nur den Löwenanteil an den insgesamt 83 Stücken der Sammlung, sondern auch an seiner Jugendlyrik insgesamt. In einer Selbstrezension hat er mit Recht auf die Vielfalt der Themen und Formen der Sammlung verwiesen, wobei sich die neuplatonische Liebeslyrik (mit den *Laura*-Gedichten), die Hymnik (*Die Gröse der Welt*; *An die Sonne*), Lehrdichtung (*Roußeau*; *Ein Vater an seinen Sohn*) und gesellschaftskritische Gedichte (*Die schlimmen Monarchen* in Anlehnung an Schubarts *Fürstengruft*; *Die Kindsmörderin*) und Satiren unterscheiden lassen.[39] In dieser Vielfalt zeigt sich eine »enthusiastische Intensität«[40] und als roter Faden der Versuch, die Liebesphilosophie verschiedenen gesellschaftlichen Proben auszusetzen. In den von Schiller als besonders wertvoll erachteten Gedichten an Laura (der Name

37 Helmut Koopmann, »›Denken in Bildern‹. Zu Schillers philosophischem Stil«, in: *Schiller-Jahrbuch* 30 (1986), S. 218–250.

38 Friedrich Schiller (Hrsg.), *Anthologie auf das Jahr 1782*. Faksimile-Druck der bei Benedict Metzler in Stuttgart anonym erschienenen ersten Auflage, mit einem Nachw. und Anm. hrsg. von Katharina Mommsen, Stuttgart 1973.

39 Vgl. Peter André Alt, *Schiller. Leben – Werk – Zeit*, 2 Bde., München 2000, Bd. 1, S. 226 ff.

40 Joachim Bernauer, *»Schöne Welt, wo bist du?« Über das Verhältnis von Lyrik und Poetik bei Schiller*, Berlin 1995.

in Anspielung auf Petrarcas Geliebte) gelangt die Liebe im Dualismus ihrer geistigen und sinnlich-körperlichen ›Attraktion‹ in den Blick und wird anhand der Stationen einer fingierten Liebesgeschichte auf die in der Theosophie behauptete Möglichkeit befragt, die Einheit des Menschen herzustellen, und dies bis hin zur Erinnerung an den Androgynie-Mythos als Begründung für die Sehnsucht der Liebenden nach psychophysischer Vereinigung (*Fantasie an Laura*; *Laura am Klavier*; *Die seeligen Augenblike an Laura*; *Vorwurf an Laura*; *Das Geheimniß der Reminiszenz An Laura*). Das letzte Gedicht *Melancholie an Laura* vergegenwärtigt die im Liebesakt erreichbare »Vergötterung«; der Sprecher bittet deshalb aber den »Würger Tod« als Prinzipal der ganzen Sammlung (wie bei Claudius), aus Verlustangst und Furcht vor langsamem Altern, jetzt, »in der schönsten Schöne«, die Fackel über ihn zu senken.[41]

Die Radikalität der Liebesproben setzt sich in den insgesamt nur 23 Gedichten der vorklassischen Lyrik (1782–86) fort, insbesondere in einem 1786 in der *Thalia* veröffentlichten Dreier-Zyklus.[42] In *Freigeisterei der Leidenschaft / Als Laura vermählt war im Jahr 1782* opponiert der »freigeisterische«, sein älteres Liebesrecht einklagende Sprecher (gleichzeitig mit der Erstveröffentlichung von Goethes *Prometheus*) gegen den christlichen Gott, der seine Geschöpfe quält und ihnen das Paradies nur durch »Tränen« und »blutendes Entsagen« verheißt. In Analogie hierzu klagt in dem dialogischen Gedanken-Gedicht *Resignation. Eine Phantasie* der Sprecher aus dem Jenseits über seine vor wie nach dem Tod unerfüllt gebliebenen Hoffnungen, und ein Genius verkündet schließlich als ›Geist‹ der Poesie eine provozierend weltimmanente Botschaft, die den Sinn

41 Schiller, *Melancholie an Laura*, in: *Werke. Nationalausgabe* (s. Anm. 36), Bd. 1, S. 112–115, hier S. 115.

42 Vgl. ebd., Bd. 1, S. 161 ff.

des Lebens ausschließlich in das Diesseits und in den erfüllten Augenblick verlegt[43]. Deshalb erschien Schiller das dritte, ebenfalls 1786 veröffentlichte Gedicht *An die Freude* (»Freude, schöner Götterfunken«) als »Widerlegung« der beiden anderen Werke. Dieses vor allem durch Beethovens Vertonung berühmt gewordene »Gesellschaftslied« (so Schiller 1803) wirkt noch ganz als Ausdruck der Liebesphilosophie des Frühwerks und eigentlich auch als dessen Abschluss.

Die nachfolgenden Gedichte weisen in Form und Inhalt bereits unverkennbar auf die klassischen Merkmale von Schillers Kunstverständnis voraus. Sein heftig umstrittenes elegisches Gedanken-Gedicht *Die Götter Griechenlandes* (1788) entwickelt das idyllische Idealbild einer vollkommenen griechischen Kultur im »Blüthenalter der Natur«, wobei er nun Zentralbegriffe seiner Liebestheorie auf diese Kultur überträgt, und macht das abstrakte, verstandeskalte christliche und aufklärerische Weltbild für dessen Untergang verantwortlich. – Im März 1789 erschien ebenfalls in Wielands *Teutschem Merkur* Schillers aus 481 jambischen Madrigalversen bestehendes hymnisches Lehrgedicht *Die Künstler.* Es bietet im geschichtsphilosophischen Entwurf von Griechenland bis zur Moderne eine Funktionsbestimmung der Kunst, als deren Hauptidee Schiller selbst ein Jahr vor Erscheinen von Kants *Kritik der Urteilskraft* (1790) »die Verhüllung der Wahrheit und Sittlichkeit in die Schönheit« bezeichnet[44]. Kunst erweist sich als Gabe und Begabung zur ›ästhetischen Erziehung des Menschen‹ (Str. 3):

43 Vgl. Bruno Hillebrand, *Ästhetik des Augenblicks. Der Dichter als Überwinder der Zeit – von Goethe bis heute*, Göttingen 1999, S. 54 ff.

44 Schiller, *Werke. Nationalausgabe (s. Anm. 34), Bd. 2,2A: Anmerkungen zu Band 1: Gedichte*, hrsg. von Georg Kurscheidt und Norbert Oellers, Weimar 1991, S. 187.

Nur durch das Morgenthor des Schönen
drangst du in der Erkenntniß Land.
An höhern Glanz sich zu gewöhnen,
übt sich am Reitze der Verstand.
Was bey dem Saitenklang der Musen
Mit süßem Beben dich durchdrang,
erzog die Kraft in deinem Busen,
die sich dereinst zum Weltgeist schwang.[45]

Wenn es am Schluss von Strophe 5 heißt: »Was wir als Schönheit hier empfinden, / wird einst als Wahrheit uns entgegen gehn«, so ist diese Wahrheit eben die himmlische Liebe, welche die Kunst im Medium des Schönen symbolisiert; aber dadurch führt die Kunst auch bereits – anknüpfend an den *moral sense* – auf dem (neuplatonischen) Wege der ›Kalokagathie‹ von der schönen Venus Cypria zur wahren Venus Urania hin und beschwört damit vorwegnehmend die Einheit von Sinnlichem und Geistigem, die sich indes am Ziel zur Eigentlichkeit der Wahrheit hin aufzulösen scheint. Der »Dichterschwung« wird auch den Wissenschaftler schließlich »in der Wahrheit Arme« gleiten lassen[46]. Deshalb kann die Sprechinstanz den Künstlern am Ende als Aufgabe und Vermächtnis zurufen:

Der Menschheit Würde ist in eure Hand gegeben,
bewahret sie!
Sie sinkt mit euch! Mit euch wird die Gesunkene
sich heben!
Der Dichtung heilige Magie
dient einem weisen Weltenplane,
still lenke sie zum Ozeane
der großen Harmonie![47]

45 Schiller, *Die Künstler*, in: *Werke. Nationalausgabe* (s. Anm. 36), Bd. 1, S. 201–214, hier S. 202.
46 Ebd., S. 213.
47 Ebd.

Hier kulminiert nochmals der neuplatonische Kontext der Schillerschen Poesie-Auffassung, der sich zugleich wie ein roter Faden durch die frühneuzeitliche Lyrik-Geschichte zieht: Poesie ist Magie, Magie ist Liebe, Liebe oder Eros ist Schönheit, und als solche zieht sie den das Schöne Begehrenden und damit seiner kruden Sinnlichkeit bereits Entronnenen himmelan: zur »großen Harmonie« des »Einen«. Das Schöne dient im Vorschein dem Wahren, die Anmut der Würde oder dem Erhabenen, und das Erhabene und Wahre wird sich selbst als himmlische Liebe erweisen! Das ist am Ende der Frühen Neuzeit die Antwort der Kunst auf die ›epochale‹ Gretchenfrage. Und dieser Kunst-Religion werden nun Klassik und Romantik ihre Altäre weihen!

Nachbemerkung

In wenigen Jahrzehnten hat sich der Zeitraum zwischen Renaissance/Reformation und Aufklärung von einer ›terra incognita‹ in eine blühende Forschungslandschaft verwandelt: Inzwischen ist die Frühe Neuzeit als Makroepoche zwischen Mittelalter und Moderne fest etabliert, und noch immer erschließt die Forschung weitere Territorien und Provinzen und rettet unbekannte Autoren und Werke aus dieser Zeit vor dem Vergessen. Doch solche Ausdifferenzierung macht die Landschaft zunehmend unübersichtlich, und in den vielen Spezialdiskursen drohen Kenntlichkeit und Profil der Epoche auch wieder zu entschwinden. So sind Orientierung und Überblick gefragt, auf die auch der Fachmann heute angewiesen ist, und daher bietet sich eine Forschung und Lehre gleichermaßen dienliche Darstellung an.

Die bei Reclam 2004 erschienene *Geschichte der deutschen Lyrik* verstand sich als ein solches Orientierungsangebot. Der vorliegende Band ist eine erweiterte Neuauflage des entsprechenden Kapitels aus diesem Werk. Sie vermittelt das Basiswissen über die dreihundertjährige Geschichte deutscher Lyrik zwischen Luther sowie Goethe und Schiller, über die wichtigen Teil-Epochen und -Gattungen, Autoren und ihre Werke. Der Darstellungsteil wurde um größerer Anschaulichkeit willen vor allem um Gedichtbeispiele bereichert und im zentralen Kapitel 5 über die bekannteste und bevorzugt erforschte Lyrik des Barock grundlegend überarbeitet und erweitert. Die zweigeteilte Bibliographie ist – auch als Angebot zur weiteren Einarbeitung in die Epoche – wesentlich vermehrt, und zwar vor allem um die im letzten Jahrzehnt sprunghaft angewachsene Literatur. Angesichts der Forschungsfülle konnten auch bei den einzelnen Autoren – von wenigen Ausnahmen abgesehen – nur grundlegende und weiterführende Monographien und Hilfsmittel berücksichtigt werden. Eine Besonderheit der Bibliographie ergibt sich aus der Lyrik-Geschichte des Zeitraums selbst: Vor allem im 16. und 17. Jahrhundert existierte noch kein Bewusstsein von einer autonomen Gattung Lyrik. Gereimte Verse und Versreden finden sich daher in den unterschiedlichsten Gebrauchs- und Funktionszusammenhängen. So erscheint die Forschung darüber und auch zur Lyrik bekannter Autoren verstreut in einer großen Zahl von Sammelbänden mit verschiedener Thematik, die deshalb in größerer Auswahl verzeichnet sind. Im 18. Jahrhundert dagegen hat die Autonomisierung der Gattung auch eine stärker auf diese bezogene Forschungsliteratur zur Folge.

Die vorliegende Darstellung selbst basiert auf meiner zehnbändigen *Deutschen Lyrik der frühen Neuzeit* (1987–2006). Deren Konzeption einer kulturgeschichtlichen Verknüpfung von Literatur- und Religionsgeschichte ist heute besonders aktuell. Die Konfrontation unserer Kultur und Politik mit einem vitalen religiösen Fundamentalismus hat auch in verschiedenen Disziplinen das Interesse für die Religion, für ihre Deutbarkeit, Geschichte und für ihre Wirkung auf die Allgemeingeschichte neu entfacht. Michael Schilling hat vor einiger Zeit die denkwürdige Analogie zwischen damals und heute im Titel eines Sammelbandes annonciert: *Konfessioneller Fundamentalismus. Religion als politischer Faktor im europäischen Mächtesystem um 1600.* Da klopft die christlich-europäische Religionsgeschichte – durchaus auch polternd – an unsere eigene Tür. Und vor allem im Spannungsfeld der damaligen religiösen Machtdiskurse sind auch Erscheinungs- und Aussageformen sowie Entwicklungen und Wandlungen der gattungsreichen geistlichen und weltlichen frühneuzeitlichen Lyrik zu begreifen – bis hin zu dem Punkt, wo sie die religiösen Energien, denen sie vielfältig (und bisweilen auch schon höchst eigenwillig) zum Ausdruck verholfen hatte, schließlich auf sich selbst lenkte und sich – im Kraft-Akt der Stürmer und Dränger – zur ›Kunstreligion‹ sakralisierte.

Ausgaben

Angelus Silesius (Johannes Scheffler): Sämtliche poetische Werke in drei Bänden. Hrsg. und eingel. von Hans Ludwig Held. Neu überarb. 3. Aufl. München 1952. Neuaufl. Wiesbaden 2002.

– Cherubinischer Wandersmann. Kritische Ausgabe. Hrsg. von Louise Gnädinger. Stuttgart 1984.

– Heilige Seelen-Lust. Hrsg. von Michael Fischer und Dominik Fugger. Reprint der fünfteiligen Ausg. Breslau 1668. Kassel [u. a.] 2004.

Arnold, Gottfried: Göttliche Liebesfunken aus dem großen Feuer der Liebe Gottes in Christo Jesu entsprungen und gesammelt (1698). In: Gottfried Arnold. In Auswahl hrsg. von E. Seeberg. München 1934. S. 261–304.

– Poetische Lob- und Liebes-Sprüche / von der Ewigen Weißheit / nach Anleitung Des Hohenlieds Salomonis […], 1700. [Angebunden an:] Gottfried Arnold: Das Geheimnis der göttlichen Sophia. Faks.-Neudr. der Ausg. Leipzig 1700. Mit einer Einf. von Walter Nigg. Stuttgart - Bad Cannstatt 1963.

Balde, Jacob: Opera poetica omnia. 8 Bde. Neudruck der Ausgabe München 1729. Hrsg. und eingel. von Wilhelm Kühlmann. Frankfurt a. M. 1990. (Texte der frühen Neuzeit. 1.)

– Deutsche Dichtungen. Ode nova dicta Hecatombe de vanitate mvndi (1637). Ehrenpreiß (1640). Reprogr. Nachdr. mit Bibliographie und textkrit. Apparat von Rudolf Berger. Maarssen 1983. (Geistliche Literatur der Barockzeit. Bd. 3.)

– Panegyricus Equestris (1628). Edition und Übersetzungen mit einem historischen Kommentar. Hrsg. von Veronika Lukas und Stephanie Haberer. Augsburg 2002.

– Urania Victrix. Liber I–II / Die Siegreiche Urania. Erstes und zweites Buch. Lat./Dt. In Zsarb. mit Joachim Huber und Werner Straube eingel., hrsg., übers. und komm. von Lutz Claren [u. a.]. Tübingen 2003. (Frühe Neuzeit. 85.)

Baumgarten, Alexander Gottlieb: Ästhetik. Lateinisch-Deutsch. Übers., mit einer Einf., Anm. und Reg. hrsg. von Dagmar Mirbach. 2 Bde. Hamburg 2007.

Birken, Sigmund von: Werke und Korrespondenz. Hrsg. von Klaus Garber.

– 1: Floridans Amaranten-Garte. Hrsg. von Klaus Garber und

Hartmut Laufhütte in Zsarb. mit Ralf Schuster. Tl. 1: Texte. Tl. 2: Apparate und Kommentare. Tübingen 2009.

– 5: Todten-Andenken und Himmels-Gedanken oder Gottes- und Todes-Gedanken. Hrsg. von Johann Anselm Steiger. Tl. 1: Texte. Tl. 2: Apparate und Kommentare. Tübingen 2009.

– Fortsetzung Der Pegnitz-Schäferey / [...] Mit Beystimmung seiner andern Weidgenossen. In: Harsdörffer/Birken/Klaj: Pegnesisches Schäfergedicht (s. d.). S. i^{r}–104.

– Teutsche Rede-bind und Dicht-Kunst / oder Kurze Anweisung zur Teutschen Poesy / mit Geistlichen Exempeln. Nürnberg 1679. Faks.-Nachdr. Hildesheim und New York 1973.

– Die Truckene Trunkenheit. Mit Jakob Baldes *Satyra Contra Abusum Tabaci.* Hrsg. von Karl Pörnbacher. München 1967.

Boie, Heinrich Christian s. unter Anthologien

Brant, Sebastian: Das Narrenschiff. Übertr. von H. A. Junghans. Durchges. und mit Anm. sowie einem Nachwort neu hrsg. von Hans-Joachim Mähl. Stuttgart 1980.

Brockes, Barthold Heinrich: Auszug der vornehmsten Gedichte aus dem *Irdischen Vergnügen in Gott.* Faks.-Druck nach der Ausg. von 1738. Mit einem Nachw. von Dietrich Bode. Stuttgart 1965.

– Irdisches Vergnügen in Gott, bestehend in verschiedenen aus der Natur- und Sitten-Lehre hergenommenen Gedichten. Hamburger Ausgabe. 9 Bde. 1721–1748. Faks.-Nachdr. Bern 1970.

– Irdisches Vergnügen in Gott. Naturlyrik und Lehrdichtung. Ausgew. und hrsg. von Hans-Georg Kemper. Stuttgart 1999.

Bürger, Gottfried August: Sämtliche Werke. Hrsg. von Günter und Hiltrud Häntzschel. München/Wien 1987.

– Gedichte. Hrsg. von Gunter E. Grimm. Stuttgart 1997.

[Calvin, Jean] Markus Jenny (Hrsg.): Luther, Zwingli, Calvin in ihren Liedern. Zürich 1983. [S. 217–281.]

Canitz, Friedrich Rudolph Ludwig Freiherr von: Gedichte. Hrsg. von Jürgen Stenzel. Tübingen 1982.

Claudius, Matthias: Sämtliche Werke. Nach dem Text der Erstausgaben (*Asmus* 1775–1812) und den Originaldrucken (Nachlese) samt den 10 Bildtafeln von Chodowiecki und den übrigen Illustrationen der Erstausgaben. Verantwortl. für die Textred.: Jost Perfahl. Mit Nachw. und Bibliogr. von Rolf Siebke, Anm. von Hansjörg Plaschek sowie einer Zeittafel. 7., unveränd. Aufl. München/Darmstadt 1989.

Claudius, Matthias: Tändeleyen und Erzählungen (Jena 1763, 1764). Reprogr. Nachdr. der Erstausgabe. Mit einem Nachw. hrsg. von Jörg-Ulrich Fechner. Hamburg 1998.

– Ausgewählte Werke. Hrsg. von Walter Münz. Stuttgart 1990.

Czepko von Reigersfeld, Daniel: Sämtliche Werke. Unter Mitarb. von Ulrich Seelbach hrsg. von Hans-Gert Roloff und Marian Szyrocki. Bd. 1. Tl. 1.2: Lyrik in Zyklen. Berlin / New York 1989. – Bd. 2: Vermischte Gedichte. Tl. 1: Lateinische Gedichte. Bearb. von Lothar Mundt und Ulrich Seelbach. Übers. der lat. Texte von Lothar Mundt. 1996. – Bd. 2: Vermischte Gedichte. Tl. 2: Deutsche Gedichte. Bearb. von Lothar Mundt und Ulrich Seelbach. Übers. der lat. Texte von Lothar Mundt. 1997.

– Geistliche Schriften. Hrsg. von Werner Milch. Breslau 1930. Reprogr. Nachdr. Darmstadt 1963.

Dach, Simon: Gedichte. Hrsg. von Walther Ziesemer. 4 Bde. Halle/Saale 1936–38.

– Alfred Kelletat (Hrsg.): Simon Dach und der Königsberger Dichterkreis. Stuttgart 1986.

Fleming, Paul: Teütsche Poemata. Reprogr. Nachdr. der Ausg. Lübeck [1642]. Hildesheim 1969.

– Deutsche Gedichte. Hrsg. von Volker Meid. Stuttgart 1986.

Freylinghausen, Johann Anastasius: Geistreiches Gesangbuch. Edition und Kommentar. Hrsg. von Dianne Marie McMullen und Wolfgang Miersemann im Auftrag der Franckeschen Stiftungen. Tübingen 2004 ff. Bd. I, Tl. 1: Text. 2004. Bd. I. Tl. 2: Text 2006. Bd. II: Neues Geist-reiches Gesang-Buch. Tl. 1: Text. 2009.

Gellert, Christian Fürchtegott: Moralische Gedichte. (Sämmtliche Schrifften. 10 Teile in 5 Bdn. Tl. 1 und 2.) Reprogr. Nachdr. der Ausg. Leipzig 1769. Hildesheim 1968.

– Geistliche Oden und Lieder. Herisau 1981.

– Fabeln und Erzählungen. Hrsg. von Karl-Heinz Fallbacher. Stuttgart 1986.

Gerhardt, Paul: Wach auf, mein Herz, und singe. Vollständige Ausgabe seiner Lieder und Gedichte. Hrsg. von Eberhart von Cranach-Sichart. 4. [von Christian Bunners bearbeitete] Aufl. Wuppertal 2007.

– Die lateinischen Dichtungen. Hrsg. und übersetzt von Reinhard Düchting. Heidelberg 2009.

– Geistliche Lieder. Nachwort von Gerhard Rödding. Stuttgart 1991.

Gerstenberg, Heinrich Wilhelm: Tändeleyen. Faks.-Dr. nach der 3. Aufl. von 1765. Mit den Lesarten der Erstausgabe von 1759. Nachw. von Alfred Anger. Stuttgart 1966.

Gleim, Johann Wilhelm Ludwig: Gedichte. Hrsg. von Jürgen Stenzel. Stuttgart 1969.

– Versuch in Scherzhaften Liedern und Lieder. Nach den Erstausgaben von 1744/45 und 1749 mit den Körteschen Fassungen im Anhang kritisch hrsg. von Alfred Anger. Tübingen 1964. (Neudrucke deutscher Literaturwerke N. F. 13.)

– Ausgewählte Werke. Hrsg. von Walter Hettche. Göttingen 2003.

Goethe, Johann Wolfgang: Gedichte 1756–1799. Hrsg. von Karl Eibl. Frankfurt a. M. 1988. (Sämtliche Werke, Briefe, Tagebücher und Gespräche. 40 Bde. Hrsg. von Dieter Borchmeyer [u. a.]. Abt. 1: Sämtliche Werke. Bd. 1.)

– Gedichte. Ausw. und Einl. von Stefan Zweig. Stuttgart 1980.

– Gedichte in zeitlicher Folge. Hrsg. von Heinz Nicolai. Frankfurt a. M. [5]1986.

– Der junge Goethe. Neubearb. Ausg. in fünf Bänden. Hrsg. von Hanna Fischer-Lamberg. Berlin 1966–68. Unveränd. Neuausg. Berlin / New York 1999.

Götz, Johann Nikolaus: Die Gedichte Anakreons und der Sappho Oden. Faks.-Druck nach der Ausg. von 1760. Mit einem Nachw. von Herbert Zeman. Stuttgart 1970.

Gottsched, Johann Christoph: Gedichte und Gedichtübertragungen. Berlin 1968 In: J. C. G.: Ausgewählte Werke. Hrsg. von Joachim Birke und Phillip M. Mitchell. Berlin / New York 1968 ff. Bd. 1.

– Schriften zur Literatur. Hrsg. von Horst Steinmetz. Stuttgart 1972.

– Versuch einer Critischen Dichtkunst. Unveränd. photomechan. Nachdr. der 4., verm. Aufl. Leipzig 1751. Darmstadt 1962.

Greiffenberg, Catharina Regina von: Sämtliche Werke in zehn Bänden. Hrsg. von Manfred Bircher und Friedhelm Kemp. Millwood (N. Y.) 1983.

– Geistliche Sonette, Lieder und Gedichte. In: Ebd. Bd. 1. S. 1–429. – Auch als Einzelausg. mit einem Nachw. zum Neudr. von Heinz-Otto Burger. Darmstadt 1967.

Gryphius, Andreas: Oden und Epigramme. In: A. G.: Gesamtausgabe der deutschsprachigen Werke. Hrsg. von Marian Szyrocki und Hugh Powell. Bde. 1–8. Tübingen 1963. Bd. 2. S. 1–217.

– Sonette. In: Ebd. Bd. 1. S. 1–244.
– Vermischte Gedichte. In: Ebd. Bd. 3. S. 1–198.
– Lateinische Kleinepik, Epigrammatik und Kasualdichtung. Hrsg., übers. und komm. von Beate Czapla und Ralf Georg Czapla. Berlin 2001. (Bibliothek seltener Texte. 5.)
– Gedichte. Eine Auswahl. Text nach der Ausgabe letzter Hand von 1663. Hrsg. von Adalbert Elschenbroich. Stuttgart 1968.
– Fewrige Freystadt: erste Neuedition seit 1637. Text und Materialien. Hrsg. und komm. von Johannes Birgfeld. Hannover-Laatzen 2006.

Günther, Johann Christian: Werke. Hrsg. von Reiner Bölhoff. Frankfurt a. M. 1998. (Bibliothek der frühen Neuzeit. 10.)
– Gedichte. Ausw. und Nachw. von Manfred Windfuhr. Stuttgart 1975.
– Gesammelte Gedichte. Hrsg. von Herbert Heckmann. München/Wien 1981.

Hagedorn, Friedrich von: Poetische Werke. 3 Tle. Hamburg 1757.
– Gedichte. Hrsg. von Alfred Anger. Stuttgart 1968.

Haller, Albrecht von: Die Alpen und andere Gedichte. Ausw. und Nachw. von Adalbert Elschenbroich. Stuttgart 1965.
– Versuch Schweizerischer Gedichte. Nachdr. der 11. verm. und verb. Ausg. Bern 1777. Zürich [u. a.] 2006.

Harsdörffer, Georg Philipp: Hertzbewegliche Sonntagsandachten (1649 und 1652). 2 Teile. Hrsg. und mit einem Nachw. vers. von Stefan Keppler. Hildesheim 2007.
– Poetischer Trichter. Die Teutsche Dicht- und Reimkunst / ohne Behuf der Lateinischen Sprache / in VI. Stunden einzugiessen. Nürnberg 1650. Reprogr. Nachdr. Darmstadt 1975.
– Sigmund von Birken / Johann Klaj: Pegnesisches Schäfergedicht 1644–1645. Hrsg. von Klaus Garber. Tübingen 1966.

Herder, Johann Gottfried: Volkslieder, Übertragungen, Dichtungen. Hrsg. von Ulrich Gaier. Frankfurt a. M. 1990. (Werke in zehn Bänden. Bd. 3.)

Hölty, Ludwig Heinrich Christoph: Gesammelte Werke und Briefe. Kritische Studienausgabe. Hrsg. von Walter Hettche. Göttingen ²2008.

Hoffmann von Hoffmannswaldau, Christian: Deutsche Übersetzungen und Getichte. Hrsg. und mit einem Nachw. vers. von Franz Heiduk. 2 Tle. Hildesheim [u. a.] 1984. (Gesammelte Werke. Bd. I. Tle. 1, 2. – Helden-Briefe. Ebd. Tl. 2, S. [429–583].

– Curriculum studiorum und andere gedruckte Werke. Hrsg. und mit einem Nachw. vers. von Franz Heiduk Hildesheim u.a. 1993. (Gesammelte Werke. Bd. II.)
– Gedichte. Ausw. und Nachw. von Manfred Windfuhr. Stuttgart 1969.
Hoyers, Anna Ovena: Geistliche und Weltliche Poemata. Hrsg. von Barbara Becker-Cantarino. Tübingen 1986.
Hutten, Ulrich von: Deutsche Schriften. Hrsg. von Peter Ukena. München 1970.
Kaldenbach, Christoph: Auswahl aus dem Werk. Hrsg. und eingel. von Wilfried Barner. Mit einer Werkbibliographie von Reinhard Aulich. Tübingen 1977.
Karsch, Anna Louisa: Auserlesene Gedichte. Faksimiledruck nach der Ausg. von 1764. Mit einem Nachw. von Alfred Anger. Stuttgart 1966.
– Gedichte und Lebenszeugnisse. Hrsg. von Alfred Anger. Stuttgart 1987.
– »Mein Bruder in Apoll«. Briefwechsel zwischen Anna Louisa Karsch und Johann Wilhelm Ludwig Gleim. Hrsg. von Regina Nörtemann. 2 Bde. Götttingen 1996.
– Die Sapphischen Lieder. Liebesgedichte. Hrsg. von Regina Nörtemann. Göttingen 2009.
Klaj, Johann: Redeoratorien und Lobrede der Teutschen Poeterey. Hrsg. von Conrad Wiedemann. Tübingen 1965. (Deutsche Neudrucke. Reihe: Barock.)
– Friedensdichtungen und kleinere poetische Schriften. Hrsg. von Conrad Wiedemann. Tübingen 1968. (Deutsche Neudrucke. Reihe: Barock).
Kleist, Ewald Christian von: Sämtliche Werke. Hrsg. von Jürgen Stenzel. Stuttgart 1971.
Klopstock, Friedrich Gottlieb: Werke und Briefe. Histor.-krit. Ausgabe. Hrsg. von Horst Gronemeyer [u.a.]. Berlin / New York. – Abtlg. Werke: I 1. Oden. Bd. I. Text. Hrsg. von Horst Gronemeyer und Klaus Hurlebusch. 2010. – Abtlg. Werke: II. Epigramme. Text und Apparat. Hrsg. von Klaus Hurlebusch. 1982. – Abtlg. Werke: III 1. Geistliche Lieder. Bd. I. Text. Hrsg. von Laura Bolognesi. 2010.
– Oden. Ausw. und Nachw. von Karl Ludwig Schneider. Stuttgart 1980.
Kuhlmann, Quirinus: Der Kühlpsalter. Bd. 1: Buch I–IV. Bd. 2:

Buch V–VIII. Paralipomena. Hrsg. von Robert L. Beare. Tübingen 1971.
– Der Kühlpsalter. 1.–15. und 73.–93. Psalm. Im Anhang: Quinarius (1680). [Reprogr. Nachdr.] Hrsg. von Heinz Ludwig Arnold. Stuttgart 1973.
Lange, Samuel Gotthold: Horatzische Oden und eine Auswahl aus Des Quintus Horatius Flaccus Oden fünf Bücher (übersetzt von S. G. Lange). Faks.-Dr. nach der Ausg. von 1747 und 1752. Mit einem Nachw. von F. Jolles. Stutttgart 1971.
– Thirsis und Damons Freundschaftliche Lieder [*s. unter* Pyra/ Lange].
Lavater, Johann Kaspar: Poesieen. Bd. 1: Den Freunden des Verfassers gewidmet. Leipzig 1781. Bd. 2. Ebd. 1781.
– Schweizerlieder. Zürich [u. a.] 2009.
Lenz, Jakob Michael Reinhold: Werke. Hrsg. von Friedrich Voit. Stuttgart 1992.
– Gedichte. In: Werke und Briefe in drei Bänden. Hrsg. von Sigrid Damm. Leipzig 1987. Bd. 3: Gedichte, Briefe. S. 5–239.
– Belinde und der Tod: Carrikatur einer Prosopopee. Faks. der Handschrift und Transliteration. Mit einem Nachw. von Verena Tammann-Bertholet und Adolf Seebaß. Basel 1988.
Lessing, Gotthold Ephraim: Sämtliche Gedichte. Hrsg. von Gunter E. Grimm. Stuttgart 1987.
Logau, Friedrich von: Sämmtliche Sinngedichte. Hrsg. von Gustav Eitner. Tübingen 1872. (Bibliothek des Litterarischen Vereins in Stuttgart. Bd. CXIII.)
– Reimensprüche und andere Werke in Einzeldrucken. Hrsg. und mit einem Nachwort vers. von Ulrich Seelbach. Tübingen 1992.
– Sinngedichte. Hrsg. von Ernst-Peter Wieckenberg. Stuttgart 1984.
Lohenstein, Daniel Casper von: Lyrica. Die Sammlung »Blumen« (1680) und »Erleuchteter Hoffmann« (1685) nebst einem Anhang: Gelegenheitsgedichte in separater Überlieferung. Hrsg. und mit einem Nachw. vers. von Gerhard Spellerberg. Tübingen 1992.
– Sämtliche Werke. Historisch-kritische Ausgabe. Hrsg. von Lothar Mundt, Wolfgang Neuber und Thomas Rahn. Berlin / New York 2005 ff.
Luther, Martin: Die deutschen geistlichen Lieder. Hrsg. von Gerhard Hahn. Tübingen 1967.

Moritz, Karl Philipp: Gedichte. Mit einem Nachw. von Christof Wingertszahn. St. Ingbert 1999. (Kleines Archiv des 18. Jahrhunderts. 36.)

Neukirch, Benjamin [*s. unter* Anthologien].

Neumeister, Erdmann: De Poetis Germanicis. Hrsg. von Franz Heiduk in Zsarb. mit Günter Merwald. Bern/München 1978.

Opitz, Martin: Gesammelte Werke. Kritische Ausgabe. Hrsg. von George Schulz-Behrend. Stuttgart 1968 ff.

– Jugendschriften vor 1619. Faksimileausgabe des Janus Gruter gewidmeten Sammelbandes mit den handschriftlichen Ergänzungen und Berichtigungen des Verfassers. Hrsg. von Jörg-Ulrich Fechner. Stuttgart 1970.

– Buch von der Deutschen Poeterey (1624). Mit dem *Aristarchus* (1617) und den Opitzschen Vorreden zu seinen *Teutschen Poemata* (1624 und 1625) sowie der Vorrede zu seiner Übersetzung der *Trojanerinnen* (1625). Hrsg. von Herbert Jaumann. Stuttgart 2002.

– Geistliche Poemata 1638. Hrsg. von Erich Trunz. 2., überarb. Aufl. Tübingen 1975.

– Weltliche Poemata 1644. Erster Teil. Unter Mitwirkung von Christine Eisner hrsg. von Erich Trunz. 2., überarb. Aufl. Tübingen 1975.

– Weltliche Poemata 1644. Zweiter Teil. Mit einem Anhang: Florilegium variorum Epigrammatum. Unter Mitw. von Irmgard Böttcher und Marian Szyrocki hrsg. von Erich Trunz. Tübingen 1975.

– Briefwechsel und Lebenszeugnisse. Kritische Edition mit Übersetzung. An der Herzog August Bibliothek zu Wolfenbüttel hrsg. von Klaus Conermann unter Mitarb. von Harald Bollbuck. Bd. 1–3. Berlin 2009.

– Lateinische Werke. Bd. 1: 1614–1624. In Zusammenarbeit mit Wilhelm Kühlmann, Hans-Gert Roloff und zahlreichen Fachgelehrten hrsg., übers. und komm. von Veronika Marschall und Robert Seidel. Berlin 2009.

– Die Psalmen Davids. Nach den Frantzösischen Weisen gesetzt. Hrsg. von Eckhard Grunewald und Henning P. Jürgens. Hildesheim [u. a.] 2004.

– Gedichte. Eine Auswahl. Hrsg. von Jan-Dirk Müller. Stuttgart 1970.

Pyra, Immanuel Jacob: Der Tempel der Wahren Dichtkunst. Ein

Gedicht in reimfreyen Versen. Von einem Mitglied der Deutschen Gesellschaft in Halle. Halle 1737.
– Über das Erhabene. Mit einer Einleitung und einem Anhang mit Briefen Bodmers, Langes und Pyras hrsg. von Carsten Zelle. Frankfurt a. M. [u. a.] 1991.
– / Lange, Samuel Gotthold: Thirsis und Damons Freundschaftliche Lieder. Hrsg. von Samuel Gotthold Lange. Zweyte vielvermehrte Auflage. Halle [o. J.]. In: I. J. P. / S. G. L.: Freundschaftliche Lieder. Heilbronn 1885. Reprogr. Nachdr. Nendeln (Liechtenstein) 1968. S. 1–167.
Rist, Johann: Himmlische Lieder. Von J. R. / Johann Schop. Nachdr. der Ausg. Lüneburg 1641–1642. Hildesheim / New York 1976. 2. Reprint: Hildesheim 2011.
– Neuer Teutscher Parnass. Nachdr. der Ausg. Lüneburg 1652. Hildesheim / New York 1978.
– Sämtliche Werke. Hrsg. von Eberhard Mannak. Bd. 1 ff. Berlin / New York 1967 ff.
Sachs, Hans: Die Wittenbergisch Nachtigall. Spruchgedicht, Vier Reformationsdialoge und das Meisterlied *Das walt Got*. Hrsg. von Gerald H. Seufert. Stuttgart 1974.
Schiller, Friedrich: Werke. Nationalausgabe. Bd. 1: Gedichte in der Reihenfolge ihres Erscheinens 1776–1799. Hrsg. von Julius Petersen und Friedrich Beißner. Weimar 1992. – Bd. 2,1: Gedichte in der Reihenfolge ihres Erscheinens 1799–1805 der geplanten Ausgabe letzter Hand (Prachtausgabe) aus dem Nachlaß. (Text). Hrsg. von Norbert Oellers. Weimar 1983. – Bd. 2,2A: *Gedichte. Anmerkungen zu Band 1.* Hrsg. von Georg Kurscheidt und Norbert Oellers. Weimar 1991.
– (Hrsg.) Anthologie auf das Jahr 1782. Faks.-Dr. der bei Benedict Metzler in Stuttgart anonym erschienenen ersten Auflage. Mit einem Nachw. und Anm. hrsg. von Katharina Mommsen. Stuttgart 1973.
– Gedichte. Hrsg. von Georg Kurscheidt. Frankfurt a. M. 1992. (Werke und Briefe in zwölf Bänden. Bd. 1.)
– Gedichte. Eine Auswahl. Hrsg. von Gerhard Fricke. Stuttgart 1996.
– Gedichte. Hrsg. von Norbert Oellers. Stuttgart 1999.
– Gedichte. Ausw. und Anm. von Norbert Oellers. Stuttgart 2001.
Schlegel, Johann Adolf: Fabeln und Erzählungen. Faks.-Dr. nach

der Ausg. von 1769. Mit einem Nachw. von Alfred Anger. Stuttgart 1965. (Deutsche Neudrucke. Reihe: Texte des 18. Jahrhunderts.)

Schnüffis, Laurentius von: Gedichte. Eine Auswahl. Hrsg. von Urs Herzog. Stuttgart 1972.

Schubart, Christian Friedrich Daniel: Deutsche Chronik. Jg. 1774–77. Faks.-Dr. Mit einem Nachw. hrsg. von Hans Krauss. Heidelberg 1975.

– Vermischte Gedichte. In: C. F. D. S.: Gesammelte Schriften und Schicksale. 8 Bde. Stuttgart 1839/40. Bd. 4. Ebd. 1839.

– Gedichte. Aus der Deutschen Chronik. Hrsg. von Ulrich Karthaus. Stuttgart 1978.

– Sämtliche Lieder. Vorgel. von Helmut Schick. Mit einem Beitr. zu den Texten von Johann Nikolaus Schneider. München 2000.

Spee, Friedrich von: Sämtliche Schriften. Hist.-krit. Ausgabe.

– 2: Güldenes Tugend-Buch. Hrsg. von Theo G. M. van Oorschot. München 1968.

– 4: »Außerlesene, catholische, geistliche Kirchengesäng«. Ein Arbeitsbuch. Hrsg. von Theo G. M. van Oorschot. Bei den Melodien unter Mitarb. von Alexandra Herke. Tübingen 2005.

– Trvtz-Nachtigal. Kritische Ausgabe nach der Trierer Handschrift. Hrsg. von Theo G. M. van Oorschot. Stuttgart 1985.

Stieler, Kaspar von: Die Geharnschte Venus oder Liebes-Lieder im Kriege gedichtet. Neudruck hrsg. von Ferdinand van Ingen. Stuttgart 1970.

Stolberg, Friedrich Leopold Graf zu: Gedichte. In: August Sauer (Hrsg.): Der Göttinger Dichterbund. Tl. 3. Friedrich Leopold Graf zu Stolberg. Matthias Claudius. Stuttgart [o. J.]. S. 31–191.

– Jamben. In: Gesammelte Werke der Brüder Christian und Friedrich Leopold Grafen zu Stolberg. 20 Bde. Hamburg 1821 ff. Bd. 3: Jamben. Ebd. 1821. S. 1–87.

Stoltzenberg, Stoltzius von: Chymisches Lustgärtlein. Im Anhang: Ferdinand Weinhandl: Einführung in die Alchimie des Chymischen Lustgärtleins und ihre Symbolik. Darmstadt 1975.

Sucro, Christoph Joseph: Versuche in Lehrgedichten und Fabeln. Halle […] 1747. Mit einem Nachw. hrsg. von Yvonne Wübben. Hannover 2008.

Tersteegen, Gerhard: Geistliches Blumengärtlein inniger Seelen mit der Frommen Lotterie und einem kurzen Lebenslauf des Verfassers. 3. Aufl. der neuen Ausg., 17. Aufl. Stuttgart 1988.

Uz, Johann Peter: Sämtliche Poetische Werke. Hrsg. von A. Sauer. Unveränd. Nachdr. der Ausg. Stuttgart 1890. Darmstadt 1964.

Voß, Johann Heinrich: Sämtliche Gedichte. Auswahl der letzten Hand. 4 Bde. Königsberg 1825.

– Ausgewählte Werke. Hrsg. von A. Hummel. Göttingen 1996.

– Oden und Elegien. In: August Sauer (Hrsg.): Der Göttinger Dichterbund. Tl. 1: Johann Heinrich Voß. Berlin/Stuttgart [o. J.]. S. 165–223.

– Oden und Lieder. In: Ebd. S. 225–324.

– Idyllen und Gedichte. Hrsg. von Eva D. Becker. Stuttgart 1984.

Weckherlin, Georg Rodolf: Gedichte. 3 Bde. Hrsg. von Hermann Fischer. Reprogr. Nachdr. der Ausg. Tübingen 1894, 1895, 1907. – Darmstadt ²1968.

– Gedichte. Ausgewählt und hrsg. von Christian Wagenknecht. Stuttgart 1972.

Weisse, Christian: Scherzhafte Lieder. Faks.-Druck nach der Ausg. von 1758. Mit einem Nachw. von Alfred Anger. Stuttgart 1965. (Deutsche Neudrucke. Reihe: Texte des 18. Jahrhunderts.)

Wieland, Christoph Martin: Werke. Bd. 1: Poetische Jugendwerke. Hrsg. von Fritz Homeyer. 3 Tle. Berlin 1909–10.

Zachariä, Friedrich Wilhelm: Der Renommiste. Das Schnupftuch. Mit einem Anhang zur Gattung des komischen Epos. Hrsg. von Anselm Maler. Stuttgart 1974.

Zesen, Philipp von: Sämtliche Werke. Unter Mitw. von Ulrich Maché und Volker Meid hrsg. von Ferdinand van Ingen. Bd. 1,1: Lyrik I. Berlin / New York 1980. – Bd. 1,2: Lyrik I. Ebd. 1993. – Bd. 2: Lyrik 2. Ebd. 1984. – Bd. 3,1: Lyrik und Schäferdichtung. Ebd. 1993. – Bd. 3,2: Weltliche Lyrik. Cats-Übersetzungen. Ebd. 2003.

Zinzendorf, Nikolaus Ludwig Reichsgraf von: Herrnhuter Gesangbuch. Christliches Gesang-Buch der Evangelischen Brüder-Gemeinen von 1735. Zum drittenmal aufgelegt und durchaus revidirt. Tl. 1. Mit einem Vorw. von E. Beyreuther und G. Meyer Tl. 2: Anhang I–XII. Tl. 3: Zugabe. Mit einem Verfasserverzeichnis von G. Meyer-Hickel. Hildesheim / New York 1981.

– Teutsche Gedichte. In: N. L. v. Z.: Ergänzungsbände zu den Hauptschriften. Bd. 2. Hrsg. von E. Beyreuther und G. Meyer. Hildesheim 1964, S. 1–368.

[Zwingli, Huldrych] Markus Jenny (Hrsg.): Luther, Zwingli, Calvin in ihren Liedern. Zürich 1983. [S. 175–214.]

Bibliographie

I Allgemeines

Hilfsmittel, Bibliographien, Handbücher, Internet

Holzapfel, Otto: Liedverzeichnis. Die ältere deutschsprachige, populäre Liedüberlieferung. Hildesheim 2006. [Mit einer CD-ROM.]

Bibliographie zur deutschen Literaturgeschichte des Barockzeitalters. Hrsg. von Ilse Pyritz. 3 Bde. Bern 1985–94.

Bircher, Martin, Thomas Bürger: Deutsche Drucke des Barock 1600–1720 in der Herzog August Bibliothek Wolfenbüttel. 46 Bde. Nendeln (ab Bd. 3: München) 1977–96.

Dünnhaupt, Gerhard: Personalbibliographie zu den Drucken des Barock. 6 Bde. Stuttgart ^{2}1990–93.

Faber du Faur, Curt von: German Baroque Literature. A Catalogue of the Collection in the Yale University Library. 2 Bde. New Haven 1958–69.

Wolfenbütteler Barock-Nachrichten. Jg. 1 ff. 1974 ff.

Emblemata. Handbuch zur Sinnbildkunst des 16. und 17. Jahrhunderts. Hrsg. von Arthur Henkel und Albrecht Schöne. Erg. Neuausg. Stuttgart 1976.

Frank, Horst J.: Handbuch der deutschen Strophenformen. Tübingen/Basel ^{2}1993.

Jaumann, Herbert: Handbuch Gelehrtenkultur der Frühen Neuzeit. Bd. 1: Bio-Bibliographisches Repertorium. Berlin 2004. Bd. 2: Diskurse der Gelehrtenkultur in der Frühen Neuzeit. Berlin 2011.

Verzeichnisse der deutschen Drucke des 16. und 17. Jahrhunderts:
http://www.vd16.de bzw. http://www.vd17.de

Datenbank Frühe Neuzeit Digital der Herzog-August-Bibliothek Wolfenbüttel:
http://www.hab.de/bibliothek/fachinfo/fnd/index.htm

Werkausgaben und Literatur zu einzelnen Autoren des 17. und frühen 18. Jahrhunderts:
http://www.meid.beck.de

Zu Metrik, Poetik, Rhetorik und Ästhetik

Barner, Wilfried: Barockrhetorik. Untersuchungen zu ihren geschichtlichen Grundlagen. Tübingen [2]2002.

Beetz, Manfred: Rhetorische Logik. Prämissen der deutschen Lyrik im Übergang vom 17. zum 18. Jahrhundert. Tübingen 1980.

Benthien, Claudia: Barockes Schweigen. Rhetorik und Performativität des Sprachlosen im 17. Jahhrundert. München 2006.

Brandstätter, Ursula: Grundfragen der Ästhetik. Bild – Musik – Sprache – Körper. Köln [u. a.] 2008.

Breuer, Dieter: Deutsche Metrik und Versgeschichte. München [4]1999.

Drügh, Heinz: Ästhetik der Beschreibung. Poetische und kulturelle Energie deskriptiver Texte (1700–2000). Tübingen 2006.

Härter, Andreas: Digressionen. Studien zum Verhältnis von Ordnung und Abweichung in Rhetorik und Poetik. Quintilian – Opitz – Gottsched – Friedrich Schlegel. München 2000.

Knape, Joachim: Poetik und Rhetorik in Deutschland 1300–1700. Wiesbaden 2006.

Lausberg, Heinrich: Elemente der literarischen Rhetorik. Ismaning [10]1990.

Markwardt, Bruno: Geschichte der deutschen Poetik. Bd. 1. Barock und Frühaufklärung. Berlin [3]1964.

Till, Dietmar: Transformationen der Rhetorik. Untersuchungen zum Wandel der Rhetoriktheorie im 17. und 18. Jahrhundert. Tübingen 2004.

Ueding, Gert / Bernd Steinbrink: Grundriss der Rhetorik. Geschichte, Technik, Methode. Stuttgart/Weimar [4]2005.

Wagenknecht, Christian: Deutsche Metrik. Eine historische Einführung. München [5]2007.

Wels, Volkhard: Der Begriff der Dichtung in der Frühen Neuzeit. Berlin [u. a.] 2009.

Wesche, Jörg: Literarische Diversität. Abweichungen, Lizenzen und Spielräume in der deutschen Poesie und Poetik der Barockzeit. Tübingen 2004.

Zu Formen, Tropen und (Sinn-)Bildern

Alt, Peter-André: Begriffsbilder. Studien zur literarischen Allegorie zwischen Opitz und Schiller. Tübingen 1995.

Berndt, Frauke / Drügh, Heinz (Hrsg.): Symbol. Grundlagentexte aus Ästhetik, Poetik und Kunstwissenschaft. Frankfurt a. M. 2009.

Burdorf, Dieter: Poetik der Form. Eine Begriffs- und Problemgeschichte. Stuttgart/Weimar 2001.

Czernin, Franz Josef, Thomas Eder (Hrsg.): Zur Metapher. Die Metapher in Philosophie, Wissenschaft und Literatur. München 2007.

Drügh, Heinz, Maria Moog-Grünewald (Hrsg.): Behext von Bildern? Ursachen, Funktionen und Perspektiven der textuellen Faszination durch Bilder. Heidelberg 2001.

Gronemeyer, Nicole: Optische Magie. Zur Geschichte der visuellen Medien in der Frühen Neuzeit. Bielefeld 2004.

Harms, Wolfgang [u. a.] (Hrsg.): Polyvalenz und Multifunktionalität der Emblematik. Multivalence and Multifunctionality of the Emblem. Frankfurt a. M. 2002.

Haug, Walter (Hrsg.): Formen und Funktionen der Allegorie. Symposion Wolfenbüttel 1978. Stuttgart 1979.

Haverkamp, Anselm: Metapher. Die Ästhetik in der Rhetorik. Bilanz eines exemplarischen Begriffs. München 2007.

Köhler, Johannes, Wolfgang Christian Schneider (Hrsg.): Das Emblem im Widerspiel von Intermedialität und Synmedialität. Hildesheim 2007.

Kohl, Kathrin: Metapher. Stuttgart [u. a.] 2007.

Kovács, Kálmán (Hrsg.): Ideologie der Form. Frankfurt a. M. 2006.

Kurz, Gerhard: Metapher, Allegorie, Symbol. Göttingen [4]1997.

Plotke, Seraina: Gereimte Bilder. Visuelle Poesie im 17. Jahrhundert. München 2009.

Suntrup, Rudolf [u. a.] (Hrsg.): The Mediation of Symbol in Late Medieval and Early Modern Times. Medien der Symbolik in Spätmittelalter und Früher Neuzeit. Frankfurt a. M. 2005.

Zu Gattungsproblemen

Gnüg, Hiltrud: Entstehung und Krise lyrischer Subjektivität. Vom klassischen lyrischen Ich zur modernen Erfahrungswirklichkeit. Stuttgart 1983.

Lamping, Dieter: Das lyrische Gedicht. Definitionen zu Theorie und Geschichte der Gattung. Göttingen 1989.

Pestalozzi, Karl: Die Entstehung des lyrischen Ich. Studien zum Motiv der Erhebung in der Lyrik. Berlin 1970.

Schneider, Joh. Nikolaus: Ins Ohr geschrieben. Lyrik als akustische Kunst zwischen 1750 und 1800. Göttingen 2004.

Schönert, Jörg / Hühn, Peter / Stein, Malte: Lyrik und Narratologie. Textanalysen zu deutschsprachigen Gedichten vom 16. bis zum 20. Jahrhundert. Berlin [u. a.] 2007.

Sorg, Bernhard: Das lyrische Ich. Untersuchungen zu deutschen Gedichten von Gryphius bis Benn. Tübingen [2]1985.

Trappen, Stefan: Gattungspoetik. Studien zur Poetik des 16. bis 19. Jahrhunderts und zur Geschichte der triadischen Gattungslehre. Heidelberg 2001.

Zymner, Rüdiger: Gattungstheorie. Probleme und Positionen der Literaturwissenschaft. Paderborn 2003.

Interpretationssammlungen

Enklaar, Jattie (Hrsg.): Schlüsselgedichte. Deutsche Lyrik durch die Jahrhunderte. Von Walther von der Vogelweide bis Paul Celan. Würzburg 2009.

Gedichte und Interpretationen. 7 Bde. Stuttgart 1982–97. Bd. 1: Renaissance und Barock. Hrsg. von Volker Meid. 1982. Bd. 2: Aufklärung und Sturm und Drang. Hrsg. von Karl Richter. 1983.

Geier, Andrea / Strobel, Jochen (Hrsg.): Deutsche Lyrik in 30 Beispielen. München 2011.

Kaiser, Gerhard: Augenblicke deutscher Lyrik. Gedichte von Martin Luther bis Paul Celan. Frankfurt a. M. 1987.

Reich-Ranicki, Marcel (Hrsg.): Frankfurter Anthologie. Gedichte und Interpretationen. Frankfurt a. M. 1976 ff.

II Allgemeine und epochenbezogene Lyrik-Geschichten

Browning, Robert M.: Deutsche Lyrik des Barock 1618–1723. Autorisierte dt. Ausg. bes. von Gerhart Teuscher. Stuttgart 1980.

– German Poetry in the Age of the Enlightenment. From Brockes to Klopstock. University Park (Pa.) / London 1978.

Hillebrand, Bruno: Gesang und Abgesang deutscher Lyrik von Goethe bis Celan. Göttingen 2010.

Hinderer, Walter (Hrsg.): Geschichte der deutschen Lyrik vom Mittelalter bis zur Gegenwart. Stuttgart 1983.

Holznagel, Franz-Josef [u. a.]: Geschichte der deutschen Lyrik. Stuttgart 2004.

Kaiser, Gerhard: Geschichte der deutschen Lyrik von Goethe bis zur Gegenwart. Ein Grundriss in Interpretationen. 3 Bde. Frankfurt a. M. / Leipzig 1996.

Kemper, Hans-Georg: Deutsche Lyrik der frühen Neuzeit. 10 Bde. Tübingen 1987–2006.

Meid, Volker: Barocklyrik. Stuttgart [2]2007.

– Die deutsche Literatur im Zeitalter des Barock. Vom Späthumanismus zur Frühaufklärung. 1570–1740. München 2009 (Geschichte der deutschen Literatur von den Anfängen bis zur Gegenwart. Bd. V.)

Petersdorff, Dirk von: Geschichte der deutschen Lyrik. München 2008.

III Zur religiösen Lyrik

Busch, Gudrun / Miersemann, Wolfgang (Hrsg.): »Geist=reicher Gesang«. Halle und das pietistische Lied. Halle/Tübingen 1997.

Dohm, Burkhard: Poetische Alchimie. Öffnung zur Sinnlichkeit in der Hohelied- und Bibeldichtung von der protestantischen Barockmystik bis zum Pietismus, Tübingen 2000.

Doms, Misia Sophia: Die Viel-Einheit des Seelenraums in der deutschsprachigen barocken Lyrik. Berlin 2010.

Dürr, Alfred, Walther Killy (Hrsg.): Das protestantische Kirchenlied im 16. und 17. Jahrhundert. Wolfenbüttel 1986.

Gorceix, Bernard: Flambée et agonie. Mystiques du 17e siècle allemand. Sisteron 1977.

Grunewald, Eckhard [u. a.] (Hrsg.): Der Genfer Psalter und seine Rezeption in Deutschland, der Schweiz und den Niederlanden. 16.–18. Jahrhundert. Tübingen 2004.

Gutzen, Dieter: Poesie der Bibel. Beobachtungen zu ihrer Entdeckung und ihrer Interpretation im 18. Jahrhundert. Bonn 1972.

Husenbeth, Helmuth: »Es ist ein Schnitter / heißt: der Todt«. Sterben, Tod und Auferstehung im geistlichen Lied des 17. Jahrhunderts. Trier 2007.

Jacob, Joachim: Heilige Poesie. Zu einem literarischen Modell bei Pyra, Klopstock und Wieland. Tübingen 1997.

Ketelsen, Uwe-K.: Die Naturpoesie der norddeutschen Frühaufklärung. Poesie als Sprache der Versöhnung: alter Universalismus und neues Weltbild. Stuttgart 1974.

Martens, Gunter: Literatur und Frömmigkeit in der Zeit der frühen Aufklärung. Tübingen 1989.

Miersemann, Wolfgang, Gudrun Busch (Hrsg.): Pietismus und Liedkultur. Tübingen 2002.

– »Singt dem Herrn nah und fern.« 300 Jahre Freylinghausensches Gesangbuch. Tübingen 2008.

Moser, Dietz-Rüdiger: Verkündigung durch Volksgesang. Studien zur Liedpropaganda und -katechese der Gegenreformation. Berlin 1981.

Nelle, Wilhelm: Geschichte des deutschen evangelischen Kirchenliedes. Hamburg 1904. Reprogr. Nachdr. Hildesheim 1964.

Röbbelen, Ingeborg: Theologie und Frömmigkeit im deutschen evangelisch-lutherischen Gesangbuch des 17. und frühen 18. Jahrhunderts. Göttingen 1957.

Sauer-Geppert, Waltraud Ingeborg: Sprache und Frömmigkeit im deutschen Kirchenlied. Vorüberlegungen zu einer Darstellung seiner Geschichte. Kassel 1984.

Scheitler, Irmgard: Das Geistliche Lied im deutschen Barock. Berlin 1982.

Schildhauer-Ott, Ruth: Der schlesische Dichterkreis des Barock und seine Bedeutung für das evangelische Kirchenlied. Aachen 2004.

Schneider, Ulf-Michael: Propheten der Goethezeit. Sprache, Literatur und Wirkung der Inspirierten. Göttingen 1995.

Steinmann, Holger: Absehen – wissen – glauben. Physikotheologie und Rhetorik 1665–1747. Berlin 2008.

Sträter, Udo (Hrsg.): Orthodoxie und Poesie. Leipzig 2004.

Veit, Patrice: Das Kirchenlied in der Reformation Martin Luthers. Eine thematische und semantische Untersuchung. Stuttgart 1986.

Wolkan, Rudolf: Die Lieder der Wiedertäufer. Ein Beitrag zur deutschen und niederländischen Litteratur- und Kirchengeschichte. Berlin 1903.

IV Rezeptions- und kulturgeschichtliche Bezüge

Aurnhammer, Achim: Torquato Tasso im deutschen Barock. Tübingen 1994.

– (Hrsg.): Francesco Petrarca in Deutschland. Seine Wirkung in Literatur, Kunst und Musik. Tübingen 2006.

Bergengruen, Maximilian: Nachfolge Christi – Nachahmung der Natur. Himmlische und natürliche Magie bei Paracelsus, im Paracelsismus und in der Barockliteratur (Scheffler, Zesen, Grimmelshausen). Hamburg 2007.

Berndt, Frauke: Poema / Gedicht. Die epistemische Konfiguration der Literatur um 1750. Berlin 2011.

Blecken, Gudrun: Erläuterungen zur Lyrik des Barock. Hollfeld 2008.

Conrady, Karl Otto: Lateinische Dichtungstradition und deutsche Lyrik des 17. Jahrhunderts. Bonn 1962.

Föcking, Marc [u. a.] (Hrsg.): Abgrenzung und Synthese. Lateinische Dichtung und volkssprachliche Tradition in Renaissance und Barock. Tübingen 1994.

Forster, Leonhard: Das eiskalte Feuer. Sechs Studien zum europäischen Petrarkismus. Kronberg/Ts. 1976.

Hildebrand, Olaf / Pittrof, Thomas (Hrsg.): »... auf klassischem Boden begeistert«. Antike-Rezeptionen in der deutschen Literatur. Freiburg i. Br. 2004.

Ingen, Ferdinand van: Vanitas und Memento Mori in der deutschen Barocklyrik. Groningen 1966.

Jordan, Lothar (Hrsg.): Niederländische Lyrik und ihre deutsche Rezeption in der Frühen Neuzeit. Wiesbaden 2003.

Keller, Luzius (Hrsg.): Übersetzung und Nachahmung im europäischen Petrarkismus. Studien und Texte. Stuttgart 1974.

Kemper, Hans-Georg: Gottebenbildlichkeit und Naturnachahmung im Säkularisierungsprozeß. Problemgeschichtliche Studien zur deutschen Lyrik in Barock und Aufklärung. 2 Bde. Tübingen 1981.

Klaffke, Andreas: »Es sey die alte Welt gefunden in der Neuen«. Amerika in der deutschen Lyrik der frühen Neuzeit. Marburg 2000.

Kühlmann, Wilhelm: Vom Humanismus zur Spätaufklärung. Ästhetische und kulturgeschichtliche Dimensionen der frühneuzeitlichen Lyrik und Verspublizistik in Deutschland. Hrsg. von Joachim Telle [u.a.] Tübingen 2006.

Prandi, Julie: The Poetry of the Self-taught. An Eighteenth-Century Phenomenon. New York [u.a.] 2008.

Quade, Randolf: Literatur als hermetische Tradition. Eine rezeptionsgeschichtliche Untersuchung frühneuzeitlicher Texte zur Erschließung des Welt- und Menschenbildes in der Literatur des 17. Jahrhunderts. Frankfurt a.M. 2001.

Ulrich, Ernst: Intermedialität im europäischen Kulturzusammenhang. Beiträge zur Theorie und Geschichte der visuellen Lyrik. Berlin 2002.

V Teil-Gattungen

Adam, Wolfgang: Poetische und Kritische Wälder. Untersuchungen zu Geschichte und Formen des Schreibens bei Gelegenheit. Heidelberg 1988.

Althaus, Thomas: Epigrammatisches Barock. Berlin [u.a.] 1996.

Beißner, Friedrich: Geschichte der deutschen Elegie. Berlin 1941. [3]1965.

Billen, Josef, Friedhelm Hassel: Undeutbare Welt. Sinnsuche und Entfremdungserfahrung in deutschen Naturgedichten von Andreas Gryphius bis Friedrich Nietzsche. Würzburg 2005.

Böckmann, Paul: Formen der Stimmungslyrik. In: P. B.: Formensprache. Studien zur Literarästhetik und Dichtungsinterpretation. Darmstadt 1966. S. 425–452.

Borgstedt, Thomas: Topik des Sonetts. Gattungstheorie und Gattungsgeschichte. Tübingen 2009.

Braun, Werner: Thöne und Melodeyen, Arien und Canzonetten. Zur Musik des deutschen Barockliedes. Tübingen 2004.

Brednich, Rolf-Wilhelm: Die Liedpublizistik des 15. bis 17. Jahrhunderts. 2 Bde. Baden-Baden 1974-1975.

Brummack, Jürgen: Satire. In: Reallexikon der Deutschen Literaturwissenschaft. Bd. 3. 2003, S. 355–360.

Busch Gudrun / Harper, Anthony J. (Hrsg.): Studien zum deutschen weltlichen Kunstlied des 17. und 18. Jahrhunderts. Amsterdam 1992.

Classen, Albrecht / Richter, Lukas: Lied und Liederbuch in der Frühen Neuzeit. Münster 2010.

Czapla, Beate [u. a.] (Hrsg.): Lateinische Lyrik der Frühen Neuzeit. Poetische Kleinformen und ihre Funktionen zwischen Renaissance und Aufklärung. Tübingen 2003.

Derks, Paul: Die sapphische Ode in der deutschen Dichtung des 17. Jahrhunderts. Eine literaturgeschichtliche Untersuchung. Münster 1970.

Dörrie, Heinrich: Der heroische Brief. Bestandsaufnahme, Geschichte, Kritik einer humanistisch-barocken Literaturgattung. Berlin 1968.

Fathy, Heba: Nachahmung und Neuschöpfung in der deutschen Odendichtung des 17. Jahrhunderts. Eine gattungsgeschichtliche Untersuchung. Hamburg 2007.

Feldt, Michael: Lyrik als Erlebnislyrik. Zur Geschichte eines Literatur- und Mentalitätstypus zwischen 1600 und 1900. Heidelberg 1990.

Freitag, Christian: Ballade. Bamberg 1986.

Gabriel, Norbert: Studien zur Geschichte der deutschen Hymne. München 1992.

Grimm, Gunter E. (Hrsg.): Gedichte und Interpretationen. Deutsche Balladen. Stuttgart 1988.

Härle, Gerhard: Lyrik – Liebe – Leidenschaft. Streifzug durch die Liebeslyrik von Sappho bis Sarah Kirsch. Göttingen 2007.

Harper, Anthony J.: German Secular Song-books of the Mid-seventeenth Century. An Examination of the Texts in Collection of Songs Published in the German-language Area between 1624 and 1660. Aldershot [u. a.] 2003.

Hildebrand, Olaf (Hrsg.): Poetologische Lyrik von Klopstock bis Grünbein. Gedichte und Interpretationen. Köln/Weimar/Wien 2003.

Hinderer, Walter (Hrsg.): Geschichte der politischen Lyrik in Deutschland. Aktual. Neuaufl. Würzburg 2007.

Jahn, Bernhard / Krämer, Jörg (Hrsg.): Das Lied im süddeutschen Barock. In: Morgen-Glantz 14 (2004). S. 9–304.

Kahl, Paul: Das Bundesbuch des Göttinger Hains. Edition – Historische Untersuchung – Kommentar. Tübingen 2006.

Kellermann, Karina: Abschied vom ›historischen Volkslied‹. Studien zu Funktion, Ästhetik und Publizität der Gattung historisch-politische Ereignisdichtung. Tübingen 2000.

Kemper, Hans-Georg: Komische Lyrik – Lyrische Komik. Über Verformungen einer formstrengen Gattung. Tübingen 2009.

Kittstein, Ulrich: Deutsche Naturlyrik. Ihre Geschichte in Einzelanalysen. Darmstadt 2009.

Krummacher, Hans-Henrik: Das barocke Epicedium. Rhetorische Tradition und deutsche Gelegenheitsdichtung im 17. Jahrhundert. In: Jahrbuch der Deutschen Schillergesellschaft 18 (1974). S. 89–147.

Laufhütte, Hartmut: Die deutsche Kunstballade. Grundlegung einer Gattungsgeschichte. Heidelberg 1979.

Lohmeier, Anke-Marie: Beatus ille. Studien zum ›Lob des Landlebens‹ in der Literatur des absolutistischen Zeitalters. Tübingen 1981.

Mix, York-Gothart: Die deutschen Musen-Almanache des 18. Jahrhunderts. München 1987.

Mohr, Jan-Steffen: Epigramm und Aphorismus im Verbund. Kompositionen aus kleinen Textformen (D. Czepko, Angelus Silesius, Fr. Schlegel, Novalis). Frankfurt a. M. 2007.

Müller, Günther: Geschichte des deutschen Liedes. Vom Zeitalter des Barock bis zur Gegenwart. Darmstadt 1959.

Peters, Günter: Die Kunst der Natur. Ästhetische Reflexion in Blumengedichten von Brockes, Goethe und Gautier. München 1993.

Schäfer, Tatjana: The Early Seventeenth-century Epigram in England, Germany, and Spain. A Comparative Study. Frankfurt a. M. [u. a.] 2004.

Schlaffer, Heinz: Musa iocosa. Gattungspoetik und Gattungsgeschichte der erotischen Dichtung in Deutschland. Stuttgart 1971.

Schröder, Jürgen: Deutschland als Gedicht. Über berühmte und berüchtigte Deutschland-Gedichte aus fünf Jahrhunderten in fünfzehn Lektionen. Freiburg i. Br. 2000.

Schüsseler, Matti: Unbeschwert aufgeklärt. Scherzhafte Literatur im 18. Jahrhundert. Tübingen 1990.

Segebrecht, Wulf: Das Gelegenheitsgedicht. Ein Beitrag zur Geschichte und Poetik der deutschen Lyrik. Stuttgart 1977.

Siegrist, Christoph: Das Lehrgedicht der Aufklärung. Stuttgart 1974.

Verweyen, Theodor, Gunther Witting: Das Epigramm. Beschreibungsprobleme einer Gattung und ihrer Geschichte. In: Simpliciana XI. 1989. S. 161–180.

Viëtor, Karl: Geschichte der deutschen Ode. Hildesheim 1961.

Weißert, Gottfried: Ballade. Stuttgart 1980. 2., überarb. Aufl. 1993.

Zeman, Herbert: Die deutsche anakreontische Dichtung. Ein Versuch zur Erfassung ihrer ästhetischen und literarhistorischen Erscheinungsformen im 18. Jahrhundert. Stuttgart 1972.

Ziolkowski, Gerhard: The Classical German Elegy 1795–1950. Princeton 1980.

VI Poesierelevante Themen, Gegenstände und Ereignisse

Adam, Wolfgang (Hrsg.): Geselligkeit und Gesellschaft im Barockzeitalter. 2 Tle. Wiesbaden 1997.

– / Dainat, Holger (in Verb. mit Ute Pott) (Hrsg.): »Krieg ist mein Lied«. Der Siebenjährige Krieg in den zeitgenössischen Medien. Göttingen 2007.

Alt, Peter-André / Wels, Volkhard (Hrsg.): Konzepte des Hermetismus in der Literatur der Frühen Neuzeit. Göttingen 2010.

Asche, Matthias / Schindling, Anton (Hrsg.): Das Strafgericht Gottes. Kriegserfahrungen und Religion im Heiligen Römischen Reich Deutscher Nation im Zeitalter des Dreißigjährigen Krieges. Münster ^{2}2002.

Augustyn, Wolfgang (Hrsg.): PAX. Beiträge zu Idee und Darstellung des Friedens. München 2003.

Baumbach, Gabriele / Bischoff, Cordula (Hrsg.): Frau und Bildnis 1600–1750. Barocke Repräsentationskultur an europäischen Fürstenhöfen. Kassel 2003.

Béhar, Pierre, / Schneider, Herbert (Hrsg.): Der Fürst und sein Volk. Herrscherlob und Herrscherkritik in den habsburgischen Ländern der Frühen Neuzeit. St. Ingbert 2004.

Benthien, Claudia / Martus, Steffen (Hrsg.): Die Kunst der Aufrichtigkeit im 17. Jahrhundert. Tübingen 2006.

Bogner, Ralf Georg: Der Autor im Nachruf. Formen und Funktionen der literarischen Memorialkultur von der Reformation bis zum Vormärz. Tübingen 2006.

Breuer, Dieter [u. a.] (Hrsg.): Religion und Religiosität im Zeitalter des Barock. 2 Tle. Wiesbaden 1995.

Czarnecka, Miroslawa / Szafarz, Jolanta (Hrsg.): Hochzeit als ritus und casus. Zu interkulturellen und multimedialen Präsentationsformen im Barock. Wrocław 2001.

Czarnecka, Miroslawa [u. a.] (Hrsg.): Frühneuzeitliche Stereotype.

Zur Produktivität und Restriktivität sozialer Vorstellungsmuster. Bern 2010.

Engel, Walter, Norbert Honsza (Hrsg.): Kulturraum Schlesien. Ein europäisches Phänomen. Internationale Konferenz Wrocław/ Breslau 1999. Wrocław 2001.

Friedrich, Hans-Edwin / Haefs, Wilhelm / Soboth, Christian (Hrsg.): Literatur und Theologie im 18. Jahrhundert. Konfrontationen – Kontroversen – Konkurrenzen. Berlin / New York 2011.

Garber, Klaus [u. a.] (Hrsg.): Erfahrung und Deutung von Krieg und Frieden. Religion, Geschlechter, Natur und Kultur. München 2001.

– (Hrsg.): Kulturgeschichte Schlesiens in der Frühen Neuzeit. Bd. 1. 2. Tübingen 2005.

Jakubowski-Tiessen, Manfred / Lehmann, Hartmut (Hrsg.): Um Himmels willen. Religion in Katastrophenzeiten. Göttingen 2003.

Kaminski, Nicola: Ex bello ars oder Ursprung der »Deutschen Poeterey«. Heidelberg 2004.

Knörer, Ekkehard: Entfernte Ähnlichkeiten. Zur Geschichte von Witz und *ingenium.* München 2007.

Konst, Jan [u. a.] (Hrsg.): Niederländisch-deutsche Kulturbeziehungen 1600–1830. Göttingen 2009.

Kurz, Gerhard (Hrsg.): Meditation und Erinnerung in der Frühen Neuzeit. Göttingen 2000.

Laufhütte, Hartmut (Hrsg.): Künste und Natur in Diskursen der Frühen Neuzeit. 2 Tle. Wiesbaden 2000.

Lehmann, Hartmut / Trepp, Anne-Charlott (Hrsg.): Im Zeichen der Krise. Religiosität im Europa des 17. Jahrhunderts. Göttingen 1999.

Leinkauf, Thomas unter Mitwirkung von Karin Hartbecke (Hrsg.): Der Naturbegriff in der Frühen Neuzeit. Semantische Perspektiven zwischen 1500 und 1700.

Mahlmann-Bauer, Barbara (Hrsg.): Scientiae et artes. Die Vermittlung alten und neuen Wissens in Literatur, Kunst und Musik. Bd. 1. 2. Wiesbaden 2004.

McLelland, Nicola (Hrsg.): Humanismus in der deutschen Literatur des Mittelalters und der Frühen Neuzeit. Tübingen 2008.

Neymeyr, Barbara (Hrsg.): Stoizismus in der europäischen Philosophie, Literatur, Kunst und Politik. Eine Kulturgeschichte von der Antike bis zur Moderne. 2 Bde. Tübingen 2008.

Nowosadtko, Jutta / Rogg, Matthias (unter Mitarb. von Sascha Möbius) (Hrsg.): »Mars und die Musen«. Das Wechselspiel von Militär, Krieg und Kunst in der Frühen Neuzeit. Münster 2008.

Plachta, Bodo: Zensur. Stuttgart 2006.

Scheffel, Michael (Hrsg.): Erschriebene Natur. Internationale Perspektiven auf Texte des 18. Jahrhunderts. Bern [u. a.] 2001.

Schilling, Heinz (unter Mitarb. von Elisabeth Müller-Luckner) (Hrsg.): Konfessioneller Fundamentalismus. Religion als politischer Faktor im europäischen Mächtesystem um 1600. München 2007.

Sieber, Andrea / Wittstock, Antje (Hrsg.): Melancholie – zwischen Attitüde und Diskurs. Konzepte in Mittelalter und Früher Neuzeit. Göttingen 2009.

Solbach, Andreas (Hrsg.): Aedifikatio. Erbauung im interkulturellen Kontext in der Frühen Neuzeit. Tübingen 2005.

Steiger, Johann Anselm [u. a.] (Hrsg.): Passion, Affekt und Leidenschaft in der Frühen Neuzeit. 2 Bde. Wiesbaden 2005.

Strohschneider, Peter (Hrsg.): Literarische und religiöse Kommunikation in Mittelalter und Früher Neuzeit. DFG-Symposion 2006. Berlin 2009.

Thums, Barbara: Aufmerksamkeit. Wahrnehmung und Selbstbegründung von Brockes bis Nietzsche. München 2008.

Trepp, Anne-Charlott / Lehmann, Hartmut (Hrsg.): Antike Weisheit und kulturelle Praxis. Hermetismus in der Frühen Neuzeit. Göttingen 2001.

Trepp, Anne-Charlott: Von der Glückseligkeit alles zu wissen. Die Erforschung der Natur als religiöse Praxis in der Frühen Neuzeit. Frankfurt a. M. 2010.

VII Zu einzelnen Autoren

Gottfried Arnold (1666–1714)

Blaufuß, Dietrich / Niewöhner, Friedrich (Hrsg.): Gottfried Arnold (1666–1714). Mit einer Bibliographie der Arnold-Literatur ab 1714. Wiesbaden 1995.

Jacob Balde (1604–1668)

Burkard, Thorsten (Hrsg.): Jacob Balde im kulturellen Kontext seiner Epoche. Zur 400. Wiederkehr seines Geburtstages. Regensburg 2006.

Freyburger, Gérard / Lefèvre, Eckhard (Hrsg.): Balde und die römische Satire. Balde et la satire romaine. Tübingen 2005.
Lefèvre, Eckhard (unter Mitarb. von Karin Haß und Rolf Hartkamp) (Hrsg.): Balde und Horaz. Tübingen 2002.

Sigmund von Birken (1626–1681)

Laufhütte, Hartmut: Sigmund von Birken. Leben, Werk und Nachleben. Gesammelte Studien. Mit einem Vorw. von Klaus Garber. Passau 2007.
Wieland, Konrad: Der Fels in der Brandung. Beständigkeitsdenken und Beständigkeitsbilder im Korpus der Gedichte des Sigmund von Birken (1626–1681). Berlin 2006.
Stauffer, Hermann: Sigmund von Birken (1626–1681). Morphologie seines Werks. 2 Bde. Tübingen 2007.

Johann Jakob Bodmer (1698–1783)

Lütteken, Anett / Mahlmann-Bauer, Barbara (Hrsg.): Bodmer und Breitinger im Netzwerk der europäischen Aufklärung. Göttingen 2005.

Heinrich Christian Boie (1744–1806)

Lohmeier, Dieter (Hrsg.): Heinrich Christian Boie. Literarischer Mittler in der Goethezeit. Heide 2008.

Sebastian Brant (1457–1521)

Bergdolt, Klaus [u. a.] (Hrsg.): Sebastian Brant und die Kommunikationskultur um 1500. Wiesbaden 2010.
Roloff, Hans-Gert (Hrsg.): Sebastian Brant (1457–1521). Berlin 2008.

Johann Jakob Breitinger (1701–1776) *s. unter* Bodmer

Barthold Heinrich Brockes (1680–1747)

Fry, Harold P.: Physics, classics, and the Bible. Elements of Secular and Sacred in Barthold Heinrich Brockes' *Irdisches Vergnügen in Gott*, 1721. New York / Bern [u. a.] 1990.
Kemper, Hans-Georg [u. a.] (Hrsg.): Barthold Heinrich Brockes (1680–1747) im Spiegel seiner Bibliothek und Bildergalerie. 2 Bde. Wiesbaden 1998.

Kleßmann, Eckard: Barthold Heinrich Brockes. Mit einem Vorw. von Helmut Schmidt. Hamburg 2003.

Gottfried August Bürger (1747–1794)

Beutin, Wolfgang / Bütow, Thomas (Hrsg.): Gottfried August Bürger (1747–1794). Frankfurt a. M. 1994.

Häntzschel, Günter: Gottfried August Bürger. München 1988.

Kertscher, Hans-Joachim (Hrsg.): G. A. Bürger und J. W. L. Gleim. Tübingen 1996.

Matthias Claudius (1740–1815).

Berglar, Peter: Matthias Claudius in Selbstzeugnissen und Bilddokumenten. Reinbek bei Hamburg [5]1992.

Debus, Friedhelm (Hrsg.): Mattthias Claudius. 250 Jahre Werk und Wirkung. Göttingen 1991.

Fechner, Jörg-Ulrich (Hrsg.): Matthias Claudius. 1740–1815. Leben – Zeit – Werk. Tübingen 1996.

Kranefuss, Annelen: Die Gedichte des Wandsbecker Boten. Göttingen 1973.

Steiger, Johann Anselm: Matthias Claudius (1740–1815): Toleranz, Humor, Narretei und Sokratik. Heidelberg 2002.

Simon Dach (1605–1659)

Schöne, Albrecht: Kürbishütte und Königsberg. Modellversuch einer sozialgeschichtlichen Entzifferung poetischer Texte. Am Beispiel Simon Dach. München 1975.

Walter, Axel E. (Hrsg.): Simon Dach (1605–1659). Werk und Nachwirken. Tübingen 2008.

Paul Fleming (1609–1640)

Entner, Heinz: Paul Fleming. Ein deutscher Dichter im Dreißigjährigen Krieg. Leipzig 1989.

Frey, Indra: Paul Flemings deutsche Lyrik der Leipziger Zeit. Frankfurt a. M. 2009.

Sperberg-McQueen, Marian R.: The German Poetry of Paul Fleming. Studies in Genre and History. Chapel Hill [u. a.] 1990.

Tarvas, Mari (Hrsg.): Paul Fleming und das literarische Feld der Stadt Tallinn in der frühen Neuzeit. Zum Sprach-, Literatur- und Kulturkontakt einer Region. Würzburg 2011.

Christian Fürchtegott Gellert (1715–1769)

Schlingmann, Carsten: Gellert. Eine literarhistorische Revision. Bad Homburg v. d. H. [u. a.] 1967.

Schönborn, Sibylle / Viehöfer, Vera (Hrsg.): Gellert und die empfindsame Aufklärung. Vermittlungs-, Austausch- und Rezeptionsprozesse in Wissenschaft, Kunst und Kultur. Berlin 2009.

Witte, Bernd (Hrsg.): »Ein Lehrer der ganzen Nation«. Leben und Werk Christian Fürchtegott Gellerts. München 1990.

Paul Gerhardt (1607–1676)

Beeskow, Hans-Joachim (Hrsg.): »Auf rechten guten Wegen«. Beiträge zu Leben, Werk und Wirkungen von Paul Gerhardt (1607–1676). Berlin, Basel ²2007.

Beutel, Albrecht / Böttler, Winfried (Hrsg.): »Unverzagt und ohne Grauen« – Paul Gerhardt, der »andere« Luther. Berlin 2008.

Böttler, Winfried (Hrsg.): Paul Gerhardt – Erinnerung und Gegenwart. Beiträge zu Leben, Werk und Wirkung. Berlin 2006.

Bunners, Christian: Paul Gerhardt. Weg, Werk, Wirkung. Göttingen ²2007.

Fix, Ulla (Hrsg.): »In Traurigkeit mein Lachen ... in Einsamkeit mein Sprachgesell«. Das evangelische Kirchenlied am Beispiel Paul Gerhardts aus interdisziplinärer Perspektive. Berlin 2008.

Hillenbrand, Rainer: Paul Gerhardts deutsche Gedichte. Rhetorische und poetische Gestaltungsmittel zwischen traditioneller Gattungsbindung und barocker Modernität. Frankfurt a. M. [u. a.] 1992.

Niemann, Arnold: Paul Gerhardt ohne Legende. Untersuchungen zum gesellschaftlichen Umfeld Paul Gerhardts. Göttingen 2009.

Wendebourg, Dorothea (Hrsg.): Paul Gerhardt – Dichtung, Theologie, Musik. Wissenschaftliche Beiträge zum 400. Geburtstag. Tübingen 2008.

Johann Wolfgang Goethe (1749–1832)

Bernhardt, Rüdiger: Erläuterungen zu Johann Wolfgang von Goethe, Das lyrische Schaffen. Hollfeld 2008.

Boyle, Nicolas: Goethe. Der Dichter in seiner Zeit. 2 Bde. München 1995.

Brandmeier, Rudolf: Die Gedichte des jungen Goethe: Eine gattungsgeschichtliche Einführung. Göttingen 1998.

Interpretationen. Gedichte von Johann Wolfgang Goethe. Hrsg. von Bernd Witte. Stuttgart 1998.
Kemper, Hans-Georg / Schneider, Hans (Hrsg.): Goethe und der Pietismus. Halle/Tübingen 2001.
Mayer, Mathias: Natur und Reflexion. Studien zu Goethes Lyrik. Frankfurt a. M. 2009.
Moennighoff, Burkhard: Goethes Gedichttitel. Berlin [u. a.] 2000.
Otto, Regine / Witte, Bernd (Hrsg.): Goethe-Handbuch in vier Bänden. Bd. 1: Gedichte. Stuttgart/Weimar 1996.
Reich-Ranicki, Marcel (Hrsg.): Tausend deutsche Gedichte und ihre Interpretationen. Bd. 2: Johann Wolfgang Goethe. Frankfurt a. M. / Leipzig 1994.
Weimar, Klaus: Goethes Gedichte 1769–1775. Interpretationen zu einem Anfang. Paderborn [u. a.] 1982.
Wellbery, David: The Specular Moment. Goethe's Early Lyric and the Beginnings of Romanticism. Stanford 1996.

Catharina Regina von Greiffenberg (1633–1694)

Daly, Peter M.: Dichtung und Emblematik bei Catharina Regina von Greiffenberg. Bonn 1976.
Foley-Beining, Kathleen: The Body and Eucharistic Devotion in Catharina Regina von Greiffenbergs *Meditations.* Columbia 1997.
Liwerski, Ruth: Das Wörterbuch der Catharina Regina von Greiffenberg. 2 Bde. Bern [u. a.] 1978.

Andreas Gryphius (1616–1664)

Boneberg, Patrick G.: »Hir schleußt er nimand aus.« Interkonfessionalität in den Perikopensonetten von Andreas Gryphius. Marburg 2005.
Kaminski, Nicola: Andreas Gryphius. Stuttgart 1998.
Krummacher, Hans-Henrik: Der junge Gryphius und die Tradition. Studien zu den Perikopensonetten und Passionsliedern. München 1976.
Mannack, Eberhard: Andreas Gryphius. 2., vollst. neubearb. Aufl. Stuttgart 1986.
Mauser, Wolfram: Dichtung, Religion und Gesellschaft im 17. Jahrhundert. Die »Sonnete« des Andreas Gryphius. München 1976.
Steiger, Johann Anselm: Schule des Sterbens. Die *Kirchhofsgedan-*

ken des Andreas Gryphius (1616–1664) als poetologische Theologie im Vollzug. Heidelberg 2000.

Wiedemann, Conrad: Andreas Gryphius. In: Deutsche Dichter des 17. Jahrhunderts. Ihr Leben und Werk. Unter Mitarb. zahlreicher Fachgelehrter hrsg. von Harald Steinhagen und Benno von Wiese. Berlin 1984. S. 435–472.

Johann Christian Günther (1695–1723)

Bignotti, Laura: Johann Christian Günthers geistliche Lyrik. »Du must dein Saythenchor nach Davids Harfe ziehn«. Marburg 2010.

Bölhoff, Reiner: Johann Christian Günther. 1695–1975. Bde. I–III. Kommentierte Bibliographie, Schriftenverzeichnis, Rezeptions- und Forschungsgeschichte. Köln/Wien 1980–83.

Dahlke, Hans: Johann Christian Günther. Seine dichterische Entwicklung. Berlin 1960.

Kersten, Sandra: Die Freundschaftsgedichte und Briefe Johann Christian Günthers. Berlin 2006.

Krämer, Wilhelm: Das Leben des schlesischen Dichters Johann Christian Günther 1695–1723. Mit Quellen und Anmerkungen zum Leben und Schaffen des Dichters und seiner Zeitgenossen. Stuttgart [2]1980.

Regener, Ursula: Stumme Lieder? Zur motiv- und gattungsgeschichtlichen Situierung von Johann Christian Günthers *Verliebten Gedichten*. Berlin / New York 1988.

Pott, Hans-Georg (Hrsg.): Johann Christian Günther (mit einem Beitrag zu Lohensteins *Agrippina*). Paderborn [u. a.] 1988.

Stüben, Jens (Hrsg.): Johann Christian Günther (1695–1723). Oldenburger Symposium zum 300. Geburtstag des Dichters. München 1997.

Friedrich von Hagedorn (1708–1754)

Gronemeyer, Horst: Friedrich von Hagedorn. Hamburgs vergessener Dichter. Bremen 2008.

Albrecht von Haller (1708–1777)

Elsner, Norbert / Rupke, Nicolaas A. (Hrsg.): Albrecht von Haller im Göttingen der Aufklärung. Im Auftrag der Akademie der Wissenschaften zu Göttingen und der Georg-August-Universität Göttingen. Göttingen 2009.

Steinke, Hubert (Hrsg.): Albrecht von Haller. Leben – Werk – Epoche. Göttingen 2008.

Georg Philipp Harsdörffer (1607–1658)

Battafarano, Italo Michele (Hrsg.): Georg Philipp Harsdörffer. Ein deutscher Dichter und europäischer Gelehrter. Bern [u. a.] 1991.

Gerstl, Doris (Hrsg.): Georg Philipp Harsdörffer und die Künste. Nürnberg 2005.

Hess, Peter: Poetik ohne Trichter. Harsdörffers ›Dicht- und Reimkunst‹. Stuttgart 1986.

Jakob, Hans-Joachim / Korte, Hermann (Hrsg.): Harsdörffer-Studien. Mit e. Bibliographie der Forschungsliteratur von 1847 bis 2005. Frankfurt a. M. [u. a.] 2006.

Jakob, Hans-Joachim: Nachträge zur Harsdörffer-Bibliographie. In: Simpliciana 30 (2008). S. 235–263.

Keppler-Tasaki, Stefan / Kochner, Ursula (Hrsg.): Georg Philipp Harsdörffers Universalität. Beiträge zu einem uomo universale des Barock. Berlin 2011.

Krebs, Jean-Daniel: Georg Philipp Harsdörffer (1607–1658). Poétique et poésie. 2 Bde. Frankfurt a. M. [u. a.] 1983.

Johann Heermann (1585–1647)

Liess, Bernhard: Johann Heermann (1585–1647): Prediger in Schlesien zur Zeit des Dreißigjährigen Krieges. Münster 2003.

Johann Gottfried Herder (1744–1803)

Adler, Hans / Koepke, Wulf (Hrsg.): A Companion to the Works of Johann Gottfried Herder. Rochester (N. Y.) [u. a.] 2009.

Irmscher, Hans Dietrich: Johann Gottfried Herder. Stuttgart 2001.

Kuhles, Doris: Herder-Bibliographie 1977–92. Stuttgart/Weimar 1994.

Simon, Ralf: Das Gedächtnis der Interpretation. Gedächtnistheorie als Fundament für Hermeneutik, Ästhetik und Interpretation bei Johann Gottfried Herder. Hamburg 1998.

Ludwig Christoph Heinrich Hölty (1748–1776)

Hebel, Jürgen: Hölty. Melancholie und poetische Existenz. Berlin 2006.

Michael, Wilhelm: Überlieferung und Reihenfolge der Gedichte Höltys. Neudruck Walluf bei Wiesbaden 1973.

Christian Hoffmann von Hoffmannswaldau (1616–1679)

Fröhlich, Harry: Apologien der Lust. Zum Diskurs der Sinnlichkeit in der Lyrik Hoffmannswaldaus und seiner Zeitgenossen mit Blick auf die antike Tradition. Tübingen 2005.

Helmridge-Marsillian, Veronique: The Heroism of Love in Hoffmannswaldau's *Heldenbriefe*. Tübingen 1991.

Kiedroń, Stefan: Christian Hofmann von Hofmannswaldau und seine ›niederländische Welt‹. Wrocław 2007.

Mourrey, Marie-Thérèse: Poésie et éthique au XVIIe siècle. Les traductions et poèmes allemands de Christian Hoffmann von Hoffmannswaldau (1616–1679). Wiesbaden 1998.

Noack, Lothar: Christian Hoffmann von Hoffmannswaldau (1616–1679). Leben und Werk. Tübingen 1999.

Christian Friedrich Hunold (Pseud. Menantes; 1681–1721)

Hobohm, Cornelia (Hrsg.): Menantes. Ein Dichterleben zwischen Barock und Aufklärung. Bucha bei Jena 2006.

Anna Louisa Karsch (1722–1791)

Bennholdt-Thomsen, Anke / Runge, Anita (Hrsg.): Anna Louisa Karsch (1722–1791). Von schlesischer Kunst und Berliner »Natur«. Ergebnisse des Symposions zum 200. Todestag der Dichterin. Göttingen 1992.

Friedrich Gottlieb Klopstock (1724–1803)

Amtstätter, Mark Emanuel: Beseelte Töne. Die Sprache des Körpers und der Dichtung in Klopstocks Eislaufoden. Tübingen 2005.

Hilliard, Kevin / Kohl, Katrin (Hrsg.): Klopstock an der Grenze der Epochen. Mit Klopstock-Bibliographie 1972–92 von Helmut Riege. Berlin / New York 1995.

– Wort und Schrift – Das Werk Friedrich Gottlieb Klopstocks. Tübingen 2008.

Kaiser, Gerhard: Klopstock: Religion und Dichtung. 2., durchges. Aufl. Kronberg (Ts.) 1975.

Kohl, Katrin M.: Rhetoric, the Bible, and the Origins of Free Verse. The Early »Hymns« of Friedrich Gottlieb Klopstock. Berlin / New York 1990.

– Friedrich Gottlieb Klopstock. Stuttgart/Weimar 2000.

Quirinus Kuhlmann (1651–1689)

Dietze, Walter: Quirinus Kuhlmann. Ketzer und Poet. Versuch einer monographischen Darstellung von Person und Werk. Berlin 1963.

Ralle, Georg: Günter Bruno Fuchs und seine literarischen Vorläufer Quirinus Kuhlmann, Peter Hille und Paul Scherbart. Hannover 2007.

Johann Kaspar Lavater (1741–1801)

Weigelt, Horst: Johann Caspar Lavater. Leben, Werk und Wirkung. Göttingen 1991.

– / Pestalozzi, Karl (Hrsg.): Das Antlitz Gottes im Antlitz des Menschen. Zugänge zu Johann Kaspar Lavater. Göttingen 1994.

Jakob Michael Reinhold Lenz (1751–1792)

Bertram, Matthias: Jakob Michael Reinhold Lenz als Lyriker. Zum Weltverständnis und zur Struktur seiner lyrischen Selbstreflexionen. St. Ingbert 1994.

Hayer, Uwe: Das Genie und die Transzendenz. Untersuchungen zur konzeptionellen Einheit theologischer und ästhetischer Reflexion bei J. M. R. Lenz. Frankfurt a. M. [u. a.] 1995.

Schulz, Georg-Michael: Jakob Michael Reinhold Lenz. Stuttgart 2001.

Winter, Hans-Gerd: J. M. R. Lenz. Stuttgart ²2001.

Gotthold Ephraim Lessing (1729–1781)

Albrecht, Wolfgang: Lessing. Chronik zu Leben und Werk. Hrsg. von Dieter Fratzke. Kamenz 2008.

Fauser, Markus (Hrsg.): Gotthold Ephraim Lessing. Neue Wege der Forschung. Darmstadt 2008.

Fick, Monika: Lessing-Handbuch. Leben – Werk – Wirkung. Stuttgart/Weimar 2000.

Nisbet, Hugh Barr: Lessing. Eine Biographie. Übers. von Karl S. Guthke. München 2008.

Daniel Casper von Lohenstein (1635–1683)

Gillespie, Gerald / Spellerberg, Gerhard (Hrsg.): Studien zum Werk Daniel Caspers von Lohenstein. Anläßlich der 300. Wiederkehr des Todesjahres. Amsterdam 1983.

Martino, Albert: Daniel Casper von Lohenstein. Geschichte seiner Rezeption. Bd. I: 1661–1800. Aus dem Ital. übers. von Heribert Streicher. Tübingen 1978.

Wichert, Adalbert: Literatur, Rhetorik und Jurisprudenz im 17. Jahrhundert. Daniel Casper von Lohenstein und sein Werk. Eine exemplarische Studie. Tübingen 1991.

Friedrich von Logau (1605–1655)

Althaus, Thomas / Seelbach, Sabine (Hrsg.): Salomo in Schlesien. Beiträge zum 400. Geburtstag Friedrich von Logaus (1605–2005). Amsterdam / New York 2006.

Malapert, Fabienne: Friedrich von Logau (1605–1655). L'art de l'épigramme. Bern 2002.

Palme, Andreas: »Bücher haben auch jhr Glücke«. Die Sinngedichte Friedrich von Logaus und ihre Rezeptionsgeschichte. Erlangen [u. a.] 1998.

Martin Luther (1483–1546)

Hahn, Gerhard: Evangelium als literarische Anweisung. Zu Luthers Stellung in der Geschichte des deutschen kirchlichen Liedes. München 1981.

Jenny, Markus (Hrsg.): Luther, Zwingli, Calvin in ihren Liedern. Zürich 1983. [S. 15–171.]

Friedrich Nicolai (1733–1811)

Falk, Rainer / Košenina, Alexander (Hrsg.): Friedrich Nicolai und die Berliner Aufklärung. Hannover 2008.

Martin Opitz (1597–1639)

Borgstedt, Thomas / Schmitz, Walter (Hrsg.): Martin Opitz (1597–1639). Nachahmungspoetik und Lebenswelt. Tübingen 2002.

Dunphy, R. Graeme: Opitz's Anno. The Middle High German *Annolied* in the 1639 Edition of Martin Opitz. Glasgow 2003.

Fechner, Jörg-Ulrich / Kessler, Wolfgang (Hrsg.): Martin Opitz 1597–1639. Fremdheit und Gegenwärtigkeit einer geschichtlichen Persönlichkeit. Herne 2006.

Garber, Klaus: Martin Opitz. In: Deutsche Dichter des 17. Jahrhunderts. Ihr Leben und Werk. Unter Mitarb. zahlreicher Fachgelehrter hrsg. von Harald Steinhagen und Benno von Wiese. Berlin 1984. S. 116–184.

Gellinek, Janis Little: Die weltliche Lyrik des Martin Opitz. Bern/München 1973.

Kühlmann, Wilhelm: Martin Opitz: Deutsche Literatur und deutsche Nation. Heidelberg 2001.

Paulus, Julian / Seidel, Robert: Opitz-Bibliographie 1800–2002. Heidelberg 2003.

Johann Rist (1607–1667)

Steiger, Johann Anselm (Hrsg.): »Ewigkeit, Zeit ohne Zeit«. Gedenkschrift zum 400. Geburtstag des Dichters und Theologen Johann Rist. Mit einem Geleitwort von Hans Christian Knuth. Neuendettelsau 2007.

Hans Sachs (1494–1576)

Brunner, Horst: Hans Sachs. Gunzenhausen 2009.

Friedrich Schiller (1759–1805)

Alt, Peter André: Schiller. Leben – Werk – Zeit. 2 Bde. München 2000.

Bernauer, Joachim: »Schöne Welt, wo bist du?« Über das Verhältnis von Lyrik und Poetik bei Schiller. Berlin 1995.

Friedl, Gerhard: Verhüllte Wahrheit und entfesselte Phantasie. Die Mythologie in der vorklassischen und klassischen Lyrik Schillers. Würzburg 1987.

Kaiser, Gerhard: Von Arkadien nach Elysium. Schiller-Studien. Göttingen 1978.

Koopmann, Helmut (Hrsg.): Schiller-Handbuch. In Zusammenarbeit mit der Deutschen Schillergesellschaft Marbach. Stuttgart 1998.

Luserke-Jaqui, Matthias (Hrsg.): Schillers *Anthologie auf das Jahr 1782*. Studentische Lektüren. Marburg 2010.

Oellers, Norbert: Schiller. Stuttgart 1993.

– (Hrsg.): Interpretationen. Gedichte von Friedrich Schiller. Stuttgart 1996.

Laurentius von Schnüffis (1633–1702)

Gstach, Ruth: Mirant – Komödiant und Mönch. Leben und Werk des Barockdichters Laurentius von Schnifis. Graz 2003.

Christian Friedrich Daniel Schubart (1739–1791)

Breitenbruch, Bernd: C. F. D. Schubart bis zu seiner Gefangensetzung 1777. Ausstellung aus Anlaß seines 250. Geburtstages. Stadtbibliothek Ulm 1989.

Honolka, Kurt: Schubart. Dichter und Musiker, Journalist und Rebell. Sein Leben, sein Werk. Stuttgart 1985.

Warneken, Bernd Jürgen: Schubart. Der unbürgerliche Bürger. Frankfurt a. M. 2009.

Friedrich von Spee (1591–1635)

Eicheldinger, Martina: Friedrich Spee – Seelsorger und poeta doctus. Die Tradition des Hohenliedes und die Einflüsse der ignatianischen Andacht in seinem Werk. Tübingen 1991.

Friedrich Spee. Priester, Mahner und Poet (1591–1635). Köln 2008.

Oorschot, Theo G. M. van: Friedrich Spee von Langenfeld. Zwischen Zorn und Zärtlichkeit. Göttingen [u. a.] 1992.

Rémi, Cornelia: Philomela mediatrix. Friedrich Spees *Trutznachtigall* zwischen poetischer Theologie und geistlicher Poetik. Frankfurt a. M. [u. a.] 2006.

Rustemeyer, Frank: »Nur zun Himmelpforten Verweisets allen ton«. Allegorie im Werk Friedrich Spees. Paderborn 2003.

Friedrich Leopold Graf zu Stolberg (1750–1819)

Hempel, Dirk: Friedrich Leopold Graf zu Stolberg (1750–1819). Staatsmann und politischer Schriftsteller. Weimar/Köln/Wien 1997.

Johann Heinrich Voß (1751–1826)

Baudach, Franz / Häntzschel, Günter (Hrsg.): Johann Heinrich Voß (1751–1826). Beiträge zum Eutiner Symposium im Oktober 1994. Eutin 1997.

Beutin, Wolfgang / Lüders, Klaus (Hrsg.): Freiheit durch Aufklärung: Johann Heinrich Voß (1751–1826). Materialien einer Tagung […] in Lauenburg/Elbe am 23.–25. April 1993. Frankfurt a. M. [u. a.] 1995.

Herbst, Wilhelm: Johann Heinrich Voß. Bd. 1. Bd. 2,1. Bd. 2,2. Bern 1970. (Nachdr. der Ausgabe Leipzig 1872–76.)

Schneider, Helmut Jürgen Eduard: Bürgerliche Idylle. Studien zu einer literarischen Gattung des 18. Jahrhunderts am Beispiel von Johann Heinrich Voß. Diss. Bonn 1975.

Christoph Martin Wieland (1733–1813)

Heinz, Jutta (Hrsg.): Wieland-Handbuch. Leben – Werk – Wirkung. Stuttgart [u. a.] 2008.
Jørgensen, Sven-Aage [u. a.]: Christoph Martin Wieland. Epoche – Werk – Wirkung. München 1994.

Philipp von Zesen (1619–1689)

Bergengruen, Maximilian / Martin, Dieter (Hrsg.): Philipp von Zesen. Wissen – Sprache – Literatur. Tübingen 2008.
Ingen, Ferdinand van: Philipp von Zesen. Stuttgart 1970.
Keller, Josef: Die Lyrik Philipp von Zesens. Praxis und Theorie. Bern [u. a.] 1983.

Nikolaus Ludwig Reichsgraf von Zinzendorf (1700–1760)

Beyreuther, Erich: Nikolaus Ludwig von Zinzendorf. Selbstzeugnisse und Bilddokumente. Eine Biographie. Mit einer Einf. von Peter Zimmerli. Gießen 2000.
Brecht, Martin / Peucker, Paul (Hrsg.): Neue Aspekte der Zinzendorf-Forschung. Göttingen 2006.
Meyer, Dietrich (Hrsg.): Bibliogr. Handbuch zur Zinzendorf-Forschung. Düsseldorf 1987.
Reichel, Jörg: Dichtungstheorie und Sprache bei Zinzendorf. 12. Anhang zum Herrnhuter Gesangbuch. Bad Homburg v. d. H. Berlin / Zürich 1969.

VIII Anthologien

Bäumker, Wilhelm (Hrsg.): Das katholische deutsche Kirchenlied in seinen Singweisen von den frühesten Zeiten bis gegen Ende des 17. Jahrhunderts. 4 Bde. Freiburg i. Br. 1883–1911. Reprogr. Nachdr. Hildesheim 1962.
Becker, Hansjakob [u. a.] (Hrsg.): Geistliches Wunderhorn. Große deutsche Kirchenlieder. München 2001.
Boie, Heinrich Christian (Hrsg.): Göttinger Musenalmanach auf das Jahr 1774. Reprogr. Nachdr. Darmstadt 1980.

Bohnen, Klaus (Hrsg.): Deutsche Gedichte des 18.Jahrhunderts. Stuttgart 1987.

Braungart, Wolfgang (Hrsg.): Bänkelsang. Texte – Bilder – Kommentare. Stuttgart 1985.

Fast, Heinold (Hrsg.): Der linke Flügel der Reformation. Glaubenszeugnisse der Täufer, Spiritualisten, Schwärmer und Antitrinitarier. Bremen 1962.

Fischer, Albert: Das deutsche Kirchenlied des 17.Jahrhunderts. Vollendet und hrsg. von Wilhelm Tümpel. 6 Bde. Gütersloh 1904–16. Reprogr. Nachdr. Hildesheim 1964.

Friese, Wilhelm (Hrsg.): Nordische Barocklyrik. Tübingen/Basel 1999.

Geistliche Lyrik. Hrsg. von Jörg Löffler und Stefan Willer. Stuttgart 2006.

Haufe, Eberhard (Hrsg.): Wir vergehn wie Rauch von starken Winden. Deutsche Gedichte des 17.Jahrhunderts. 2 Bde. München 1985.

Humanistische Lyrik des 16. Jahrhunderts. Lat./Dt. Ausgew., übers., erl. und hrsg. von Wilhelm Kühlmann, Robert Seidel und Hermann Wiegand. Frankfurt a. M. 1997.

Kelletat, Alfred (Hrsg.): Der Göttinger Hain. Stuttgart 1979.

Kemp, Friedhelm (Hrsg.): Deutsche geistliche Dichtung. München 1987.

Koch, Eduard Emil: Geschichte des Kirchenlieds und Kirchengesangs der christlichen insbesondere der deutschen evangelischen Kirche. 8 Bde. Nachdr. der 3. umgearb., durchaus verm. Aufl. Stuttgart 1866. Hildesheim / New York 1973.

Laufhütte, Hartmut (Hrsg.): Deutsche Balladen. Stuttgart 1991.

Maché, Ulrich / Meid, Volker (Hrsg.): Gedichte des Barock. Stuttgart 1980.

Neukirch, Benjamin (Hrsg.): (Anthologie): Herrn von Hoffmannswaldau und andrer Deutschen auserlesene und bißher ungedruckter Gedichte erster Theil. Nach einem Druck vom Jahre 1697 mit einer kritischen Einleitung und Lesarten. Hrsg. von A. G. de Capua und E. A. Philippson. Tübingen 1961. – […] anderer Theil. Ebd. 1965. […] dritter Theil. Nach dem Erstdrucke vom Jahre 1703 mit einer kritischen Einleitung und Lesarten. Ebd. 1970 – […] vierdter Theil. Nach dem Drucke vom Jahre 1704 […]. Ebd. 1975. – […] Fünffter Theil. Nach dem Drucke vom Jahre 1705 [...]. Ebd. 1981 – [...] Sechster Theil. Nach dem Drucke vom Jahre 1709. Ebd. 1988.

Neumann, Gerhard (Hrsg.): Deutsche Epigramme. Stuttgart 1980.

Die Pegnitz-Schäferinnen. Eine Anthologie. Zsgest. und mit einer Einl. vers. von Ralf Schuster. Mit einem Vorw. von Hartmut Laufhütte. Passau 2009.

Rölleke, Heinz (Hrsg.): Des Knaben Wunderhorn. Alte deutsche Lieder, gesammelt von Achim von Arnim und Clemens Brentano. 6 Bde. Stuttgart [u. a.] 1975–78.

Schnur, Harry C. (Hrsg.): Lateinische Gedichte deutscher Humanisten. Lat./Dt. Stuttgart 1967.

Stenzel, Jürgen (Hrsg.): Gedichte 1700–1770. Nach den Erstdrucken in zeitlicher Folge. München 1969. (Epochen der deutschen Lyrik. Bd. 5.)

Völker, Ludwig (Hrsg.): Theorie der Lyrik. Texte vom Barock bis zur Gegenwart. Stuttgart 1986 und ö.

Wackernagel, Philipp (Hrsg.): Das deutsche Kirchenlied von der ältesten Zeit bis zu Anfang des XVII. Jahrhunderts. 5 Bde. Leipzig 1864–77. Reprogr. Nachdr. Hildesheim 1964.

Wagenknecht, Christian (Hrsg.): Gedichte 1600–1700. Nach den Erstdrucken in zeitlicher Folge. München 1969. (Epochen der deutschen Lyrik. Bd. 4.)

Wiedemann, Conrad (Hrsg.): Der galante Stil 1680–1730. Tübingen 1969.

Personenregister